Vergeben und versöhnen

Peter Kohlgraf
Vergeben und versöhnen

Erfahrungen des Glaubens – Felder des Handelns

Matthias Grünewald Verlag

VERLAGSGRUPPE PATMOS
PATMOS
ESCHBACH
GRÜNEWALD
THORBECKE
SCHWABEN

Die Verlagsgruppe
mit Sinn für das Leben

Diese Publikation wurde gedruckt mit Unterstützung der Laubach-Stiftung, Mainz.

Für die Verlagsgruppe Patmos ist Nachhaltigkeit ein wichtiger Maßstab ihres Handelns. Wir achten daher auf den Einsatz umweltschonender Ressourcen und Materialien.

Bibliografische Information der Deutschen Nationalbibliothek
Die Deutsche Nationalbibliothek verzeichnet diese Publikation in der Deutschen Nationalbibliografie; detaillierte bibliografische Daten sind im Internet über http://dnb.d-nb.de abrufbar.

Alle Rechte vorbehalten
© 2018 Matthias Grünewald Verlag,
ein Unternehmen der Verlagsgruppe Patmos
in der Schwabenverlag AG, Ostfildern
www.gruenewaldverlag.de

Umschlaggestaltung: Finken & Bumiller, Stuttgart
Gestaltung, Satz und Repro: Schwabenverlag AG, Ostfildern
Druck: CPI – buchbücher.de, Birkach
Hergestellt in Deutschland
ISBN 978-3-7867-3133-7

Inhalt

Vorwort 9

Eröffnung des Horizonts 11

1. Gotteswort im Menschenwort – Vergeben und Versöhnen als Kernthema jüdisch-christlicher Glaubenserfahrung und -praxis 19

1.1 Gott als Bundes- und Beziehungspartner	19
1.2 Biblische Geschichten von Vergebung und Versöhnung	25
Der Sündenfall im Paradies und die Folgen (Gen 3)	25
Der Brudermord (Gen 4) und die Folgen	28
Familienkonflikte	30
1.3 Leben und Lehre Jesu	35
Die Bergpredigt (Mt 5–7)	35
Die Geschichte vom barmherzigen Vater und den zwei Söhnen (Lk 15, 11–32)	39
Zwischenergebnis: Pastorale Perspektiven	41
1.4 Theologische Kernbegriffe	43
Schuld	43
Sünde	47
Erbsünde	49
Erlösung und Stellvertretung	50
Barmherzigkeit	51
Gnade	55
Umkehr und Buße	57
Vergeben und Versöhnen als aktives und bewusstes Handeln	59
Eine Sünde, die nicht vergeben werden kann?	60
Zwischenergebnis: pastorale Perspektiven	61

1.5 Die Weisheit der Mönche	62
Die Sehnsucht nach Herzensruhe	63
Vergeben	64
Zorn	64
1.6 Sakramentale Praxis – Die Vollmacht, Sünden zu vergeben	65

2. Kirche als Expertin für Vergeben und Versöhnen? 71

2.1 Kirche wird zur Expertin, wenn das Miteinander der Glaubenden überzeugt	71
2.2 Kirche ist Expertin, weil sie Sakrament ist	74
2.3 Kirche wird dort zur Expertin, wo sie selbst aus der Gnade lebt	76
2.4 Kirche wird dann Expertin, wenn sie kompetent mit Kritik umzugehen lernt	79
2.5 Kirche wird dort zur Expertin, wo Vergebung in der Berührung mit Menschen Praxis wird	80
2.6 Zwischenergebnis: Pastorale Perspektiven	87

3. Menschen als Expertinnen und Experten in ihrer (Paar)-beziehung und Familie 89

3.1 Das nachsynodale Schreiben »Amoris Laetitia« und das Thema von Vergeben und Versöhnen	89
3.2 Vorurteil: Gläubige Christen sind eher zu Vergebung und Versöhnung bereit	94
3.3 Befragungen im Kontext kirchlicher Ehe-, Familien- und Lebensberatung	97
1. Befragung durch das Institut TNS-Emnid (Februar 2014)	97
2. Befragung mittels Fragebögen des »Bundesverbands katholischer Ehe-, Familien- und Lebensberaterinnen und -berater e. V.« (ab 2013)	99
Anlässe	101
Strategien	102
Die Grundoptionen »Wohlwollen« und »Ärger/Groll«	104

Zwischenergebnis: Pastorale Perspektiven: 107

4. Pastorale Handlungsfelder: Vergebungskompetenz stärken 109

4.1 Seelsorge und Beratung   109
    Beratung als neue Form der Seelsorge in einer unübersichtlicher werdenden Welt?   110
    Seelsorge als Beratung und Begleitung   116
    Das Menschenbild der Seelsorge   121

4.2 Die christliche Verkündigung und ihre Sprache   126
    These (Erik Flügge): »Die Kirche verreckt an ihrer Sprache«   128
    Der »Katechismus der Katholischen Kirche« (KKK) von 1993   131
    Der »Youcat«   133
    Projekt: Valerie und der Priester   134
    Das »Gotteslob«   137
    Ergebnis   140

4.3 Beichte und neue (säkulare) Formen   141
    Therapiecouch als Ersatz für sakramentale Vergebung?   142
    Wallfahrten und Pilgern als (neue) Wege zur Versöhnung   147
    Neue Formen kirchlicher Versöhnungsfeiern   149

4.4 Religionspädagogische und pastorale Perspektiven für die »Lernorte« des Glaubens   153
    Lernort Familie   153
    Lernort Schule   170
    Lernort Gemeinde   180

4.5 Eine Schule des Gebets   189

4.6 Eschatologische Ausblicke: Versöhnte Schöpfung   194

Vorwort

Das vorliegende Buch ist das Ergebnis einer längeren Beschäftigung mit dem Thema Vergebung und Versöhnung. Als Pastoraltheologe durfte ich mich an einer umfangreichen Studie des »Bundesverbands Katholischer Ehe-, Familien- und Lebensberaterinnen und -berater e.V.« beteiligen, die sich mit dem Vergebungsverhalten von Paaren befasste. Daraus entstand ein eigenes Forschungsprojekt an der Katholischen Hochschule in Mainz, an dem auch Studentinnen und Studenten der Praktischen Theologie beteiligt waren. Das erste Interesse, zu untersuchen, wie Glaube und Vergebungsverhalten zusammenhängen, wurde daraufhin erweitert zu untersuchen, wie Menschen als Expertinnen und Experten von Vergebung und Versöhnung in ihren Beziehungen leben und praktizieren und dies pastoraltheologisch zu reflektieren. Um zwei Ergebnisse vorwegzunehmen: Es stellte sich heraus, dass 25 % der nach Zufallskriterien Befragten aktuell von einer Verletzungssituation betroffen waren. Das bedeutet für das Vergebungsthema, dass es für viele Menschen relevant ist. Daneben zeigte sich, dass ungefähr die Hälfte aller Befragten in den verschiedenen Untersuchungsgruppen nicht über ausreichende reflektierte Versöhnungs-»Strategien« verfügten. Für ein nachhaltiges Handeln und damit ein zufriedenes Leben fehlt ihnen so eine wichtige Grundlage. Unter diesem Aspekt eröffnet sich ein weites und wichtiges Feld für pastorale und pädagogische Arbeit, indem Menschen geholfen wird, kompetenter mit dem Thema der Vergebung und Versöhnung umzugehen. Damit ist das Hauptinteresse dieses Buches genannt. Die für den christlichen Glauben zentralen Themen werden nicht am Schreibtisch festgesetzt, sondern entfalten sich in der Lebenspraxis von Menschen, früher genauso wie heute. Sie müssen um Vergebung ringen, sie müssen mit Schulderfahrungen umzugehen lernen. So ist das Thema auch ein wichtiges Thema der Pastoraltheologie.
In vier Schritten wollen wir diese Themen angehen. Im ersten Teil werden biblische und theologische Texte und Begriffe als Ausdruck menschlicher Erfahrung gewertet und beschrieben. Danach müssen wir über den kirchlichen Anspruch nachdenken, Expertin von Vergebung und Versöhnung zu sein. Im dritten Teil werden die genannten Befragungen der Paare von 2014/2015 kurz ausgewertet, denn auch in ihren Versöhnungserfahrungen ereignet sich das Reich Gottes. Von ihnen kann der

Theologe und pastoral Handelnde viel lernen. Das Ganze mündet in die Frage, wie sich das Thema in den unterschiedlichen pastoralen Handlungsfeldern auswirken kann.

Dabei werden noch keine Modelllösungen erarbeitet. Aber die Themen des Buches sollen Interesse daran wecken, sich einzelne Felder des Handelns einmal genauer vorzunehmen und solche Konzepte zu erarbeiten, die Menschen mehr befähigen können, zu versöhnten Menschen zu werden und entsprechende Schritte bewusster und kompetenter zu gehen. Papst Franziskus hat nicht nur durch das vergangene Jahr der Barmherzigkeit das Thema neu in Bewusstsein gerufen.

Dass der Autor katholischer Theologe ist, ist der Grund für die oftmals eher katholische Perspektive des Themas, ohne dass der ökumenische Aspekt vernachlässigt wird. Es gibt zu diesem Thema bereits zahlreiche theologische und psychologische Bücher. Viele sind aus systematischer oder theoretischer Perspektive geschrieben. Der Akzent des vorliegenden Textes liegt auf dem induktiven Ansatz, der sich bemüht, aus dem Lebensalltag und dem gelebten Erfahrungsschatz der biblischen und christlichen Tradition zu lernen. Jedes Buch, das Menschen motiviert, über dieses Thema nachzudenken und hilft, kompetenter Vergebung und Versöhnung zu leben, ist ein guter Beitrag auf dem Markt. So wünsche ich, dass die folgenden Themen anregen, nicht nur darüber nachzudenken, sondern gehandelt zu werden.

Eröffnung des Horizonts

»*Der Tragebalken, der das Leben der Kirche stützt, ist die Barmherzigkeit. Ihr gesamtes pastorales Handeln sollte umgeben sein von der Zärtlichkeit, mit der sie sich an die Gläubigen wendet; ihre Verkündigung und ihr Zeugnis gegenüber der Welt können nicht ohne Barmherzigkeit geschehen. (...) Auf der anderen Seite ist es traurig ansehen zu müssen, wie die Erfahrung der Vergebung in unserer Kultur immer seltener wird. Sogar das Wort selbst scheint manchmal zu verschwinden. Ohne das Zeugnis der Vergebung bleibt aber nur ein unfruchtbares, steriles Leben, als würde man in einer trostlosen Wüste leben. Für die Kirche ist erneut die Zeit gekommen, sich der freudigen Verkündigung der Vergebung zu widmen. Es ist die Zeit, zum Wesentlichen zurückzukehren und sich der Schwächen und der Schwierigkeiten unserer Brüder und Schwestern anzunehmen. Die Vergebung ist eine Kraft, die zu neuem Leben auferstehen lässt und die Mut schenkt, um hoffnungsvoll in die Zukunft zu blicken.*«
(Papst Franziskus[1])

Wer bereit ist, nach einer erfahrenen Verletzung oder Kränkung Rachegefühle, Groll, Hass oder Wut abzubauen, vergibt oder verzeiht[2]. Lässt sich der Partner/Partnerin auf dieses Angebot ein und wird an einer neuen Qualität der Beziehung zwischen zwei Menschen gearbeitet, beginnt der Prozess der Versöhnung.

Vergebung und Versöhnung braucht jeder Mensch, und wahrscheinlich wird jeder Mensch im Laufe seines Lebens vor die Entscheidung gestellt, ob er jemandem vergeben soll und sich damit auf den Weg der Versöhnung mit einem anderen Menschen begeben möchte. Gerade in diesem Themenbereich werden große Worte auf den Prüfstand gestellt, müssen sich Werthaltungen und Glaubensbekenntnisse als wahr erweisen. Vergebung ist eine Entscheidung und eine Lebenspraxis, ohne die niemand leben kann, ohne die auch eine Gesellschaftsordnung nicht menschlich ist. Dabei ist sie gleichermaßen oft unendlich schwer zu praktizieren und unendlich befreiend, wenn sich jemand auf sie einlässt. Schuld und Ver-

---

1 | Misericordiae vultus. Verkündigungsbulle des außerordentlichen Jubiläums der Barmherzigkeit, 11. April 2015.
2 | Andrea Herzog in ihrer Masterarbeit (Prof. Dr. Rainer Krockauer, Prof.in Dr. Renate Zwicker-Pelzer), Die Kraft der Vergebung: Eine Option zur Bewältigung von Paarkonflikten im Kontext der Ehe-, Familien- und Lebensberatung, November 2011, S. 6 f. Beide Begriffe (Vergeben und Verzeihen) werden im Folgenden unterschiedslos verwendet.

letzungen werden nicht weggewischt, aber auf eine Art bearbeitet, dass sie die verschiedenen Parteien nicht mehr lähmen. Vergebung und Versöhnung öffnen Handlungsperspektiven in Freiheit. In den vergangenen Monaten und Jahren sind dazu bewegende Zeugnisse erschienen, die ermutigen, dieses Thema auch aus praktisch-theologischer Perspektive konzentrierter anzugehen.

Der französische Journalist Antoine Leiris verliert bei den islamistischen Attentaten in Paris im November 2015 seine Frau Hélène, und bleibt mit ihrem gemeinsamen Sohn Melvil allein zurück. Er schreibt ein Buch, in dem er seine Erfahrungen und seine Trauer in eindringlichen Worten schildert. In der deutschen Übersetzung trägt das Buch den Titel »Meinen Hass bekommt ihr nicht«. In diesem Buch findet sich auch ein an die Täter gerichteter Text:

> »*Freitag Abend habt ihr das Leben eines außerordentlichen Wesens geraubt, das der Liebe meines Lebens, der Mutter meines Sohnes, aber meinen Hass bekommt ihr nicht. Ich weiß nicht, wer ihr seid, und ich will es nicht wissen, ihr seid tote Seelen. Wenn der Gott, für den ihr blind tötet, uns nach seinem Ebenbild geschaffen hat, dann muss jede Kugel, die den Körper meiner Frau getroffen hat, eine Wunde in sein Herz gerissen haben. Nein, ich werde euch nicht das Geschenk machen, euch zu hassen. Auch wenn ihr es darauf angelegt habt; auf den Hass mit Wut zu antworten würde bedeuten, derselben Ignoranz nachzugeben, die euch zu dem gemacht hat, was ihr seid. Ihr wollt, dass ich Angst habe, dass ich meine Mitbürger misstrauisch beobachte, dass ich meine Freiheit der Sicherheit opfere. Verloren. Der Spieler ist noch im Spiel. (…) Wir sind zwei, mein Sohn und ich, aber wir sind stärker als alle Armeen der Welt. Ich will euch jetzt keine Zeit mehr opfern, ich muss mich um Melvil kümmern, der gerade aus dem Mittagsschlaf erwacht ist. Er ist gerade mal siebzehn Monate alt; er wird seinen Nachmittagssnack essen wie jeden Tag, dann werden wir zusammen spielen, und sein ganzes Leben lang wird dieser Junge euch beleidigen, weil er glücklich und frei ist. Denn nein, auch seinen Hass bekommt ihr nicht.*«[3]

Es findet keine Versöhnung mit den Tätern statt, doch der Verzicht auf Hass und Rache ist sicher ein starker Schritt in eine versöhnte Zukunft

---

3 | Antoine Leiris, Meinen Hass bekommt ihr nicht, München 2016, 59–61.

dieses Vaters und seines Sohnes. Er sieht den Zusammenhang zwischen Groll und Hass und einem daraus erwachsenden unglücklichen Leben. Die unsagbar große Trauer bleibt, aber den Tätern wird nicht zugestanden, das Leben weiter zu vergiften. Der Mann trifft eine aktive Entscheidung. Seine »Strategie«, mit seiner Situation umzugehen, besteht in der bewussten Entscheidung und der gelebten Zuwendung zu seinem Sohn, mit dem er seine Liebe und seinen Alltag teilt. Ein starkes Zeugnis für die Möglichkeiten, die im Menschen stecken, sein Leben aktiv positiv auszurichten, trotz starker Verletzung und nicht wiedergutzumachender Erfahrung des Bösen durch namenlose Täter.

Der anglikanische Bischof und Friedensnobelpreisträger Desmond Tutu und seine Tochter Mpho Tutu beschreiben in einem Buch die Erfahrungen aus den Versöhnungsprozessen nach dem Ende der Apartheid in Südafrika[4]. Wer dieses Buch liest, lernt dort beeindruckende Beispiele von Personen kennen, die großes Leid und Unrecht erlitten haben, und die menschliche Größe und Freiheit dadurch zeigen, dass sie selbst denjenigen Tätern zu vergeben bereit sind, die keinerlei Reue oder Willen zum Versuch einer Wiedergutmachung zeigen. In den gesammelten Beispielen wird der Verdacht entkräftet, Vergebung würde Schuld unter den Teppich kehren wollen, oder sie stehe gegen eine Herstellung von Gerechtigkeit. Folterknechte erhielten ihre gerechte Strafe, Schuld wurde klar benannt und geahndet, und daneben schlossen Opfer des Unrechts ihren persönlichen Frieden mit denen, die Leid verursacht haben. Vergebung zu schenken stellt Desmond Tutu als Ausdruck höchster Freiheit und menschlicher Stärke dar. Sie wird noch einmal umso kraftvoller, je weniger die Person, die verletzt hat, sich auf eine Versöhnung einlassen will. Die Personen, die hier vergeben, sind keine Duckmäuser, leben keine falsch verstandene christliche Demut. In den Beispielen wird ein oft aus der Ferne eher abstrakt wahrgenommenes Phänomen zu einem persönlichen Lebensthema von Menschen. Allein theoretisch bleibende Vergebungsbereitschaft gibt es nicht, bzw. hat keinen Wert. Erst wenn Vergebung in die Praxis kommt, wird sie relevant. Für die theologischen Überlegungen zu diesem Thema heißt dies, dass es nicht dabei bleiben darf, biblische, dogmatische, moraltheologische und philosophische Gedanken zusammenzustellen. Theologie wird erst dann fruchtbar, wenn

---

4 | Desmond Tutu und Mpho Tutu, Das Buch des Vergebens. Vier Schritte zu mehr Menschlichkeit, Berlin 2014.

sie Menschen Hilfestellungen anbieten kann, Vergebung und Versöhnung wirksam praktisch werden zu lassen. Wenn religiöse und christliche Glaubensinhalte hierzu einen Dienst leisten können, dann haben sie einen Wert für den Menschen. Wenn Menschen ihre persönliche Motivation zur Vergebung nicht aus klar erkennbaren religiösen Ideen ziehen, dann ist dies auch für den Theologen nicht schlimm. Das Reich Gottes zeigt sich in vielen Formen, immer aber ist es menschenfreundlich und freiheitsfördernd. Theologie kann im Bereich von Vergebungspraxis eine ganze Menge von der Lebenswirklichkeit und -erfahrung von Menschen lernen.

Dabei hat jemand auch das Recht zu sagen: »Ich kann (noch) nicht vergeben. Ich brauche noch Zeit«. Christliche Seelsorge wäre hier schlecht beraten, Vergebung aufgrund moralischen Drucks oder aus einer bestimmten Frömmigkeitshaltung heraus zu fordern. Menschen, die sich ihrem Groll und einer tiefen Verletzung ehrlich stellen, verdienen Begleitung und ein offenes Ohr. Vielleicht helfen ihnen die Erfahrungen anderer, neue Anfänge zu setzen.

Verweigerte Vergebung und Versöhnung ist für beide Seiten eine schwere Situation. Die »Süddeutsche Zeitung«[5] berichtet von einem ungleichen Brüderpaar aus den USA. Der ältere gerät in den Sog des Terrorismus und erlangt traurige Berühmtheit als Bombenattentäter. Durch den Hinweis seines jüngeren Bruders wird er von der Polizei gefasst und zu einer lebenslangen Freiheitsstrafe verurteilt. Obwohl der jüngere Bruder mehrfach versucht hat, Kontakt zu seinem Bruder im Gefängnis herzustellen, verweigert dieser jegliche Kommunikation. Wer ist Täter, wer Opfer in dieser Geschichte? Nicht immer ist dies in einer zwischenmenschlichen Beziehung einfach auszumachen. Natürlich hat der Bruder gemordet, und damit nicht nur das Leben fremder Menschen, sondern auch seine eigene Familie zerstört. Er hätte weiß Gott genügend Gründe, seinen Bruder und seine noch lebende Mutter um Vergebung zu bitten. Schuldig fühlt sich aber auch der Bruder, der ihn an die Polizei ausgeliefert hat. Natürlich ist ihm bewusst, dass er damit das Leben anderer Menschen gerettet hat, seinem Bruder gegenüber hat er das Bedürfnis, sich zu versöhnen. Für diesen jüngeren Bruder wird es zu einer dauerhaft bedrückenden Erfahrung, dass ihm Kommunikation, Vergebung und

---

5 | Michaela Haas, Geschwisterliebe, in: SZ vom 26.1.2016, 3.

Versöhnung verweigert werden. Was mag in dem Bruder im Gefängnis vorgehen? Man kann sich vorstellen, dass der Groll gegen seinen Bruder ebenfalls einen erheblichen Teil seiner Lebensqualität zerstört, die ihm in seiner Lebenslage noch bleibt. Groll und Unversöhnlichkeit können bis zum Hass führen und damit auch die innere Freiheit restlos zerstören. Von einem Versöhnungsprozess würden beide erheblich profitieren. Besondere Relevanz bekommt das Thema der Vergebung und Versöhnung im Familien- und Beziehungskontext. Einem Menschen, dem ich nur selten begegne, kann ich grollen, aber vielleicht belastet es mich nicht in den Alltag hinein. Anders sieht es in den Beziehungen mit den Menschen aus, mit denen ich Tag für Tag zusammenlebe. Von diesem Ernstfall der Beziehung wird in diesem Buch die Rede sein: Ausgangspunkt für die weiteren Überlegungen ist eine empirische Studie mit Paaren, die noch vorgestellt werden wird. Was man bei ihnen sehen und lernen kann, vermag Erkenntnisse über menschliches Zusammenleben insgesamt zu fördern und wichtige Erfahrungen auch für Theologie und pastorale Praxis beizusteuern. Es geht im Folgenden also nicht nur um abstrakte theologische Überlegungen, sondern um den Versuch, Empirie und Theologie ins Gespräch zu bringen in einem für die meisten Menschen existenziellen Bereich, der deswegen auch ins Zentrum der Theologie, der Verkündigung und der kirchlichen Praxis gehört. Tatsächlich ist der Themenkomplex Schuld, Barmherzigkeit, Vergebung und Versöhnung der Kern der christlichen Verkündigung. Kirchliche Theologie birgt eine Menge an hilfreichen Erfahrungen für Menschen heute, aber ebenso lernen Theologen und kirchliche Praktiker von den Lebenserfahrungen vieler Menschen.

Dass sich Vergeben und Versöhnen wirklich lohnen können, zeigen empirische Untersuchungen eindrucksvoll[6]. Umfragen belegen, dass gelingende Partnerschaft und Familie die wichtigsten Indikatoren für Wohlbefinden und Lebenszufriedenheit sind. Umso wichtiger ist die Erkenntnis, dass Partnerschaftszufriedenheit in den ersten zehn Jahren bei vielen Paaren kontinuierlich abnimmt. Ca. 50 % der verheirateten Paare in Deutschland werden wieder geschieden. Davon heiraten 75 %

---

6 | Im Folgenden wird referiert aus: Ann-Katrin Job / Guy Bodenmann / Donald H. Baucom / Kurt Hahlweg, Neuere Entwicklungen in der Prävention und Behandlung von Beziehungsproblemen bei Paaren. Aktueller Forschungsstand und zukünftige Herausforderungen, in: Psychologische Rundschau 65/1 (Göttingen 2014) 11–23.

erneut, wobei dann diese neuen Partnerschaften in noch höherem Maße auseinandergehen. Die Scheidung selbst beendet eine oft jahrelange belastende Geschichte von Konflikten und Unzufriedenheit. »Physische und psychische« Störungen sind nicht selten eine Folge derartiger Biographien. Häusliche Gewalt spielt in vielen Fällen eine Rolle, sowohl gegen den Ehepartner als auch gegen die Kinder. Die Kinder in den Konflikten leiden oft erheblich unter dem Familienklima, sie werden eingebunden in den Streit und die »Konfliktinhalte«[7]. Für alleinerziehende Eltern und deren Kinder steigt das Armutsrisiko in unserer Gesellschaft signifikant an. Die Autoren der hier zugrunde liegenden Studien weisen auf die Notwendigkeit der Präventionsarbeit mit Paaren hin, weil durch den Erwerb von »dyadischen Kompetenzen« und durch bewussten Stressabbau die Partnerschaftszufriedenheit spürbar verbessert werden könnte. Die Politik beschäftigt sich längst mit diesem Thema, da die Folgen von nicht gelösten Partnerschaftskonflikten neben den Folgen für den Einzelnen hohe volkswirtschaftliche Kosten nach sich ziehen:

> »Neben den individuellen und familiären Folgen für die Betroffenen sind Partnerschaftsunzufriedenheit, Trennung und Scheidung auch mit hohen volkswirtschaftlichen Kosten verbunden. Diese entstehen u. a. durch Behandlungskosten, Krankheitsabsenzen, Produktivitätseinbußen sowie die Inanspruchnahme von sozialen oder rechtlichen Diensten, die von den Partnern und von der Allgemeinheit getragen werden müssen«[8].

Bereits evaluierte Präventions- und Beratungsangebote für Paare in Beziehungskonflikten zeigen die Wirksamkeit dieser Bemühungen, wenn sich die Paare darauf einlassen. Dabei ist die Katastrophe für eine Paarbeziehung nicht der Konflikt an sich, sondern der unversöhnliche Umgang mit ihm. Bearbeitete oder gelöste Konflikte können sogar für Erwachsene und Kinder eine ermutigende Erfahrung und Stärkung sein.
Allein in den wenigen beschriebenen Tatsachen eröffnet sich eine Bandbreite auch an kirchlich relevanten pastoralen Themen: etwa im Hinblick auf Ehevorbereitung und Ehebegleitung, auf den Bereich der Religionspädagogik, auf die Schwerpunktsetzungen in der Diakonie u. v. a. m.
An der Fähigkeit zur Vergebung zu arbeiten und zur Versöhnung zu mo-

---

7 | Ebd. 13.
8 | Ebd. 14.

tivieren, lohnt sich also in vielerlei Hinsicht. Auch für die Pastoral ist die Energie, die hierfür aufgewendet wird, eine sinnvolle Investition für und mit den Menschen.

In biblischen Texten und theologischen Begriffen schlagen sich menschliche Erfahrungen nieder, die äußerst vielfältig sind. Daraus lässt sich nicht ein für alle gültiges Versöhnungskonzept erstellen, aber vielleicht erschließt sich jemandem in seiner persönlichen Lebenssituation eine Erkenntnis, die für ihn bedeutsam wird. Menschen der Bibel sind Lebensexpertinnen und -experten, die Theologie denkt die konkreten Themen weiter. Darum soll es im folgenden Schritt gehen.

1. Gotteswort im Menschenwort – Vergeben und Versöhnen als Kernthema jüdisch-christlicher Glaubenserfahrung und -praxis

1.1 Gott als Bundes- und Beziehungspartner

Worte belehren, Beispiele stecken an. Am 4. März 2016 erscheint im Berliner »Tagesspiegel« ein Nachruf auf einen verstorbenen Berliner katholischen Priester[9]. Es lohnt sich als Einstieg in das Thema der Gottesbeziehung, diesen Zeitungstext zu lesen. Als junger Mann von 25 Jahren wird er von einer Virusinfektion befallen, seitdem ist er gelähmt. Wenige Zeit später müssen ihm die Ärzte in der DDR beide Beine entfernen. Sein Leben ist gesundheitlich betrachtet ein einziger Leidensweg. Bereits als Kind hat er sich gegen den Willen seines Vaters entschieden, als Christ zu leben. In seiner Krankheit betet er das Psalmwort: »Meine Seele hängt an dir, deine rechte Hand hält mich fest.« Der Glaube an Gott gibt ihm Halt, aber seine Beziehung zu diesem Gott ist nicht nur harmonisch. Der Autor schreibt:

> »Wenn Uwe seinem Gott im Himmel begegnen wird, will er ihn drauf ansprechen. Gott, wird er sagen, was sollte diese Zumutung, die du mir da auf den Weg gegeben hast. Gott und Uwe. Sie führen eine intensive Beziehung, eine mit Liebe und Zuversicht, eine mit Hader und Wut. Wie alles anfing? Uwe ist sechs, als er am Fenster der elterlichen Wohnung steht, auf das kleine brandenburgische Nauen schaut und überlegt. Soll er seiner katholischen Mutter in die Gemeinde und in den Gottesdienst folgen? Oder bleibt er zu Hause bei seinem Vater, Atheist und SED-Mitglied. Uwe entscheidet sich und geht. Es ist die Entscheidung seines Lebens. Religionsunterricht, Erstkommunion, Ministrant. Uwe taucht immer tiefer in die Religion und in den Glauben. Gott wird sein Lebensgefährte.
> (...)
> Uwe und sein Gott, der ihm Liebe, Schönheit und Wahrheit gibt. Der sein Leben reich macht. Ihm will er dienen. Doch Uwe hat nicht an die katholische Kirche mit ihren Regeln und Gesetzen gedacht. Ein Priester im Rollstuhl? Un-

---

9 | Karl Grünberg, Nachruf auf Uwe Wulsche (geb. 1954). Der Uwe mit den abben Beenen.

denkbar. Nicht in der DDR. Nicht in Rom. Auf der ganzen Welt nicht. Priester haben bei ihrer Weihe ganz zu sein, körperlich und geistig. Uwe könne ja nach seinem Studium als Buchhalter im Ordinariat arbeiten. Doch nicht mit Uwe. Immer wieder lässt er dem Bischof Joachim Meisner ausrichten, dass er es ernst meint. Er wolle für seinen Gott als Priester da sein und nicht als Buchhalter. Wer, wenn nicht er, der großes Leid erfahren hatte, könnte anderen Menschen zuhören, sie verstehen, für sie da sein. Drei Jahre vergehen, bis der Bischof sich durchringen kann. Schließlich ist es 1985, als er verfügt: Ja, der Uwe Wulsche soll Priester werden. »Wurde auch Zeit«, sagt Uwe. Sein Priester-Leitspruch, den er sich selber aussucht: »Steht auf, habt keine Angst.«

In den vielen Jesus-Ikonen in seiner Wohnung erkennt er sein eigenes Leben. Sein Glaube, seine Leiderfahrung, sein Ringen mit Gott und seine Gottesbeziehung mit allen Höhen und Tiefen sind die Grundlage für einen überzeugenden Umgang mit den Menschen in seinem Umfeld. Solch ein konkretes Beispiel hilft, die folgenden theoretischen Gedanken zu erhellen. Denn darum geht es: zu erfahren, dass Gott nicht Theorie ist, sondern Erfahrung und Praxis. Das gilt eben auch für die Vergebungsthematik, denn in jeder Beziehung spielt sie früher oder später eine Rolle, auch in der Beziehung zwischen Gott und Mensch. Biblische Texte sind persönliche Zeugnisse einer Beziehung: Gott wird Lebensgefährte. Mit dem Thema der Vergebung und Versöhnung begibt man sich nun unweigerlich in das Zentrum der jüdisch-christlichen Erlösungsbotschaft. Der Glaubende erhofft sich Erlösung, die in der Vergebung der Schuld, in der Versöhnung und der Annahme durch Gott als sein Kind besteht. Das ergibt nur dann einen Sinn, wenn das Verhältnis zwischen Gott und Mensch wirklich als eine Beziehung geglaubt werden kann. Gott zeigt sich im Leben von Menschen als ein Beziehungspartner, der den Menschen liebt. Man kann die gesamte Heilige Schrift als eine Beziehungsgeschichte mit allen Höhen und Tiefen lesen. Der christliche Glaube an einen solchen persönlichen und personal zugewandten Gott beruht auf Offenbarung, d. h. der Zuwendung Gottes zum Menschen, indem er sich zeigt. Offenbarung geschieht in der christlichen Vorstellung nicht, indem Gott irgendein Wort oder eine Schrift vom Himmel sendet. Das II. Vatikanische Konzil hat sich unter anderem intensiv mit der Frage auseinandergesetzt, wie denn Offenbarung zu verstehen sei. Dabei hat es die Formulierung gewählt, die biblischen Autoren seien echte menschliche Verfasser[10], die Heilige Schrift ist daher Gotteswort im echten Menschenwort. In den Texten der Bibel schreiben menschliche Autoren ihre Glaubens- und Lebenserfahrungen nieder, und sie deuten ihre Erfahrungen als Zuwendung Gottes. Dabei sind sie ganz geprägt von ihrer Zeit, ihrem Weltbild und ihrer Kultur. Sie ringen mit Gott, der ihnen oft unverständlich bleibt, sie erfahren seine Güte und Zuwendung. Glück und Zufriedenheit deuten Menschen als Ausdruck göttlichen Segens. Ihre Schuld können sie ihm anvertrauen, denn er ist ein Gott voll Barmherzigkeit. Auch die Folgen von Schuld erleben die Menschen oft hautnah, glauben aber dennoch daran, dass es unter Gottes Begleitung neue Anfänge geben kann. Vor dem Hintergrund ihrer Zeit verstehen die Menschen Gott auch als Kriegsherren. Auch wenn die Texte kultur- und situationsabhängig sind, hat die Glaubensgemeinschaft dennoch entschieden, dass sich in diesen menschlichen Schilderungen Offenbarung ereignet hat, dass Gott am Werke war und ist. Menschen können heute ähnlich wie die Autoren biblischer Texte Erfahrungen mit Gott machen, die ebenfalls Ausdruck seiner Zuwendung sind. Oft sind es zwischenmenschliche Erfahrungen, die ihnen die Gegenwart Gottes erschließen. So kommt es, dass oft sehr menschlich von Gott und seinem Verhalten gesprochen wird. Gott wählt einen Weg der Offenbarung, der nicht nur den Verstand des Menschen erreicht, sondern seine ganze Lebenswirklichkeit ist Ort theologischer Erkenntnis. Wir deuten unsere heutigen Glaubenserfahrungen mit Hilfe unseres Verstehenshorizonts und müssen heute versuchen, den bleibenden Wert derartiger Erfahrungen, die oft in Bildern und Erzählungen ausgedrückt worden ist, für unsere Zeit herauszuarbeiten. Dabei zeigt sich, dass Beziehung eine durchgängige Kategorie ist, christliche Offenbarung zu verstehen. Gott spricht uns an »wie Freunde«, so formuliert das II. Vatikanische Konzil in diesem Zusammenhang[11]. Biblische Texte lassen sich nur sinnvoll deuten, wenn Gott als personales Gegenüber geglaubt wird, nicht als anonyme Macht, als irgendwie geartetes Geistwesen oder als menschliche oder philosophische Idee. Natürlich schwingen oft allzu menschliche Vorstellungen mit, wenn Gott bestimmte Gefühle zugeschrieben werden: Liebe, Zorn, Zärtlichkeit, Rache und viele andere. Gott ist aber nicht der Unbewegte, sondern ein leidenschaftlicher Gott. Darin besteht der rote

10 | Dei Verbum 11.
11 | Dei Verbum 2.

Faden durch die biblischen Texte, und so verstehen Christen die Geschichte der Menschen mit Gott als eine Beziehungsgeschichte.
Die Beziehung beginnt mit der Erschaffung der Welt und des Menschen. Gott bläst Adam seinen Lebensatem ein. Sinngemäß findet für diese Szene die hl. Hildegard von Bingen eine bildhafte Erklärung. Gott haucht den Menschen an mit dem Atem der Liebe, seitdem ist der Mensch auf der Suche nach Gott und seiner Zuwendung. In der Sprache ihrer Zeit kommt die Heilige der biblischen Grundaussage auf die Spur. Denn das Buch Genesis beschreibt in der Erschaffung des Adam nicht eine längst vergangene historische Handlung, sondern es sagt etwas Bleibendes über den Menschen und seine Beziehung zu Gott aus. Leben ist geschenkte Existenz, der Mensch bleibt in Beziehung zu seinem Schöpfer, auch wenn er oft höchstens nur eine Ahnung oder eine unbestimmte Sehnsucht in sich trägt. Die von der hl. Hildegard gedeutete Liebesbeziehung bleibt nicht ohne Brüche. Im Paradies rebelliert der Mensch gegen die von Gott gesetzte Ordnung, die ihn schützen sollte. Die Beziehung erleidet einen dauerhaften Schaden; die Theologie spricht von der Erbsünde. Auch ohne persönliche Schuld wird jeder Mensch hineingeboren in eine Welt, die gezeichnet ist von Schuld, Egoismus und Beziehungsunfähigkeit. Jeder Mensch neigt selbst dazu, Beziehung zu scheinbar eigenen Gunsten auszunutzen. Die Hl. Schrift zeichnet so die Geschichte der Menschheit als eine Geschichte, die durchsetzt ist von Licht und Schatten, von Größe und Liebe, aber auch von Neid, Schuld und Zerstörung.
Vor diesem Hintergrund ist die gesamte Heilige Schrift eine Geschichte der Beziehung zwischen Gott und Mensch, mit allen Höhen und Tiefen, auch eine Geschichte von Schuld, Folgen der Schuld und der Vergebung, die zu jeder Beziehung gehören. Was die Beziehung zwischen Gott und Mensch angeht, ist die Bibel erstaunlich realistisch, warum sollte es dann zwischen Menschen anders sein? Zeiten ungetrübter Harmonie sind eher selten. Die Grunderfahrung des Volkes Israel, die Befreiung aus Ägypten im Buch Exodus, beschreibt Jan Assmann als eine Liebeserzählung, die das Volk dauerhaft zur Treue verpflichtet[12]. Aber neben Erfahrungen beinahe intimer Nähe zwischen Gott und Mensch treten permanente Konflikte, wobei es Szenen gibt, wo nicht der Mensch schuldig wird, sondern wo man den Eindruck hat, spätestens hier kann Gott selbst nicht mehr

---

12 | Vgl. Jan Assmann, Exodus. Die Revolution der alten Welt, München ²2015, 106–122.

vollkommenes Vorbild sein: Als er etwa dem Satan erlaubt, mit Hiob seine Spiele zu treiben. Einen Menschen in Armut, Trauer und Krankheit zu stürzen, um ihn zum Spielball zu machen, und das am Ende allein damit zu rechtfertigen, dass der Partner einen ohnehin nicht verstehen könne, weil er zu klein und zu dumm sei, ist rein menschlich gesehen keine gute Grundlage für Partnerschaft. Die Beziehung Gott/Mensch beinhaltet Untreue und Neuanfang, Zeiten göttlichen Schweigens, Erinnerung an frühere bessere Zeiten, Hoffnung auf bessere Tage, beinhaltet bewusstes neues Entscheiden für die Fortsetzung der Partnerschaft von beiden Seiten, Eifersucht, Setzen klarer Grenzen und die Forderung nach Änderung des Verhaltens, schließlich gegenseitiges Unverständnis wie auch unübertroffene Empathie; kurzum: sie beinhaltet den ganz normalen alltäglichen »Wahnsinn« einer tiefen Beziehung.

Nach christlicher Vorstellung gipfelt diese Geschichte in der Menschwerdung des Sohnes Gottes. Gott offenbart sich in Jesus Christus, dem Erlöser, der dem Menschen, der glauben will, eine neue, ewige, über den Tod hinausreichende Beziehung anbietet. Am Kreuz zeigt Gott auf unüberbietbare Weise seine vergebende Liebe. Gott braucht nicht das Leid Jesu, um versöhnt zu sein, er zeigt dem Menschen, wozu seine Liebe fähig ist. Der Mensch ist versöhnt, ihm ist vergeben. Im Glauben ist der Mensch eingeladen, darauf zu antworten. Damit endet die Geschichte der Beziehung keineswegs. Die Glaubensgeschichte mit Höhen und Tiefen, mit Brüchen und Neuanfängen, mit Suchen und Tasten, mit tiefen Glaubenserfahrungen beginnt mit jedem Menschen neu.

Diese christliche Grunderfahrung bildet die Basis dafür, über menschliche Vergebung und Versöhnung nachzudenken. Möchte jemand vergeben aus einer christlichen Grundhaltung heraus, tut er es wahrscheinlich nicht aus irgendeinem Normengehorsam, weil es in den Geboten Gottes grundgelegt ist, sondern infolge einer existenziellen Erfahrung, selbst ganz aus der Zuwendung und Barmherzigkeit Gottes zu leben. Auch die Forderungen Jesu, die noch Thema sein werden, sind nur recht verstanden, wenn sie nicht als moralische Forderungen in Stein gemeißelt werden, sondern als Ausdruck einer lebendigen Beziehung zu Gott verstanden werden. Bevor Jesus fordert, erfährt er Gottes Zuwendung als »Abba« – Vater[13]. Tatsächlich geht es in der christlichen Lebensweise

---

13 | Mk 14,36; Gal 4,6; Röm 8,15.

nicht darum, Jesu Vorbild umzusetzen oder seine Gebote zu befolgen, sondern ihn »darzustellen«: »Dem Herrn nachfolgen heißt nicht, Ihn wörtlich nachahmen, sondern Ihn im eigenen Leben ausdrücken. Der Christ ist keine Kopie des Lebens Christi, das würde zur Unnatur und zur Unwahrheit (…). Die Aufgabe des christlichen Lebens (…) besteht darin, Ihn in das eigene Dasein zu übersetzen; in den Stoff des täglichen Tuns, der menschlichen Begegnungen, der Fügungen und Schicksale, so, wie das alles jeweils ist.«[14] Christus »lebt in jedem Menschen noch einmal«, so formuliert Romano Guardini das Grundprinzip christlichen Lebens und Handelns.

Natürlich gibt es zahlreiche Textstellen in der Hl. Schrift, in denen Vergebung und Versöhnung eine Rolle spielen, wo von Schuld und Bewältigung von Schuld erzählt wird, wo schließlich Vergebungsverhalten eingefordert wird. Es wäre dem Ganzen zufolge zu wenig, einfach diese Textstellen zu betrachten und daraus eine biblisch fundierte Theorie des Verzeihens zu entwickeln. Religiöse Gebote entfalten nur dort ihre eigentliche Dynamik, wo sie Ausdruck der beschriebenen persönlichen Lebens- und Glaubenserfahrung sind. Das gilt besonders auch für einen derart sensiblen Bereich wie die Bereitschaft und die Fähigkeit, anderen zu vergeben und sich gemeinsam auf den oft mühsamen Prozess der Versöhnung einzulassen. Der christliche Glaube besteht nicht in erster Linie aus Forderungen, sondern möchte Erfahrungen ermöglichen, die dann schließlich lebensprägend werden. Dass dieser Hintergrund in einem volkskirchlichen Kontext, in dem es für die meisten Kirchenmitglieder normal gewesen ist, getauft zu sein, ohne sich bewusst für den Glauben entschieden zu haben, praktisch keine Rolle mehr spielt, stellt auch für das Vergebungsthema eine Frage dar. Woher soll eine besondere Vergebungskompetenz aus dem Glauben kommen, wenn die religiösen Normen nicht Ausdruck einer umfassenden Lebenspraxis und -erfahrung sind? Daher muss man sich über Umfrageergebnisse bei Paaren nicht wundern, die zeigen, dass eine äußere religiöse Praxis allein noch keine Grundlage für ein entsprechendes Vergebungsverhalten in der Partnerschaft darstellt[15]. Und schließlich sind zahlreiche Werte, die ur-

---

14 | Romano Guardini, Das Christusbild der paulinischen und johanneischen Schriften, Würzburg 1961, 77 (zitiert nach: Michael Schneider, Theologie des christlichen Gebets, Würzburg 2015, 176).
15 | Vgl. Peter Kohlgraf, Vergeben und Verzeihen in Paarbeziehungen – pastorale (-theologische) Perspektiven, in: Beratung aktuell 2/2015, 34–52, hier 38 f.

sprünglich aus der religiösen Welt stammen, so in die säkulare Kultur eingegangen, dass sie nicht mehr als genuin jüdisch-christlich gesehen werden: das gilt auch für die Vergebungsbereitschaft. Dass Menschen, die nicht an einen Gott glauben, aus unterschiedlichen Gründen motiviert vergeben möchten, muss auch von überzeugten Christinnen und Christen anerkannt werden[16]. Es gilt also realistisch zu bleiben: so wenig wie der Glaubende zwangsläufig leichter vergibt, ist der Nichtglaubende automatisch der unversöhnlichere Mensch. Und dennoch lohnt es sich, nach den Ressourcen zu suchen, die in einer existenziellen Glaubensbeziehung zum Gott und Vater Jesu Christi enthalten sind, ohne den Glauben selbst moralisch zu funktionalisieren.

1.2 Biblische Geschichten von Vergebung und Versöhnung

Der Sündenfall im Paradies und die Folgen (Gen 3)

Das Paradies, von dem das erste Buch der Bibel berichtet, ist kein märchenhaftes Schlaraffenland, sondern der Zustand ganz gelungener Beziehung und Partnerschaft. So wie dort beschrieben hat Gott sich den Menschen und die Welt vorgestellt. Mann und Frau sind einander geschenkt als Partner und Partnerin, das Heilsein ihrer Partnerschaft drückt sich exemplarisch darin aus, dass die Nacktheit als natürlicher und nicht schambesetzter Zustand gelebt wird. Man muss sich voreinander (und vor Gott) nicht verstecken. Der Garten ist der gemeinsame Lebensraum von Gott, Mensch, Tieren und Pflanzen. Die Beziehung zur Natur ist in Ordnung, den Rhythmus von Geburt, Leben und Arbeit empfinden die Menschen als stimmig. Sie geben den Tieren einen Namen und nutzen die Pflanzen als Nahrung, d. h. sie haben Teil am Schöpfungsauftrag Gottes, ihr ordnender Platz in der Schöpfung ist klar. Ihren Auftrag, über die Erde zu herrschen, nehmen sie als Verantwortung für die gute Schöpfung Gottes wahr. Und doch fehlt auch in diesem Paradies nicht die menschliche Freiheit, sie ist Grundbedingung des Menschseins. Das Böse bekommt durch die Freiheit des Menschen Macht in dieser Welt. Die Geschichte der ersten Sünde des Menschen ist wohl vielen Menschen seit Kindertagen geläufig, und doch ist sie alles andere als eine Kinderge-

16 | Vgl. ebd.

schichte. Sie beschreibt die uralte Erfahrung des Menschen, dass er den Mächten des Todes und der Sünde begegnet. Dafür steht die Schlange. Die Schlange war noch nie ein allseits beliebtes Tier. Menschen reagieren in Panik, wenn sie ihr begegnen, und auch die Schlange wehrt sich in Todesangst, indem sie zubeißt und den Menschen an der Ferse trifft. Der biblische Autor sieht darin wohl ein Bild für den immerwährenden Kampf des Menschen mit den Mächten des Bösen, des Unheils und des Todes. Er wehrt sich, und am Ende verliert der Mensch offenkundig den Kampf gegen das Böse und den Tod. Durch menschliche Schuld hat die Erde aufgehört, Paradies zu sein, und so sehr der Mensch panisch den Tod abwehren will, am Ende geht er als Verlierer aus der Schlacht. Die Schlange gewinnt hoch überlegen, während Gott scheinbar hilflos zuschaut, wie der Mensch sein Werk zerstört – und damit sich selbst.

Die Geschichte eröffnet die weitere Beziehungsarbeit zwischen Gott und Mensch, sie ist nicht das Ende der Beziehung. Und doch ist nichts mehr wie vorher. Als biblische Ouvertüre zum roten Faden »Beziehung-Verletzung-Schuld-Barmherzigkeit-Vergebung-Versöhnung-Neuanfang« setzt sie wichtige Themen. Schuld und Verletzung sind keine Privatangelegenheiten, sondern zerstören etwas Gutes, sie betreffen das gesamte Umfeld. Schuldig werden kommt nicht einfach als blindes Schicksal auf den Menschen zu, er entscheidet sich. Daher ist Schuld in einer Beziehung nichts Harmloses, sondern etwas fundamental Zerstörerisches. Die Bibel entlarvt jeden Versuch der Verharmlosung, des Schönredens von Schuld und Verantwortung, als billige Ausflucht. Die Ausreden von Adam und Eva helfen ihnen nicht: sie müssen die Konsequenzen ihres Tuns tragen. Gott setzt keine willkürliche Strafe fest, vielmehr sind die Folgen der Tat immanent. Die Sinnhaftigkeit des Ursprungs geht verloren, die Menschen schämen sich nun voreinander und verstecken sich vor Gott. Die Arbeit wird nicht mehr als Mitarbeit am Schöpfungswerk Gottes erfahren, sondern als schweißtreibende und mühselige Ernährungsarbeit, ebenso wie die Geburt eines Kindes nicht mehr als etwas Freudvolles, sondern nur noch als etwas Schmerzhaftes erlebt wird. Vergebung heißt nicht, so zu tun, als sei nichts geschehen. Gott schlägt zwar nicht im blinden Zorn zu, aber er entlässt die Menschen in die von ihnen selbst ausgelöste und von ihrem Handeln geprägte Freiheitsgeschichte. Er trennt sich nicht von ihnen, aber die Beziehung ist eine andere geworden: beide müssen sich in den vielen tausend Jahren, die folgen, neu suchen und finden. Der Mensch muss, auch wenn Gott ihn nicht dabei allein lässt, in der Welt leben, die er aufgrund missbrauchter Freiheit verletzt hat. Gott lässt die Menschen dabei nicht nackt und schutzlos dastehen, er macht ihnen einen Schurz, heißt es in der Bibel. Damit beginnt die oben beschriebene durchaus spannende Beziehungsgeschichte, in der wir mitten drin stehen. Christen lesen die Geschichte durchaus hoffnungsvoll. Denn sie glauben im letzten an ein gutes Ende der Beziehung. Dafür braucht es Erlösung, die Vergebung durch Gott. Im christlichen Glauben hat er sie bereits geschenkt, aber der Prozess der Versöhnung läuft.

Am Ende der Geschichte in Gen 3 steht der merkwürdige Satz vom Nachkommen der Frau, der den Nachwuchs der Schlange besiegen wird. Im Judentum wird dies manchmal als Hinweis auf den Messias gelesen, und so haben christliche Autoren darin einen Hinweis auf Christus, den Erlöser verstanden. Der Kirchenvater Irenäus nennt diese Stelle das »Protoevangelium«, die Ankündigung des Sieges Christi über den Tod und die Sünde. Gott selbst kündet der Schlange, dem Tod, den Tod an. Das Böse und der Tod werden einmal überwunden sein. Dennoch sieht die Geschichte aus dem Buch Genesis die derzeitige menschliche Situation noch sehr realistisch als Kampf an. Das Böse ist zwar endgültig besiegt, aber das alltägliche Leben des Menschen ist dem Bösen und dem Tod noch ausgesetzt. Letztlich zieht die Schlange den Kürzeren. Das Böse und der Tod verletzen die Menschen, sie geben ihnen Raum gegen den Willen Gottes, und doch haben Tod und Teufel, so glauben Christen, keine wirkliche Macht mehr über den Menschen und die Welt. Von Gottes Seite her ist der Sinn durch Vergebung hergestellt, die Menschen müssen noch in den Prozess der Versöhnung einsteigen, und auch die Schöpfung seufzt noch in Geburtswehen (Röm 8,22). Aus der Vergebung ergibt sich die Konsequenz, dass der Mensch selbst als »neue Schöpfung« sein Leben ändern muss, seine Freiheit so zu gebrauchen, dass sie Beziehung stiftet, die Ordnung der Schöpfung respektiert und Leben weitergibt, nicht Tod und Zerstörung. Vergebung geschieht gratis, aber nicht umsonst[17].

---

17 | Eine Formulierung aus einem Buchtitel von Ottmar Fuchs, Sakramente – immer gratis, nie umsonst, Würzburg 2015.

Der Brudermord (Gen 4) und die Folgen

Nicht nur der Mensch wird dem anderen zum Wolf (homo homini lupus), sondern auch Gottes Verhalten wird rätselhaft und dunkel. Während er das Opfer Abels annimmt, empfindet er für das Opfer Kains Abscheu. Die Folgen sind zunächst Neid und nur konsequent scheint der Mord Kains an seinem Bruder Abel zu sein. Gott stellt Kain zur Rede, der zunächst die Verantwortung für das Verbrechen ablehnt, mit dem Hinweis, er sei nicht der Hüter seines Bruders. Neid, Mord und Feigheit lassen den Leser mit Spannung die Reaktion Gottes erwarten. Die Sündenfolgen aus der Adam/Eva-Erzählung werden noch intensiviert. Kain wird seinen weiteren Weg heimatlos und orientierungslos gehen müssen. Gott tritt zunehmend in Abstand zu seinem Partner, dem Menschen. Allerdings lässt er nicht zu, dass Kain vogelfrei Opfer blinder Racheaktion wird. Ein letzter Schutz seiner Menschenwürde wird ihm garantiert, indem Gott ihm ein Schutzzeichen mitgibt.

Das Verhalten Gottes gegenüber den zunehmend treulosen und unbelehrbaren Menschen wird zunehmend unduldsamer und findet einen traurigen Höhepunkt in der Erzählung von der Sintflut, aus der allein Noah und seine Familie heil herauskommen, nicht zu sprechen von den Tieren. Gott wird zornig, später reut ihn sein Handeln. Exegetisch ist klar, dass in vielen biblischen Geschichten und Texten keine zusammenhängende Historie und Chronologie beschrieben werden sollte, allerdings ergibt sich solch eine Chronologie durch die kanonische Zusammenführung der Texte. Gott wird nach und nach ein eifernder, eifersüchtiger Gott, der spätestens nach dem Exodus die Bundestreue[18] seines Volkes gegenüber allen anderen Göttern einfordert. Darin zeigt sich, ob die Menschen verstanden haben, was Gott für sie getan hat. Gott erweist sich als ein barmherziger und gnädiger Gott, der zur Vergebung bereit ist, der seiner jedoch nicht spotten lässt. Dabei scheinen die Reaktionen Gottes oft allzu menschlich. Aber gerade hier werden sie zu realistischen Hinweisen und Anfragen an menschliches Vergebungsverhalten und menschliche Versöhnungsprozesse. Irgendwann muss sich der Partner, der den anderen verletzt hat, deutlich positionieren und glaubwürdige Reaktionen an den Tag legen, wenn ein Prozess der Versöhnung zielführend sein soll. Die in Jahrtausenden empfindende göttliche Ge-

---

18 | Assmann, Exodus 113.

duld kann einem menschlichen Partner nicht abverlangt werden. Zorn kann hier durchaus auch gerechtfertigt sein. Dennoch ist die verletzte Reaktion in der Hitze des Zorns für keine der Konfliktparteien hilfreich. Die biblischen Psalmen greifen diese Realität wiederholt auf. Schuld wird eingestanden, und auch von Gott wird erbeten, seinen Groll zu beenden. Nur wenn er sich zur Vergebung entscheidet, hat der Mensch Zukunft (etwa Ps 85). Manchmal braucht auch Gott Zeit, oder lässt dem Menschen Zeit, damit der glühende Zorn schwinden kann und dann die Voraussetzungen für eine Versöhnung gelegt werden können. Selbstverständlich ist in diesem Miteinander die vergebende Barmherzigkeit Gottes durchaus nicht. Das Volk Israel feiert in seinem liturgischen Leben bewusste Versöhnungsrituale, um sich der göttlichen Zuwendung und der menschlichen Hoffnung auf Vergebung zu vergewissern.

In Sühneritualen vergewissert sich Israel der Vergebungsbereitschaft Gottes. Im Sündenbockritual (Lev 16,1–28) wird einem Tier die »Unheilswirkung des Bösen« stellvertretend aufgeladen[19]. Es finden sich auch stellvertretende Blutopfer einer Kuh und andere Reinigungszeremonien (Dtn 21,1–9; Jes 6,6f.). Im zwischenmenschlichen Bereich wird ein Lösegeld zur Bewältigung von Schuld angeboten, und andere Symbolhandlungen zeigen die Umkehrbereitschaft eines Sünders. Der Unheilszusammenhang kann nur durch eine bewusste Tat unterbrochen werden. In den vielen Opferberichten und Sühneopfern geht es nicht um eine äußere liturgische Handlung, vielmehr geht der Sünder im geopferten Tier selbst in den Tod. Das heißt, im bewusst vollzogenen Sühneopfer übernimmt der Täter die Verantwortung für sein Tun, und er bekommt von Gott, dem das Opfer gilt, die Chance für einen neuen Anfang. Sühne bewirkt nicht die »Besänftigung eines beleidigten Gottes«[20], vielmehr ermöglicht Gott die Wiederherstellung einer Ordnung und die Durchbrechung des Zusammenhangs von Schuld und Strafe.

Die Versöhnungsrituale stehen in einem engen Zusammenhang zur sozialen Ordnung. Nur wenige Verse hinter den Gesetzen über die rechte Einstellung beim Opfern finden sich Gebote zum sozialen Verhalten und zur Nächstenliebe (Lev 19,11–18). Alle 50 Jahre findet ein besonderes

---

19 | Vgl. dazu Helmut Merklein, Art. Sühne. II. Biblisch-theologisch, in: LThK³ 9 (1993–2001) 1098–1102.
20 | Ebd. 1101.

Jubeljahr statt (Lev 25,8–31), in dem am Versöhnungstag ein Schuldenerlass und eine Befreiung aus der Schuldsklaverei ausgesprochen werden.

Familienkonflikte
Gen 33: Die Versöhnung zwischen Jakob und Esau[21]

Jakob und Esau sind die sehr unterschiedlichen Söhne Isaaks und Rebekkas. Bereits in frühester Kindheit zeichnen sich familiäre Konflikte zwischen Eltern und Kindern und den Kindern untereinander ab (Gen 25). Esau und sein Zwillingsbruder Jakob verfügen über unterschiedliche Begabungen, Vater und Mutter verteilen ihre Liebe unterschiedlich auf die beiden Söhne. Esau, der zuerst Geborene, verkauft sein Erstgeburtsrecht an seinen Bruder Jakob um ein Linsengericht, wobei die Bibel dieses Faktum negativer bewertet als die Tatsache, dass Jakob seinen hungrigen Bruder unter Druck setzt. Der Konflikt Esaus mit seinen Eltern verschärft sich durch seine Heirat mit zwei Hetiterinnen, also Fremden und Andersgläubigen. Als der mittlerweile blinde Isaak alt wird und ans Sterben kommt, erschleicht sich Jakob, unterstützt von seiner Mutter Rebekka, den Erstgeburtssegen des Vaters. Für Esau bleibt kein väterlicher Segen übrig, so dass nicht nur das Verhältnis der beiden Brüder zerrüttet ist, sondern auch die Beziehung zum Vater ohne eine wirkliche Versöhnlichkeit am Ende ist. Der zornige Esau will Jakob umbringen, was nur dadurch verhindert werden kann, dass sich Jakob zu seinem Onkel Laban flüchtet. Rebekka hofft, dass sich der Konflikt durch Vergessen von alleine löst. Diese Hoffnung erweist sich als trügerisch. Verdrängung und das Ignorieren von Schuld lösen einen Konflikt nicht.

Nachdem Jakob in der Fremde geheiratet und Besitz angehäuft hat, traut er sich zurückzukehren. Esau verfügt in der Zwischenzeit ebenfalls über erheblichen Besitz und 400 Mann, die bereit sind, dem heimkehrenden Bruder entgegenzutreten. Jakob ahnt, dass er dem Bruder hoffnungslos unterlegen sein wird, auch daher eine wirkliche Versöhnung unumgänglich ist. Adrian Schenker übersetzt den entscheidenden Text aus Gen 33,21 möglichst wörtlich:

---

[21] Vgl. zum Folgenden Adrian Schenker, Schuld-Vergebung-Versöhnung. Drei Wege der Versöhnung in der Bibel, in: RU heute 1/2016, 4–9, hier 6f.

»Denn Jakob sagte sich: Ich werde sein Angesicht besänftigen mit dem Geschenk, das vor meinem Angesicht hergeht. Danach werde ich sein Angesicht anschauen und vielleicht wird er dann mein Angesicht aufheben.«

In diesem kurzen Text steckt ein großes Potential, das sich von heutigen Erfahrungen nicht unterscheidet. Jakob weiß, dass Versöhnung nicht von ungefähr und zufällig geschieht, sondern durch Strategien befördert werden muss. Seine Strategie ist das Geschenk, das er seiner Ankunft vorausschickt. Das zentrale Wort ist das »Angesicht«, vier Mal kommt es vor. Durch die Flucht hatte Jakob seinem Bruder den Rücken zugewandt, nun wird er ihm ins Angesicht schauen müssen. Das Ziel der Begegnung besteht in der Veränderung des Angesichts seines Bruders. Aus Hass und Groll soll Wohlwollen werden. Er möchte Esau versöhnlich stimmen, so dass dieser seine Rachegelüste zu beherrschen lernt. Das Geschenk dient als Reparation und soll beweisen, dass die Reue des Jakob ernst zu nehmen ist. Als die beiden Brüder sich begegnen, verneigt sich Jakob sieben Mal tief zur Erde, d. h. er unterwirft sich dem Bruder und erkennt seine Schuld an. Indem der Bruder ihn aufrichtet, verzichtet er auf Rache. Beide können sich anschauen. So wie Jakob seine Schuld anerkennen und wiedergutmachen muss, kommt Esau nicht umhin, die Unsinnigkeit der Rache zu verstehen und sich vernünftig zu verhalten. Versöhnung beruht hier auf beiden Seiten auf Einsicht, Maß und Vernunft. Jakob seinerseits lernt zu verstehen, dass Vergebung nicht Produkt eines Handels ist, und kein Anrecht, das man sich durch eine Gabe verdienen kann. Erst durch diese Versöhnung wird es möglich, dass Gottes Geschichte mit den Menschen weiter geschrieben werden kann. Gerade auf den krummen Wegen der Konflikte und Neuanfänge wird Gottes Heilsgeschichte konkret.

Gen 37–48: Josef in Ägypten

In der Geschichte von Joseph und seinen Brüdern kommt Gott ausdrücklich nicht allzu häufig vor. Dennoch ist er dabei. Vielleicht ist die Josephsüberlieferung eine in sich geschlossene Erzählung, in der Platzierung im Buch Genesis begründet sie u. a., wie das Volk Israel nach Ägypten kam. In den Patriarchenerzählungen ist Gott der verborgene Lenker der Geschichte, der in den menschlichen Wechselfällen auf krummen Zeilen seine Geschichte mit den Menschen schreibt. Dieser Gott lässt sich nicht eingrenzen, er bindet sich an Menschen und bleibt ihnen über die Generationen treu, auch wenn er oft weit weg zu sein scheint.

Jakob hatte sich das Erbteil erschlichen, ist also familiär gesehen nicht frei von Schuld. Auch mit ihm geht Gott den Weg weiter. Auch wenn Gott nicht ausdrücklich genannt wird, ist seine Gegenwart in den Situationen von Schuld, Vergebung und Versöhnung das Hintergrundleuchten.

Jakob hat zwölf Söhne, der letztgeborene Joseph erfreut sich der besonderen Zuneigung des Vaters. Ausdrücklich schreibt der biblische Autor vom Hass der Brüder gegen ihn, zum einen, weil der Vater ihn bevorzugt behandelt, zum anderen, weil er sie vor dem Vater schlecht macht und Gerüchte verbreitet. Offenbar schlachtet Joseph seine Vorrangstellung über die Jahre schamlos aus. Seinen Brüdern gegenüber verhält er sich großspurig und arrogant. Sicher rechtfertigt dies moralisch nicht das spätere Verhalten der Brüder. Die Bibel ist aber realistisch genug, in dieser Familienkonstellation nicht nur eindeutige Täter und klare Opfer zu definieren. Als sich den Brüdern Josephs die Gelegenheit bietet, verkaufen sie Joseph an eine Händlerkarawane, nachdem der älteste Bruder Ruben den Mord an Joseph verhindern konnte. Dem Vater Jakob zeigen sie das blutdurchtränkte Gewand des Joseph und lassen ihn für die Zukunft im Glauben, sein Sohn sei Opfer eines Raubtieres geworden. Die Trauer des Vaters nehmen die Brüder in Kauf. Es braucht nicht viel Phantasie, um sich vorzustellen, wie eine derartige Haltung der Lüge, des gegenseitigen Verschweigens, des Hasses und der Gewaltbereitschaft über Jahre die Familie belastet.

Joseph geht derweil einen unerwarteten Weg. Er macht Karriere am Hofe Potiphars, eines hochrangigen Offiziers beim Pharao. Die Frau Potiphars begehrt den jungen Mann und möchte mit ihm eine Affäre beginnen, die Joseph jedoch verweigert. Wieder wird er Opfer einer Intrige, aus Rachsucht lässt sie Joseph ins Gefängnis werfen. Zwei Jahre bleibt Joseph in Gewahrsam, bis er dem Pharao Träume deuten kann. Dieser setzt ihn als Herrn über Ägypten ein.

In der Zwischenzeit herrscht eine Hungersnot in Kanaan und Jakob und Josephs Brüder sind gehalten, sich in Ägypten Nahrung zu besorgen. Jakob und den Jüngsten, Benjamin lassen sie in Kanaan zurück. Als sie vor Joseph treten, erkennt er sie, sie ihn aber nicht. Seine erste Reaktion besteht darin, sie zu demütigen. Er erinnert sich an die Träume seiner

Jugend, die darin bestanden, dass sich die Brüder vor ihm neigen müssten. Daraufhin stellt er sie auf die Probe, ob sie zum zweiten Mal das Leben eines der ihren opfern würden. Sie erhalten nur einen als Geisel zurückgelassenen Bruder zurück, wenn sie mit Benjamin zurückkämen. Als sie ihren Vater überzeugt haben, kehren sie nach Ägypten zurück. Dort stellt ihnen Joseph zum zweiten Mal eine Falle. Er versteckt Gold im Getreidesack Benjamins und stellt die Brüder wegen des vermeintlichen Diebstahls zur Rede. Nachdem ein Bruder sich angeboten hat, die Folgen der Schuld zu tragen, gibt sich Joseph ihnen zu erkennen. Es kommt zu einer ergreifenden Versöhnungsszene.

Bevor Joseph seinen Brüdern die Chance zur Versöhnung gibt, müssen sie wiederholt zeigen, dass sie ihr Verhalten verändert haben. Sie bekennen mehrfach ihre Schuld und drücken deutlich aus, dass sie die Schuld über die Jahre belastet hat. Auch bekennen sie sich zur Verantwortung für das Leid, dass sie über Jakob gebracht haben. Zusätzlich hilft Joseph auch eine religiöse Gewissheit, seinen Brüdern zu vergeben: er ist davon überzeugt, dass Gott ihn so weit gebracht hat, um seiner Familie helfen zu können (Gen 45,5). Sein Glaube hilft ihm, einen Sinn in der Verletzung zu sehen, die andere ihm zugefügt haben. Dieser Sinn besteht nicht allein im passiven Erdulden des Unrechts. Tatsächlich war Joseph nicht nur passives Opfer. Er hat im Laufe der Jahre eine Stärke und eine Persönlichkeit entwickelt, die ihm geholfen hat, seinen Weg selbstbewusst und zielstrebig zu gehen. Joseph steht für Menschen, die durch eine tiefe Verletzung nicht perspektivlos werden. Modern könnte man sagen, Joseph verfügt über enorme Vorräte an Resilienzen[22], die ihm helfen, mit den Schwierigkeiten fertig zu werden. Inwieweit sein Gottvertrauen die wichtigste Quelle der Resilienz ist, darüber schweigen die Quellen. Joseph jedenfalls ist kein Frömmler, sondern sehr lebenspraktisch.

Über einen Groll Jakobs gegen seine Söhne äußert sich der biblische Text nicht. Er erlebt die letzten Jahre als von Gott gesegnet, der ihm seinen Sohn wiedergegeben hat und ihn sogar dessen Nachkommen noch sehen ließ. Darin zeigen sich ein tiefer Glaube dieses Menschen und ein riesiges Vertrauen auf den Gott der Väter. In die psychologischen Hintergründe kann man aus heutiger Sicht nur schwerlich eintauchen. Die Geschichte

---

22 | Vgl. etwa Roland Benedikter / Karim Fathi, Resilienz und Zivilreligion – Anforderungen an die widerstandsfähige Gesellschaft, Berlin 2014; Fabienne Berg, *Übungsbuch Resilienz. 50 praktische Übungen, die der Seele helfen, vom Trauma zu heilen*, Paderborn 2014.

trägt märchenhafte Züge, die Personen sind uns dennoch in vielem nahe. Vergebung braucht einen langen Weg, die verschiedenen Konfliktpartner müssen je eigene Entwicklungen durchlaufen. Auch Joseph muss von seiner Arroganz Abstand nehmen. Dazu hilft ihm möglicherweise sein Glaube, Werkzeug Gottes gewesen zu sein: nicht mehr und nicht weniger. Seine Brüder müssen zu ihrer Schuld stehen und zeigen, dass sie anders geworden sind, dass sie die Liebe des Vaters zum Jüngsten nun nicht mehr als Angriff auf ihre Integrität verstehen. Die Geschichte Gottes mit den Menschen geht über Verrat, Verletzung, Schuld, Trauer, Vergebung und Versöhnung. Sie verläuft nicht glatt. Insofern können Menschen heute aus der Josephserzählung eine Ermutigung sehen, sollten ihnen die Pläne Gottes verborgen sein. Gott schreibt auf krummen Zeilen gerade: das nennen glaubende Menschen Heilsgeschichte.

Die Geschichte Davids

Die Geschichte des Königs David führt einen Menschen vor Augen, der zu einem entscheidenden Zeitpunkt seines Lebens schuldig wird und damit seiner Familie und seinen Nachkommen eine Bürde hinterlässt, die sie nicht mehr bewältigen. David ist ein Mensch, den Gott mit vielen Gaben gesegnet hat: er gewinnt die Herzen der Menschen, er kann weise regieren, er ist zur tiefen Freundschaft fähig, er ist der König, dem es gelingt, das Reich zu einen. Darin besteht seine historische Wahrnehmung bis heute. Es spricht für die Bibel, dass sie dabei keine unkritische Hagiographie betreibt, sondern auch die dunklen Seiten dieses Menschen und die Folgen theologisch und historisch betrachtet. David kommt aus einfachen Verhältnissen, und gerade dies scheint der Grund für Gottes Erwählung zu sein. David kommt an den Hof des Königs Saul und muss dort erleben, wie der älter werdende König zunehmend bedrohlich wird. David rächt sich bei eine passenden Gelegenheit nicht für die Verletzungen, die Saul ihm zunehmend stärker zufügt, er respektiert die Herrschaft dieses Königs. Als David selbst die Nachfolge antritt, gelingen ihm unerwartete politische Erfolge, die Menschen stehen zu ihm. Tiefe Frömmigkeit zeichnet ihn aus, so dass die Nachwelt ihn als Psalmendichter und Sänger verehrt.

Die Macht steigt ihm zu Kopf und er wird zum Mörder, um Batseba, die Frau des Urija, zu bekommen (2 Sam 11). Seinen Offizier setzt er in der Schlacht an gefährlicher Stelle ein, so dass er zu Tode kommt. Dessen

Frau nimmt er nach der Trauerzeit zu sich und zeugt mit ihr ein Kind. Was so kurz geschildert wird, birgt eine Menge an Verletzungen und Konflikten, die nicht offen genannt werden. Selbst wenn die Frau nicht ahnt, dass der Tod ihres Mannes geplant war, beruht die Beziehung Davids zu ihr auf Mord, Lüge, Machtmissbrauch und sexueller Begierde. Sie kann darauf nicht reagieren, Gott wird zum Anwalt ihrer Situation. Der Prophet Nathan bringt David seine Schuld ins Bewusstsein. David bekennt aufrichtig seine Schuld, das Kind jedoch muss sterben. Trotz des Schuldbekenntnisses sind die Folgen der Schuld des David verheerend. Nicht nur Urija ist tot, auch das Leben Batsebas ist ein Scherbenhaufen. Offenbar hat David durch seine dunkle Seite die Atmosphäre am Hof derart vergiftet, dass sexuelle Gewalt zum Alltag wird. Die Bibel erzählt im folgenden Kapitel unverblümt von der Vergewaltigung Tamars durch Davids Sohn Amnon (2 Sam 13). Der Text macht keinen Hehl daraus, dass hiermit die entscheidenden Schritte zum Untergang des Reiches gegangen sind. Gottes Barmherzigkeit geht nicht dahin, Schuld klein zu reden. Sie hat Folgen, die viele werden tragen müssen. Schuld vergiftet die Atmosphäre und die Geschichte, die folgt. Insofern David nicht nur Privatperson ist, übersteigen die Folgen seiner Tat den privaten Bereich. Als David dies einsieht und bekennt, ist es für eine radikale Umkehr der Geschichte schon zu spät. Man kann den »Kairos« zur Umkehr verpassen. Es werden viele Jahrzehnte folgen, in denen sich Gottes Treue nicht in politischem Erfolg und Wohlstand zeigen wird. Gottes Vergebungsbereitschaft und die dagegen stehende menschliche Freiheit haben eine unruhige Geschichte zur Folge. In vielen Prophetenbüchern wird dieses Ringen Dauerthema werden.

1.3 Leben und Lehre Jesu

Die Bergpredigt (Mt 5–7)

Jesus lebt als Sohn Gottes ganz aus der Erfahrung der Nähe seines Vaters. Er nennt ihn »Abba« – ein Ausdruck, der im Deutschen kaum zu übersetzen ist, bezeichnet er doch den Vater zärtlich und respektvoll in einem. Seine Zuwendung gilt besonders den Bedrängten aller Art, denen, die besonders die Frommen seiner Zeit schnell aus ihrer Gemeinschaft ausgeschlossen haben: die Armen, die Kranken, die Besessenen, die Sünder. In ihnen sieht er die Folgen der Schuld, die in der Ausgrenzung und Unversöhnlichkeit gipfelt. Wenn Jesus Menschen heilt oder Schuld vergibt, strahlt die Herrschaft Gottes auf und eine Ahnung davon wird spürbar, wie Gott sich die Welt vorstellt und wiederherstellen möchte. Als er einem Gelähmten die Sünden vergibt, zeigt er, dass die Gottesgemeinschaft Grundlage eines menschenwürdigen Lebens ist, mehr noch als körperliche Gesundheit (Mk 2,1–11). Nicht jede Krankheit ist Folge persönlicher Schuld, das wäre ein schweres und fatales Missverständnis. Aber jede Sünde hat Auswirkungen auf die ganze Person, sie bleibt nicht in den Kleidern stecken. Vergebung wirkt sich also auch auf den ganzen Menschen heilend aus. So wie Adam für den Menschen schlechthin steht, können sich in den Armen und Sündern des Evangeliums alle wiedererkennen. Jeder Mensch bleibt hinter dem zurück, wie er sein könnte, und wird dennoch voll Barmherzigkeit angenommen. Christlicher Glaube lebt aus dieser Verheißung. Wenn alle als Sünderinnen und Sünder vor Gott stehen, geht es im Glauben nicht darum, Menschen klein zu machen, sondern sie zu ermutigen, ihr Leben realistisch zu sehen: ihre Größe und Würde, aber auch die Grenzen und die dunklen Seiten, die Beziehung erschweren oder zerstören. Im Gebet macht der glaubende Mensch eine solche Erfahrung:

»Im Gebet wird der Mensch immer auch seiner Unvollkommenheit und Sünde gewahr, so dass er eigentlich verzweifeln müsste. Doch statt dessen wird er sich wieder zu Gott erheben und ihn allein alles vollenden lassen; aus sich selbst vermag kein Mensch ›göttlich‹ zu sein. Mit Gottes Hilfe aber kann der Mensch ›wie Gott handeln‹, indem er betend ihn in seinem Tun gegenwärtig sein lässt.«[23]

Bevor Jesus Forderungen aufstellt, vermittelt er in seiner Person diese zuwendende Nähe und Barmherzigkeit Gottes. Erst wenn die Erfahrungsgrundlage für die Menschen gegeben ist, beginnen die konkreten Vorschriften und Aufforderungen ihre eigentliche Kraft zu entfalten. Der zentrale Text, die »magna charta« christlicher Existenz[24] ist die Bergpredigt im Matthäusevangelium (Mt 5–7), in der der Evangelist wohl auf

---

23 | Schneider, Theologie des christlichen Gebets, 116.
24 | Vgl. Paul Hoffmann, Jesus von Nazareth und die Kirche. Spurensicherung im Neuen Testament, Stuttgart 2009, 53–62.

Jesus selbst zurückgehende Aussagen zu einer Einheit zusammenstellt. Besondere Schwerpunkte stellen die Forderungen Jesu bezüglich der Solidarität mit den Armen dar, provozierend bis heute das Gebot der Feindesliebe und des Gewaltverzichts. Die scheinbare Schwäche erweist sich dabei als Stärke, denn Jesus fordert nicht einfach das wehrlose Hinnehmen von Gewalt, sondern deren aktive Überwindung. Nur so ist es zu verstehen, wenn er fordert, dem Gegner auch die andere Wange hinzuhalten (5,40), und dem Übeltäter mit umso größerer Zuwendung zu begegnen. Es wäre fatal, würden diese Texte im Sinne eines klaglosen Erduldens von Gewalt gelesen; vielmehr besteht die christliche Haltung darin, sich den Konflikten zu stellen und aktives Verhalten dagegen zu setzen. Dass dabei Gegengewalt genau die falsche Reaktion ist, bringen die zugespitzten Aussagen der Bergpredigt treffsicher auf den Punkt. Auch in der Feindesliebe geht es nicht um Sympathie, sondern um die Erfahrung, dass Hass keine angemessene Reaktion des Opfers sein kann, da er das Gewaltpotential nur verstärkt, und auch dem geschädigten Menschen nicht hilft. Dem anderen so zu begegnen, wie man selbst behandelt werden möchte (die »goldene Regel« in Mt 7,12) ist die konkrete Umsetzung der Feindesliebe. Auch im Gegner noch das Geschöpf Gottes und seine Würde zu sehen, führt den Glaubenden wohl »bis an die Grenze des Zumutbaren«[25]. Jesus ermutigt in der Bergpredigt, auf Verletzungen kreativ und bewusst zu reagieren, d.h. sich um der Situation angemessene Versöhnungs- oder Reaktionsstrategien zu sorgen. Gelingende Versöhnung überlässt Jesus nicht dem Zufall, sondern sieht es als bewusstes und geplantes Handeln. Paul Hoffmann stellt solche »Versöhnungsstrategien« der Bergpredigt zusammen, die hier weiterhelfen[26]. Dabei gilt zunächst, dass jeder selbst Verantwortung dafür trägt, dass es zu einem Versöhnungsprozess kommen kann. Dass ein Prozess daran scheitert, dass jeder auf den ersten Schritt des anderen wartet, lässt Jesus nicht gelten: wer auf dem Weg zum Altar ist und merkt, dass jemand etwas gegen ihn hat, muss selbst den Schritt auf den Gegner zugehen (Mt 5,23 f.). Interessanterweise wird hier nicht die Person angesprochen, die verletzt worden ist, sondern der Verletzende soll sich versöhnen. Er soll sich auf den Prozess der Versöhnung und Umkehr einlassen, bevor

---

25 | Ebd. 56.
26 | Vgl. ebd. 60 f.

er seinen religiösen Pflichten wieder nachkommen kann. Ein Großteil der Verantwortung für die Versöhnung liegt hier beim Täter.

Die »Goldene Regel«, den anderen so zu behandeln, wie man selbst behandelt werden möchte, erfordert empathisches Einfühlen in die Welt des anderen Menschen, »vom Standpunkt des Gegners aus die Probleme zu bedenken und so zu einer ›lebendigen Wechselseitigkeit‹ der Beziehungen zu gelangen.«[27] Schließlich warnt Jesus vor Projektionen, die darin bestehen können, im anderen das »zu verteufeln«, was man bei sich nicht wahrnehmen möchte (Mt 7,1–5). Wer sich auf einen Versöhnungsprozess einlässt, begegnet dabei möglicherweise auch seinen eigenen Schattenseiten, die er bearbeiten und denen er bewusst nicht ausweichen will.

Im Zentrum der Bergpredigt steht das Gebet Jesu, das »Vater unser«. Alle Gebote geben erst einen Sinn in der betenden Erfahrung der Nähe Gottes als Abba-Vater. Gott selbst wird zum Handelnden im Menschen, nicht die eigene Kraft ist die Quelle der Vergebung. In diesem Gebet drückt Jesus das Vertrauen auf göttliche Vergebung aus, die jedoch an die Versöhnungsbereitschaft des Menschen gebunden ist. Vergeben werden hier die Schulden, die man Gott oder einem Menschen gegenüber hat. Diese Schulden werden traditionsgemäß mit Sündenschuld gleichgesetzt[28]. Wer selbst nicht bereit ist zur Vergebung, wer in seiner Kränkung verharrt, ist Jesu Auffassung zufolge auch nicht Adressat der Vergebung von Seiten Gottes. Sich dauerhaft in der Kränkung einzumauern, macht den Menschen insgesamt hart und kommunikationsunfähig. Nicht Gott verweigert seine Liebe, sie kann den hartherzigen Menschen nicht erreichen. Es lohnt sich also schon aus Eigennutz, nicht in der Vergangenheit der Kränkung zu bleiben, sondern zukunftsorientiert zu denken und zu handeln. Verzeihen und Versöhnen eröffnen eine solche Zukunftsperspektive. Auch wenn Jesus in diesen Punkten eindeutig Position bezieht, steht nirgendwo, dass solche Vergebungs- und Versöhnungsprozesse über Nacht und gleichsam automatisch funktionieren. Annäherungen zwischen Gegnern, das Erlernen von Empathie, das Eingestehen möglicher eigener Anteile am Konflikt, das Erarbeiten bewusster Schritte in eine neue gemeinsame Zukunft, das Nachdenken über die Möglichkeit eines weiteren gemeinsamen Weges erfordert oft Zeit. Sich neu füreinan-

---

27 | Ebd.
28 | Vgl. dazu Schneider, Theologie des christlichen Gebets, 146 f.

der zu öffnen, ruft beide Seiten in die Verantwortung. Auch der Verletzende muss Versöhnung wollen.

Die Geschichte vom barmherzigen Vater und den zwei Söhnen (Lk 15, 11–32)

Wie die Logik in der Herrschaft Gottes »funktioniert«, fasst wohl am eindrucksvollsten das Gleichnis vom barmherzigen Vater zusammen. Ein Vater hat zwei sehr unterschiedliche Söhne. Der jüngere Sohn fordert sein Recht ein, der Vater solle ihm das Erbe auszahlen, damit er in die weite Welt ziehen kann. Der ältere Sohn bleibt zu Hause und sorgt sich um die Zukunft des Vaters und des gemeinsamen Hofes. Als der Jüngere sein Erbe verprasst hat, kommt er nach langer Zeit zum Vater zurück in der Hoffnung, dieser werde ihn als Knecht wieder aufnehmen. Doch der Vater sieht ihn kommen, fällt ihm um den Hals, ohne eine Entschuldigung hören zu wollen, feiert ein Fest, weil sein »toter« Sohn zum Leben wiedererstanden ist. Das lässt sich nur mit der unbesiegbaren Liebe von Eltern gegenüber ihren Kindern erklären. Als Papst Franziskus in einem Interview gefragt wird, wie man Kindern das Thema Barmherzigkeit nahebringen könne, verweist er auf die Rolle der Familie. In seinen Worten erkennt man das Beispiel des liebenden Vaters aus der Geschichte:

> »Indem man sie an die Geschichten des Evangeliums heranführt, an die Gleichnisse. Indem man mit ihnen ins Gespräch kommt. Vor allem aber, indem man sie Barmherzigkeit spüren lässt. Indem man ihnen zu verstehen gibt, dass man im Leben straucheln kann, dass aber das Entscheidende ist, danach wieder aufzustehen. Wenn ich von der Familie spreche, betone ich gerne, dass sie das Krankenhaus ist, das uns am nächsten liegt: Wenn jemand krank ist, wird er dort versorgt, solange es irgend geht. Die Familie ist die erste Schule der Kinder, die Zuflucht, an die die jungen Leute sich immer wenden können, und das beste Pflegeheim für alte Menschen. Hier möchte ich hinzufügen, dass die Familie auch die erste Schule der Barmherzigkeit ist, weil man dort geliebt wird und zu lieben lernt, weil man dort Vergebung findet und vergeben lernt. Ich denke an den Blick einer Mutter, die sich abmüht, um dem drogenabhängigen Sohn etwas zu essen zu machen. Sie liebt ihn, auch wenn er Fehler macht.«[29]

---

29 | Papst Franziskus, Der Name Gottes ist Barmherzigkeit. Ein Gespräch mit Andrea Tornielli, München 2016, 112 f.

Wenn es stimmt, dass Menschen heute immer weniger bereit sind, zugunsten der Kinder in einer für sie nicht mehr passenden Partnerschaft zusammen zu bleiben, erweisen sich die Botschaft des Evangeliums und die Aussagen des Papstes als ein immer stärker werdender Kontrast zwischen dem Evangelium und einem heutigen Lebensgefühl. Gerade die Familie als Ort der Barmherzigkeit stünde dann in Frage[30].

Über die Verletzungen des Vaters und seine Gefühle über die Jahre hinweg kann man nur Vermutungen anstellen. Alles scheint vergessen, als der Blick auf den elenden und heruntergekommenen Sohn fällt. Das Gleichnis wäre schön, aber harmlos, wenn dies die einzige Aussage bliebe.

Es gibt eben noch den zweiten Sohn, der nun erleben muss, dass sein jahrelanger Dienst für die Familie nicht gewürdigt oder als selbstverständlich hingenommen wird. Das Ende der Geschichte bleibt offen. Es scheint aber doch realistisch zu sein, dass das Verhalten des Vaters Raum für neue und schwere Verletzungen eröffnet. Den heimgekehrten Sohn scheint der Vater mehr zu lieben. Wenn dieser am Hofe bleibt, wird er durch seine Anwesenheit auch noch das Erbe angreifen, das eigentlich dem anderen Sohn zustünde. Erbschaftsstreitigkeiten sind ein Thema, an dem nicht wenige Geschwisterbeziehungen und Familien zerbrechen. Zu Lebzeiten des Vaters wird sicher im einen Sohn ein ständiger Groll bleiben. Nach dem Tod des Vaters wird es wahrscheinlich zu erheblichen Streitigkeiten kommen, wie es mit der Verantwortung weitergeht, inwieweit das Engagement des daheimgebliebenen Sohnes irgendwie honoriert werden soll. Die Güte des Vaters kann eine Geschichte zahlreicher weiterer Konflikte auslösen.

Für Seelsorge oder Familienberatung eröffnet das Evangelium ein weites Feld. Für Jesus scheint es klar zu sein, dass die Güte des Vaters jede Logik der Vergeltung oder Aufrechnung, des Verdienstes oder Anspruchs hinter sich lässt. Im zwischenmenschlichen Bereich ist dies nicht einfach zu verwirklichen, aber der Anspruch bleibt bestehen: Seid vollkommen, wie euer Vater vollkommen ist, sagt Jesus (Mt 5,48). Aber auch hierfür gilt: bevor das Gleichnis als moralische Forderung gelesen wird, lädt es ein, die Logik der Liebe und Barmherzigkeit im Hinblick auf das eigene

---

30 | Vgl. Die große Studie zur Zukunft der Deutschen, Was wollen wir weitergeben? Ein Gespräch von Andreas Lebert und Wolfgang Uchatius mit Jutta Allmendinger, in: Die Zeit vom 18.2.2016, 13–15.

Leben zu betrachten. Ich kann mich möglicherweise in beiden Söhnen wiederfinden, auch im heruntergekommenen, der sich nach den offenen Armen des Vaters sehnt. Und dann werde ich vielleicht meinen heruntergekommenen Bruder oder meine Schwester mit anderen Augen sehen lernen. Für den Vater hört der Verlorene nie auf, sein Sohn zu sein[31], ein Mensch mit Würde. Papst Franziskus beschreibt, warum er eine besondere Nähe zu Strafgefangenen empfinde: »Immer wenn ich zu einem Besuch oder zu einer Feier die Schwelle einer Haftanstalt überschreite, kommt mir der Gedanke: Warum sie und nicht ich? Ich müsste hier sein, ich verdiente es, hier zu sein….Ich fühle mich nicht besser als die Menschen, die ich vor mir habe.«[32]

Das Gleichnis vom barmherzigen Vater ist viel mehr als eine einfache Handlungsanleitung, es ist eine Geschichte mit bewusst offenem Ende, in deren Prozess jeder einsteigen kann. Vergeben aus dem Glauben heißt nicht, eine moralische Forderung umzusetzen, sondern geschenkte Barmherzigkeit auch anderen zu gönnen, nicht zu vergessen, dass der andere Mensch ein Mensch mit Würde ist, so schlimm seine Tat auch gewesen sein mag. Das ist bei Fremden einer Haftanstalt sicher einfacher als im Falle persönlich erfahrener Verwundungen; die eigene Bedürftigkeit und Schwäche bleibt aber auch hierbei ein nicht zu verleugnender Hintergrund, auf den Jesus aufmerksam macht.

Zwischenergebnis: Pastorale Perspektiven

Wer in die Heilige Schrift schaut, stellt fest, dass der Themenkomplex von Verzeihen und Versöhnen nicht in einem isolierten spirituellen Raum stattfindet, sondern dass es sich umgekehrt verhält: Im menschlichen Tun ereignet sich Glaubenserfahrung. Dennoch kann der Glaube an einen persönlichen Gott eine Quelle des rechten Handelns werden. Dafür ist entscheidend, welches Gottesbild einem Menschen vermittelt wird und welche Erfahrung er mit Gott in seinem Glauben machen kann. Vergeben und Versöhnen können nur dort religiös begründet und fruchtbar werden, wo Glauben einen Raum der Freiheit eröffnet. Ein Handeln nur aus der Kenntnis und dem Befolgen von Normen, auch eine Vergebung aus einem reinen »Sollen« heraus bewirkt keinen ehrlichen Prozess, kann sogar Vergebung und Versöhnung verhindern, obwohl man meint,

---

31 | Papst Johannes Paul II., Dives in misericordia (30.11.1980) 25–29.
32 | Papst Franziskus, Der Name Gottes ist Barmherzigkeit, 63 f.

es sei alles erledigt. Mancher Getaufte mag in der religiösen Situation leben, dass Glaube für ihn/sie nicht mehr ist als eine Ansammlung von Formeln und Phrasen der Kindheit. Wo dies der Fall ist, kann Glaube Freiheit nicht fördern.

Menschen, die im Evangelium lesen, dass sie vergeben sollen, merken gleichzeitig, dass es ihnen nicht gelingt. Erliegen sie einem religiösen Perfektionismus, lassen sie vielleicht nicht zu, dass Versöhnung Zeit braucht, bewusst gesetzte Schritte erfordert, dass Emotionen keine Sünde darstellen müssen. Jeder Eigennutz im Denken auch hinsichtlich des Versöhnungsprozesses wird verdächtigt. Religiöse Floskeln helfen, eine Scheinwelt aufzurichten, in der alles stimmen soll. Da kann das Gebet eine Hilfe sein, Abstand zu gewinnen und seine Gedanken zu ordnen, indem man sein Leben Gott anvertraut. Aber die Erfahrung zeigt, dass sich nicht alle Probleme einfach »wegbeten« lassen.

Um einem unheilvollen Vergebungsperfektionismus nicht zu erliegen, hilft das sehr realistisch und menschlich gezeichnete Gottesbild der Bibel. Auch der Glaubende lebt nicht in einer heilen Welt, und dieses Faktum darf angenommen werden. Man kann bei manchen Glaubenden ein falsches Harmoniebewusstsein finden; Konflikte offen anzusprechen, gilt als unfriedlich. Lieber erduldet man Unrecht, oder verbirgt es zugunsten eines Scheinfriedens, der wenigstens nach außen dargestellt wird. Konflikte in einer Partnerschaft etwa zugeben zu müssen, passt für manchen nicht in seine christliche Vorstellung einer heilen Ehe, Partnerschaft und Familie. Gegen Unrecht lehnt man sich nicht auf, weil man mit Christus »das Kreuz tragen« muss. Ertragenes Leid oder Verletzungen werden religiös überhöht, sollte jemand dagegen aufbegehren, meint die Person, gegen den göttlichen Willen zu handeln, der doch die Prüfungen wenigstens zugelassen hat. Auch Emotionen wie Zorn, Wut und Trauer sind nichts Peinliches, sondern müssen sogar ausgedrückt werden dürfen. Frömmigkeit, die dazu nicht hilft, ist kontraproduktiv. Für die Verkündigung des zentralen biblischen Themas der Vergebung heißt das, dass es nicht damit getan sein kann, Sachwissen oder Normenwissen zu fördern, ohne einen Raum der Begleitung zu bieten, in dem der suchende Mensch mit der Hilfe anderer seine Situation ehrlich in den Blick nehmen kann. Auch Eigennutz als Motivation ist nichts Unchristliches. Pastoral wird sich demnach nicht mit Belehrung zufriedengeben dürfen.

Eine fruchtbare Verkündigung muss die Gratwanderung schaffen zwischen Extremen. Auch die Verkündigung eines barmherzigen Gottes muss Schuld und ihre Folgen deutlich beim Namen nennen. Versöhnung kann dort nicht stattfinden, wo Schuld verharmlost wird. Wo die Kirche Vergebung in Liturgie und Sakrament anbietet, muss über Schritte der Veränderung nachgedacht werden, darf die Buße nicht im privaten stillen Kämmerlein allein verortet sein, denn Schuld ist nie Privatangelegenheit. Neben einem geforderten Perfektionismus kann eine Art Versöhnungsroutine für den glaubenden Menschen eine religiöse Sicherheit simulieren. Wo religiöse Buße keine neuen Perspektiven anzielt, kann sie ein problematischer religiöser Selbstbetrug werden.

Das Evangelium sieht Vergebung und Versöhnung als bewusstes »strategisches« Handeln, das gleichermaßen situativ ist. Glauben wird dort hilfreich, wo er solche Kompetenzen von Menschen stärkt, wo er vielleicht neue bewusste Schritte einzuüben hilft. Dabei sollen Handlungsschritte Ausdruck von Haltungen sein, und eingeübte Haltungen werden zur Praxis. Auch Liturgie und Sakrament sollen Hilfen sein, Haltungen zu fördern und Praxis zu motivieren. Gerade in diesem Themenbereich müssen Glauben/Leben/Praxis eine Einheit werden, wenn Religion dem Menschen dienen soll. So wie Schuld kein Betriebsunfall ist, soll der Verletzte den weiteren Verlauf der Beziehung nicht dem Zufall überlassen. Im schlimmsten Fall kann man den Kairos für einen Versöhnungsprozess verpassen.

1.4 Theologische Kernbegriffe

Schuld

Zunächst ist es für viele Menschen heute ein unangenehmer Gedanke, selbst schuldig geworden zu sein, und sie halten es für vermessen, dass die Religion dieses Thema derart zentral platziert. Die Theologie denkt über den Menschen nach, und darf dieses Thema nicht ausklammern. Denn einem Menschen zuzugestehen, dass er schuldig wird, bedeutet gleichzeitig, ihm Freiheit, Verantwortung und Würde zuzuschreiben[33].

---

33 | Vgl. dazu Julia Knop, Schuld und Vergebung. Überlegungen zum anthropologischen und hermeneutischen Potenzial des Sündenbegriffs, in: Julia Enxing (Hg.), Schuld. Theologische Erkundungen eines unbequemen Phänomens, Ostfildern 2015, 76–97, 78.

In den vergangenen Jahrhunderten bis heute sind zahlreiche Theorien bedacht worden, um den einzelnen Menschen aus der Verantwortung für das Böse zu nehmen. In einem klassischen Kirchenlied zur Passionszeit bekennt der Sänger: »Was du Herr hast erduldet, ist alles meine Last.« D. h., wenn das christliche Menschenbild ernst genommen wird, bleibt die unangenehme Konsequenz, dass nicht Gott oder der andere der Schuldige für das Böse ist, sondern der einzelne Mensch ganz persönlich Verantwortung übernimmt. Man kann es auch als einen Ausdruck psychischer Gesundheit verstehen, Verantwortung übernehmen zu können. Dagegen steht die Selbsteinschätzung zahlreicher Menschen heute. Schnell hat man dann die Haltung vieler Menschen als »Unschuldswahn« deklariert. Wenn das stimmt, dann nur in Bezug auf die eigene Person. Im Urteil über andere ist man unbarmherziger und rigoroser als jemals zuvor. Wer in den Medien einmal als Übeltäter abgestempelt ist, kommt aus dieser Bewertung nicht mehr heraus. Die vor dem Gesetz bis zur Verurteilung geltende Unschuldsvermutung gilt in der öffentlichen Diskussion über andere, meist Prominente, längst nicht mehr.

Schuld wird ein Phänomen der anderen. Aber bricht nicht verdrängte Schuld auf andere Weise hervor? Andere Verharmlosungen und Banalisierungen spielen dann durchaus auch eine Rolle: »ich bin halt so, meine Umwelt hat mich geprägt, man macht das doch heute so, wer etwas werden will, darf manches nicht so genau nehmen«, – das sind Begründungen eigener Lebenslügen. In der Geschichte finden sich zahlreiche Erklärungsversuche, um dem Menschen seine Verantwortung für schuldhaftes Handeln abzunehmen:

Das Schicksal, die Gottlosigkeit als Vergiftung der Atmosphäre (biblisch), die Leidenschaften, die nicht besiegt sind, Kleingläubigkeit (Christen), Unvernunft, Egoismus (Th. Hobbes), die Zivilisation (Rousseau), gesellschaftliche Ungleichheit (Aufklärung), Kirche und Religion (Aufklärung und Religionskritik), die »da oben«, Kapitalismus (Revolution), die Erbärmlichkeit des Menschen (Nietzsche), die irrationale Grundstruktur des Menschen (Psychoanalsyse), die Juden (Nationalsozialismus), die repressive Gesellschaft (68er Generation), die Triebunterdrückung (Arno Plack), die Intoleranz (Polit. Korrektheit), eine Anomalie des vorderen Gehirnlappens (Neurowissenschaft)[34]. Julia Knop fasst das

---

34 | Zusammenstellung bei Notker Wolf, Das Böse. Wie unsere Kultur aus den Fugengerät, Gütersloh 2015, 119.

in folgende Entschuldigungskategorien zusammen: psychologische, systemische, medizinische Sachzwänge[35]. Ist dann aber Schuld im Wesentlichen ein medizinisches Problem, das therapierbar ist?
Mit all diesen Thesen aber ist die Konfusion perfekt. Die genannten Verdrängungsmechanismen sind nur scheinbar harmlos oder gar menschenfreundlich. Zum einen sprechen sie dem Einzelnen im Wesentlichen die Verantwortlichkeit, damit das freie Subjektsein ab, zum anderen bleiben einige davon nicht ohne radikale Konsequenzen: »Sie selbst tragen den Keim des Bösen in sich, weil sie zur Ausrottung des Bösen durch die Ausrottung von Menschen, möglichst vieler Menschen sogar anstiftet«[36]. Beispiele dafür sind: Ketzer, Hexen, Juden. Die eigene Entschuldung führt leicht zur Vernichtung des anderen, des Bösen, des Schuldigen, des Unreinen.
Ist nun derjenige, der handelt und die Konsequenzen zu tragen bereit ist, der Dumme? Zeigt sich Unschuld darin, dass das eigene Handeln nicht identifizierbar ist, und damit keine Konsequenzen zeigt?
Der Münsteraner Theologe Jürgen Werbick macht auf eine weitere Art des verdrängenden Umgangs mit Schuld aufmerksam, indem man anstelle von Schuld gerne von Scheitern spricht[37]. Er steigt ein mit dem Beispiel einer Frau, die jahrelang Kette geraucht hat und auch am Ende ihrer Raucherkarriere nicht bereit ist, von der Sucht zu lassen. Wenn sie sterben muss, werden viele sagen: selbst schuld. Aber andere werden auch sagen: menschlich und verständlich. Menschen haben auch Grenzen und es gehört dazu, diese zu akzeptieren. Wir scheitern an unseren Grenzen und es gehört zum Menschsein dazu, diese zu akzeptieren. Das zu akzeptieren, kann tatsächlich äußerst wichtig sein, auch und gerade für den glaubenden Menschen, der leicht in eine Perfektionismusfalle[38] im moralischen Verhalten geraten kann. Mit Grenzen leben, ist das eine. Das andere ist, wenn man Schuld durch quasi notwendiges Scheitern ersetzt: z. B. die Ehe ist gescheitert. Dann mag da vielleicht Schuld im Spiel sein, aber am Ende waren es doch nur die Grenzen, die jedem Menschen und jeder Beziehung gesetzt sind. Statt Schuld findet sich dann als Grund für eine zerstörte Beziehung zwischen Menschen Zerrüttung,

---

35 | Knop, Schuld und Vergebung, 79.
36 | Wolf, Das Böse, 119.
37 | Jürgen Werbick, Schuld und Scheitern, in: Enxing (Hg.), Schuld, 23–39.
38 | Vgl. Konrad Stauss, Die heilende Kraft der Vergebung. Die sieben Phasen spirituell-therapeutischer Vergebungs- und Versöhnungsarbeit, München ³2014, 58.

vielleicht sogar notwendiger Irrtum als ein wichtiger Schritt zur Selbstoptimierung. Mancher Ratgeber, so Jürgen Werbick, könnte tituliert werden: gekonnter scheitern. Odo Marquardt spricht in diesem Zusammenhang von der Kunst des heutigen Menschen, es nicht gewesen zu sein. Fehler macht eben auch jeder. Die Fehlerfreien sind die Unsympathischen, die Streber, die Bürgerlichen, Marquardt charakterisiert dieses Phänomen als »Entbösung« des Bösen. Wenn man aber ehrlich ist, muss man zugeben: wenn etwa eine Beziehung scheitert, sind Wurzeln getroffen, Narben an der Oberfläche lassen die eigentliche Tiefe der Verletzung nur ahnen. Was der eine als notwendiges Scheitern erlebt, ist für den anderen die große Verletzung, die große Katastrophe seines Lebens. Deswegen wird es als Lösung jeder Schuldthematik immer ein wichtiger Schritt bleiben, eine Fähigkeit zur Empathie für die Situation des anderen zu entwickeln. Wenn ich als Mensch, der schuldig werden kann und schuldig werde, dies lerne, beginne ich, mich nicht nur als Opfer einer Situation zu verstehen, sondern als Beziehungspartner eines anderen Menschen, für dessen Wohl ich ebenso Verantwortung trage wie für mich. Dann genügt es nicht mehr, das eigene Unwohlsein in der Beziehung wahrzunehmen, sondern auch die Sichtweise des anderen Menschen. Werbick nennt dies: lernen, die Teilnehmerperspektive einzunehmen. Wenn dies gelingt, werden Menschen leichter Verantwortung übernehmen, auch für ihre negativen Handlungen oder Unterlassungen. Wichtiger als die Frage nach den Ursachen der Schuld oder des Bösen werden dann die Perspektiven, wie ein Mensch oder eine Partnerschaft/Gemeinschaft neue Perspektiven aus der Schuld heraus entwickeln können. Verantwortung für eigene Schuld zu übernehmen und Empathie für den anderen zu entwickeln, wird so zur notwendigen Voraussetzung für verantwortliches Handeln.

Schuld wird im theologischen Sinn ethisch nicht erst dann relevant, wenn der Mensch sie bewusst tut. Es kann Handlungen oder Unterlassungen geben, die sich jemand nicht mehr bewusst macht, die vielleicht auf einer früheren Grundentscheidung oder einem routinierten Verhalten gründen. In Ps 51 betet der Psalmbeter, Gott möge ihm auch die unbewusste Schuld vergeben. Im Kontext von seelsorglicher und beraterischer Begleitung könnte ein Ziel darin bestehen, für solche Verhaltensweisen zu sensibilisieren, wozu sicher auch Empathiefähigkeit unverzichtbar ist.

Dem steht das Phänomen der Schuldgefühle[39] gegenüber, die auf dem subjektiven emotionalen Bewusstsein gründen, etwas falsch gemacht zu haben. Es gibt hierbei einen persönlich empfundenen Konflikt zwischen Wollen, Sollen und Handeln. Je nach Ausbildung und inhaltlicher Prägung des Gewissens zeigen Schuldgefühle, welche Werte und Normen ein Mensch verinnerlicht hat. Schuldgefühle können Menschen sehr lange begleiten. Schuldgefühle können schützen, indem sie befähigen, weiteres Verhalten zu reflektieren, sie können aber auch eine positive Entwicklung verhindern. Sie können auch vom eigentlichen Thema ablenken. In diesem Kontext haben Beratung und Seelorge/Sakrament unterschiedliche Chancen. Während Beratung helfen kann, Werte und Normen bewusst wahrzunehmen, Realitäten einzuschätzen, Verhalten realistischer wahrzunehmen, bieten der christliche Glaube und die Hoffnung auf Vergebung die einmalige Chance, Schuld nicht kleinreden zu müssen, sondern abgeben zu können, an einen Gott, der menschlich nicht mehr Gutzumachendes vergibt und damit neue Lebenskräfte freisetzt, oder die Chance, skrupulöses Verhalten mit der befreienden Botschaft des Evangeliums zu konfrontieren.

Sünde

Wenn der Glaube an Gott ins Spiel kommt, wird aus Schuld oder Unterlassung Sünde. Die Gottesbeziehung bleibt vom Verhalten des Menschen nicht unberührt. Denn Gott will, dass der Mensch Leben in Fülle hat. Mehr noch als Schuld ist Sünde ein Beziehungsbegriff. Bewusst oder unbewusst entscheidet sich der Mensch dafür, den Weg zum Leben oder den Weg zum Tod zu wählen (Dtn 30,19). Es geht Gott nicht um sich selbst, wenn er dem Menschen Gebote gibt, sondern um das Heil und das Glück der Menschen. Menschliches Leben soll ein Leben in gelungenen Beziehungen sein, so ist es von Gott gewollt. Sobald der Mensch sündigt, stört er Beziehungen, auch die Beziehung zu Gott.
Wo beginnt die Sünde? Die christliche Tradition unterteilt die Sünden in unterschiedliche Kategorien, angefangen bei lässlichen Sünden bis hin zur sog. Todsünde, welche die Beziehung zu Gott endgültig zerstören kann. Es darf angefragt werden, ob solche Katalogisierungen der Komplexität menschlichen Lebens und seiner Beziehungen gerecht werden.

---

39 | Helga Kohler-Spiegel, Schuld, Sünde und Vergebung, in: PThI 2013,2, 19–36.

Gott kommt aktiv dort ins Spiel, wo ein Mensch sich für das Gute entscheidet, für den Weg zum Leben, weil er nach christlicher Vorstellung eine solche Entscheidung mit seinem Geist fördert und begleitet.

Der Mensch entscheidet sich für ein Leben nach dem Fleisch oder ein Leben nach dem Geist (Röm 7), für die Sünde oder die Beziehung. Das Fleisch steht für das Vergängliche, Oberflächliche, das Ichbezogene, die Haltung, darauf zu schauen, was dem eigenen Interesse dient. Paulus kritisiert eine Haltung, die nur davon lebt, den eigenen Willen zu verwirklichen und nur die Befriedigung persönlicher Bedürfnisse zu suchen. Dann macht der Mensch den anderen zum Mittel für seine eigenen Zwecke. Wer dem Fleisch folgt, sieht nur sich, er steht im Mittelpunkt. Meistens sind es vergängliche Werte, die ihm lebensnotwendig erscheinen: alles wird dem Geld, der Karriere, der Macht untergeordnet. Thomas Halik aktualisiert diesen Gedanken, indem er das Leben nach dem Fleisch als eine Art »Zeichen der Zeit« einschätzt. Er spricht von einer Werterevolution: »Immer größere Bereiche der Lebensrealität wurden zu Sachen, die man nicht mehr wie einen Partner respektieren muss, sondern über die man völlig frei wie über Gegenstände verfügen kann; sie werden als austauschbare Ware begriffen.«[40] Das gilt dann oft auch für den Umgang mit Menschen.

Das Leben nach dem Geist sieht anders aus. Es ist ein anspruchsvolles Lebensprogramm und erfordert oft eine wirkliche Anstrengung, es betrifft das ganze Leben, das Denken, das Verhalten, die Lebensführung und auch die Gestaltung von Beziehungen. Es erfordert tatsächlich permanente Selbstprüfung von persönlichen Motiven und Beweggründen. Dabei ist Jesu Leben und Sein das eindrücklichste Beispiel. Freiheit besteht hier nicht einfach in der Willensfreiheit, sondern ist Ausdruck einer neuen Definition dessen, was für den Menschen Glück und Erfolg bedeuten. Der Mensch ist nicht einfach Sklave seiner Natur oder anderer Gesetzmäßigkeiten. Es geht auch nicht um permanente Selbstbeherrschung, sondern eher um Loslassen, um Selbstentkrampfung[41]. Dabei geht es auch nicht um die Herrschaft des Verstandes, sondern im Letzten um ein Leben aus der Liebe. Notker Wolf findet eine hilfreiche Formu-

---

40 | Nicht ohne Hoffnung. Glaube im postoptimistischen Zeitalter, Freiburg – Basel – Wien 2014, 30.
41 | Vgl. Wolf, Das Böse, 95.

lierung[42]: Es ist die unauffällige, an den praktischen Erfordernissen der Menschlichkeit ausgerichtete Liebe desjenigen, der die Stimme Gottes in sich vernimmt und nach seinem Willen handelt. Er nimmt in seinen Worten und seinem Lebensbeispiel alles aufs Korn, was wir für natürlich, angeboren, und auch für vernünftig halten. Das Böse wird dabei nicht einfach ausgehalten, sondern es wird aktiv verwandelt, das Opfer des Bösen wird zum aktiven Täter/Täterin des Guten (Bergpredigt).

Während das Leben nach dem Fleisch dem Menschen und seinen Beziehungen im Letzten schadet, Leben zerstört, bildet das Leben nach dem Geist die Grundlage für wirkliche Freiheit, das Evangelium nennt es Leben in Fülle.

Für das Empfinden vieler Menschen, auch vieler Christinnen und Christen, bleibt das meiste hiervon wenig relevante Theorie. Während das Böse, die Sünde, objektiv als hässlich und schädlich dargestellt werden, empfindet der Täter (der Sünder) sie als attraktiv, möglicherweise spannend, hilfreich, nützlich. Schaut man in die bildende Kunst, auf mittelalterliche Darstellungen, dann wird das Gute (Gott) dargestellt als in sich ruhend, weise, gütig, während die Dämonen, das Böse, als rastlos, getrieben, selbstgefällig, gezeichnet wird[43]. Man kann es aber auch so empfinden: das Gute ist auf Dauer eintönig, langweilig, ja, spießig, während das Böse spannend, aufregend, abwechslungsreich und verlockend ist. Die Sünde macht Spaß, aber eben auf Kosten anderer[44]. Deswegen gehört zum Leben aus dem Geist unverzichtbar der Schritt dazu, ein Mensch mit der Fähigkeit zu werden, das Verlockende der Sünde zu entlarven und in einer manchmal mühevollen Gewissensarbeit die scheinbar guten Argumente kritisch zu prüfen.

Erbsünde

Besonders die katholische Tradition spricht von der Erbschuld oder der Erbsünde. Für heutige Menschen ist dieser Begriff nicht leicht nachvollziehbar. Dennoch basiert er auf der bereits beschriebenen Schöpfungsidee und der daraus folgenden christlichen Lehre vom Menschen. Die Erzählung von Adam und Eva im Paradies sagt uns weniger etwas über ein prähistorisches Menschenpaar, sondern spricht über den Menschen

---

42 | Wolf, Das Böse, 96
43 | Vgl. ebd. 15 f.
44 | Wolf, Das Böse, 17.

an sich. Er hat, obwohl gut geschaffen, einen Hang zur Übertretung des göttlichen Gebots, einen Hang zum Tun des Bösen, des Falschen, des Schlimmen. Im Menschen steckt die Möglichkeit zum Bösen. Theologen sehen einen Hinweis darauf, dass Gott den Menschen nicht als Marionette wollte, sondern als freien Partner, der sich bewusst für das Gute entscheidet. Nicht nur die Möglichkeit zur Sünde steckt im Menschen, die Folgen der Erbsünde zeigen sich auch in Strukturen der Sünde und des Bösen, in die jeder Mensch hineingeboren wird. Diese Neigung zum Bösen ist, so die Theologie, ein Mangel im Menschsein, wie es von Gott perfekt gewollt wurde. Diese Rede von der Ursünde und der sich daraus ergebenden Erbsünde steht gewiss gegen die Vorstellung absoluter Freiheit. Denn bei jedem Menschen führt die Neigung zum Bösen früher oder später zur Verwirklichung einer bösen Tat oder des Falschen. Die Rede von der Erbsünde verankert das Böse ganz in der Freiheit des Menschen, und gleichzeitig schränkt sie seine völlig ungebundene, d.h. absolute Freiheit ein. Die Spannung wird nicht aufgelöst: der Mensch ist nicht absolut frei und autonom, aber er bleibt verantwortlich für sein Tun, darin zeigt sich seine Würde als Mensch und Ebenbild Gottes. Bei aller Verstrickung kann er seine Verantwortung nicht auf jemand anderen abwälzen. Christliche Verkündigung und Vergebungspraxis muss diese Spannung aushalten und benennen. Sie soll Verstrickungen offenlegen, aber Mut zu eigener Verantwortung machen.

Erlösung und Stellvertretung

Zur christlichen Kernbotschaft gehört der Glaube daran, dass durch den Tod und die Auferstehung Jesu die Sünde der Welt weggenommen wurde, d.h. dass Gott selbst die Bedingungen dafür schafft, dass die zerstörte Beziehung zwischen ihm und den Menschen sowie den Menschen untereinander geheilt worden ist. Der Mensch ist nun vor Gott gerecht. Besonders die protestantische Theologie ist von dieser Rechtfertigung ohne menschliche Vorleistung geprägt worden. Es ist hier nicht der Ort, die Problematik einer solchen stellvertretenden Sühne zu diskutieren. Natürlich braucht Gott nicht das Leiden seines Sohnes, um sich gnädig stimmen zu lassen, so wie es lange verstanden worden ist. Vielmehr erleidet Jesus als Sohn Gottes in seinem Tod die Folgen der Schuld und gibt in seiner Auferstehung die Perspektive darauf, dass der Tod und zahlreiche Folgen menschlicher Schuld nicht das letzte Wort sind. Neues Leben ereignet sich überall dort, wo Menschen sich in diese Haltung der Hingabe und Liebe hineinbegeben.

Bereits in der frühen Kirche gab es problematische Reaktionen auf diese Lehre von einer unverdienten Erlösung, die Paulus besonders im Römerbrief entfaltet. Der Jakobusbrief etwa warnt vor der Auffassung, eigenes Tun sei zweitrangig, da der Mensch doch ohne sein Tun erlöst sei. Auch Paulus selbst warnt davor, sich der Illusion einer billigen Gnade hinzugeben, die alles zu überdecken und zu übersehen scheint. Auch dort, wo in der Bibel der Glaube formuliert wird, dass Jesus für unsere Sünden gestorben sei, dass er die Sünden weggenommen und uns mit Gott versöhnt habe, geht es bei diesem stellvertretenden Sühnen von menschlicher Schuld nicht darum, dass der Sünder passiv bleibt, sondern dass er befähigt wird, aktiv und frei in diesen Versöhnungsprozess einzusteigen und ein Leben außerhalb der Sünde zu führen[45], die bisher lebensbestimmend gewesen ist. Stellvertretendes Ertragen der Schuld anderer durch den Erlöser ist die Grundlage eines neuen Lebens, nicht das selbstgerechte Verweilen in den schlechten Gewohnheiten oder in der Schuld. Karl-Heinz Menke illustriert diesen abstrakten Gedanken: »Wer z. B. als Henker von Auschwitz sein Menschsein bis in die Wurzeln deformiert hat, dessen Glaube an Christi bedingungslose Liebe wäre ein (…) billiger Glaube ohne den mühsamen Weg der Versöhnung mit den Brüdern und Schwestern.«[46]

Barmherzigkeit

Das von Papst Franziskus ausgerufene Jahr der Barmherzigkeit 2015/2016 rückt das Thema neu ins Bewusstsein. Allerdings zieht sich das Thema wie ein roter Faden durch die päpstliche Verkündigung seit Papst Johannes XXIII. (1958–1963). Johannes Paul II. hat diesem Thema ganz zu Anfang seines Pontifikats eine eigene Enzyklika »Dives in Misericordia« (1980) gewidmet und damit die Bedeutung des Themas herausgestellt. Auch Papst Benedikt XVI. kam immer wieder auf dieses zentrale Thema zu sprechen, etwa in seiner Enzyklika über Gott als die Liebe »Deus caritas est«. Papst Franziskus nun wird nicht müde, dieses Thema immer wieder in Predigten und Katechesen zu konkretisieren. Dabei machte er

---

45 | Vgl. Karl-Heinz Menke, Das unterscheidend Christliche. Beiträge zur Bestimmung seiner Einzigkeit, Regensburg 2015, 85–107.
46 | Ebd. 103.

während eines sonntäglichen Angelus-Gebets auf das damals neu erschienene Buch von Kardinal Walter Kasper aufmerksam und lobte es ausdrücklich[47]. Dieser legt mit diesem Buch eine umfangreiche und inspirierende Zusammenschau biblischer, theologischer und philosophischer Texte und Themen vor, von denen nur einige kurz genannt werden sollen.

Nachdem die göttliche Barmherzigkeit in der traditionellen Theologie nicht systembestimmend war, haben die Päpste des 20. Jahrhunderts die Barmherzigkeit als wichtigste göttliche Eigenschaft herausgestellt. Papst Franziskus zitiert seinen Vorgänger Benedikt XVI.:

> »*Die Barmherzigkeit ist in Wirklichkeit der Wesenskern der Botschaft des Evangeliums, sie ist der Name Gottes selbst, das Antlitz, mit dem er sich im Alten Bund und vollendet in Jesus Christus offenbart hat, der menschgewordenen Schöpfer- und Erlöserliebe.*«[48]

Für die praktisch-theologische Fragestellung sind die Einwände gegen die Predigt der Barmherzigkeit höchst interessant. Bis heute muss sich jemand, der diesen Aspekt göttlichen Handelns in den Mittelpunkt setzt, gegebenenfalls der Kritik aussetzen: der Begriff spüle den Glauben weich, er werde der Ernsthaftigkeit der biblischen Botschaft nicht gerecht. In den philosophisch geprägten Theologien bekamen die Denker eine bestimmte Vorstellung von Barmherzigkeit nur schwer in eins mit der Gerechtigkeit Gottes. Als personale Zuwendung, als Handlung, sprengt sie den rein auf vernünftigen Kategorien basierenden Diskurs über Gott und sein Wesen in sich. Und: wenn Gott Barmherzigkeit übt und erst recht die Menschen jemand anderem Barmherzigkeit erweisen, demütigen sie dann nicht den Empfänger, indem sie ihre Güte und dessen Abhängigkeit herausstellen? Es gibt Formen von Barmherzigkeit, die das Opfer oder den Empfänger klein machen. Zudem steht die Befürchtung im Raum, dass man die Folgen einer Schuld übertünche, wenn man dem Täter barmherzig begegnet und ihm die Konfrontation mit dem Bösen erspart,

---

47 | Walter Kardinal Kasper, Barmherzigkeit. Grundbegriff des Evangeliums-Schlüssel christlichen Lebens, Freiburg – Basel – Wien ³2012.
48 | Papst Franziskus, Der Name Gottes ist Barmherzigkeit, 27 f.

das er angerichtet hat. Damit stünde Barmherzigkeit gegen die notwendige Wahrheit, die man jemandem nicht ersparen darf[49].
Diese Vorbehalte sind nicht einfach vom Tisch zu wischen. Ebenfalls stimmt aber auch die Beobachtung von Papst Franziskus:

> »Es fehlt (heute, P.K.) die konkrete Erfahrung der Barmherzigkeit. Die Verwundbarkeit unserer Zeit ist auch das: der mangelnde Glaube daran, dass es Erlösung gibt, eine Hand, die uns aufhebt, eine Umarmung, die uns rettet, uns vergibt, uns aufnimmt, uns mit unendlicher Liebe überschwemmt, geduldig und nachsichtig. Die uns wieder in die Spur setzt.«[50]

Der letzte kurze Satz dieses Zitats bestätigt die Vermutung, dass es den Päpsten und auch Papst Franziskus nicht um einen Zuckerguss über das Elend geht, sondern dass erfahrene Barmherzigkeit Konsequenzen hat, die bis zur gänzlichen Veränderung der Verhaltensweisen gehen kann und soll.
In der Theologie findet sich dann die Formel, dass Gottes Gerechtigkeit seine Barmherzigkeit sei, dass dieser scheinbare Gegensatz in Gott zu einer Synthese findet[51]. Diesem Gedanken lohnt es sich nachzugehen, denn man kann sich einmal eine ganz gerechte Welt vorstellen, in der jeder die Möglichkeit findet, gegenüber jemand anderem seine Rechtsansprüche geltend zu machen. Philosophen denken darüber nach, dass in einer solchen Welt die Empathie für das, was der/die andere braucht, schnell verloren geht: mein Recht wird zum Maßstab des Handelns. Barmherzigkeit wäre demnach der Versuch, den anderen Menschen verstehen zu wollen, seine Bedürfnisse ebenfalls kennen zu lernen. Yves Congar geht so weit, dass Barmherzigkeit dem Mitleid entspricht, so dass der eine Mensch fähig wird, das Eigene im anderen zu erkennen[52]. Im barmherzigen Handeln tritt ein Mensch aus dem »Horizont des Ich« heraus und rückt den Anspruch des anderen Menschen in den Mittelpunkt (E. Levinas)[53]. Paul Ricoeur rückt die Barmherzigkeit beinahe in die Nähe der biblischen Feindesliebe, geht es doch der Gerechtigkeit, welche Ausdruck der Barmherzigkeit ist, um die Zuwendung zum ande-

---

49 | Vgl. dazu Kasper, Barmherzigkeit, 20–24.
50 | Papst Franziskus, Der Name Gottes ist Barmherzigkeit, 37.
51 | Kasper, Barmherzigkeit, 22.
52 | Ebd. 33.
53 | Ebd. 36.

ren Menschen und dessen Wohl[54]. Es zeigt sich, dass eine so verstandene Barmherzigkeit den anderen gerade nicht zum Objekt verkümmern lässt und ihn nicht instrumentalisiert zur Darstellung der eigenen moralischen Höherwertigkeit. Offenbar kann man dem anderen in barmherziger Zuwendung nur dann gerecht werden, wenn man sich bemüht, ihn kennen zu lernen, sich ihm zuzuwenden, seine Perspektive einnehmen zu können, seine Bedürfnisse wahrzunehmen. Damit löst geschenkte Barmherzigkeit einen Prozess aus, in dem Gerechtigkeit nach und nach werden kann. Nur der barmherzige Mensch wird jemand anderem gerecht. Die Haltung des Barmherzigen ist das grundsätzliche Wohlwollen und die Achtung vor dem anderen Menschen. Darin besteht nun auch die Korrektur gegen die anderen oben angeführten Einwände. Wenn sich jemand in Barmherzigkeit jemand anderem zuwendet, möchte er dessen Eigenverantwortung stärken und ihn befähigen, aus eigener Kraft neue Anfänge zu setzen. Eine Erlösung durch Barmherzigkeit gibt es nur mit dem Partner, nicht gegen seinen Willen oder über ihn hinweg. Dazu gehört auch, einem Menschen die Wahrheit über seine Situation nicht zu verschweigen. Wahrheit in Barmherzigkeit muss aber so gesagt werden, dass jemand diese Wahrheit auch annehmen kann[55]. Papst Franziskus unterscheidet zwischen dem Sünder und der Sünde:

> *»Die Kirche verurteilt die Sünde, indem sie sagt: Das ist eine Sünde. Aber gleichzeitig umarmt sie den Sünder, der sich als solcher erkennt, sie nähert sich ihm und spricht zu ihm von der unendlichen Barmherzigkeit Gottes.«*[56]

Zunächst scheint diese Differenzierung schwierig zu sein, denn natürlich kann man die Tat nicht vom Handelnden trennen. Es geht dem Papst darum, in der Grundhaltung des Wohlwollens und der christlichen Liebe dem Menschen zu zeigen, dass eine böse Tat ihn nicht der grundsätzlichen Zuwendung Gottes beraubt. Dazu muss sich in dem Falle die Kirche auf Augenhöhe mit dem Menschen begeben, denn von oben herab entfalten die heilsamen Worte kaum ihre positive Wirkung. Die Barmherzigkeit zeigt sich Papst Franziskus zufolge, indem Menschen sich berühren, nicht nur in körperlicher Hinsicht, vielmehr so, dass man die

---

54 | Ebd. 38.
55 | Kasper, Barmherzigkeit, 147.
56 | Papst Franziskus, Gottes Name ist Barmherzigkeit, 72.

Wunden des anderen sieht und ihnen nicht ausweicht oder die eigene Befindlichkeit als den letzten Maßstab des Handelns definiert. Gott selbst nimmt in der Menschwerdung seines Sohnes Jesus die menschliche Perspektive ein, er berührt und wird berührbar. Erst so wird göttliche Barmherzigkeit erfahrbare Wirklichkeit. Dabei ist Gott unendlich treu.

Es kann sein, dass sich ein Mensch, der Barmherzigkeit geschenkt bekommt, schämt. Diese Scham ist nicht schlimm, wenn sie nicht lähmt, sondern zur Veränderung motiviert. Die Konfrontation mit der Wahrheit kann beschämen, aber sie führt nicht zur Erniedrigung, wenn sie mit Wohlwollen gepaart ist. Indem der glaubende Mensch sich selbst als Sünder einem anderen Sünder/Sünderin nähert, kann er sich ein überhebliches Urteil ersparen.

Gnade

Besonders die protestantische Tradition hat den Begriff der Gnade Gottes in der Theologie und Frömmigkeit herausgestellt und gestärkt. Sola Gratia – so formuliert Luther seine Erlösungslehre in Abgrenzung zu bestimmten katholischen Strömungen, die eher die Bedeutung der menschlichen Werke betonen. Der Streit um den theologischen und existenziellen Stellenwert der Gnade ist nicht neu. Bereits in der sogenannten Väterzeit, also in den ersten frühchristlichen Jahrhunderten, bilden sich verschiedene Schwerpunkte heraus. Dies hier detailliert nachzuzeichnen, würde den Rahmen sprengen, ist aber wohl auch nicht notwendig. Die Frage hinter den Auseinandersetzungen ist die nach der Möglichkeit, als Sünder/Sünderin das ewige Heil zu erlangen. Kann man sich das Heil verdienen oder ist es reines Geschenk? Muss man, um Gottes Vergebung im Gericht zu erlangen, gute Werke vorweisen, oder bleibt das ewige Heil reine Gnade? Sehr schematisch gesprochen, teilt sich hier die Kirche bereits in eine östliche und eine westliche Tradition. Um zwei Namen ins Spiel zu bringen: Johannes Chrysostomus, einer der östlichen Kirchenväter, betont, dass der Mensch immer zusammen mit der Gnade Gottes wirken muss, während Augustinus den radikalen Geschenkcharakter des Heils betont. Für Martin Luther, der ganz in dieser westlichen Tradition steht, ist klar, dass der Mensch ganz verdorben, sündhaft ist, und nur aus Gnade gerettet wird. Durch diesen krassen Gegensatz stellt er das »Sola Gratia« drastisch heraus. Dass daran ein ganzes Paket an

Problemen hängt, soll hier nur kurz erwähnt werden. Schließlich steht hier die komplette menschliche Freiheit auf dem Spiel[57]. Dennoch ist auch für den katholischen Theologen selbstverständlich, dass Vergebung durch Gott kein menschliches Verdienst sein kann. Gott wendet sich dem Menschen aus Liebe zu, nicht als Reaktion auf gute Werke, in diesem Punkt finden die unterschiedlichen theologischen Traditionen zusammen. Gnade wäre missverstanden, wenn der Mensch daraus die Gewissheit ableiten würde, sein Verhalten Gott und den Menschen gegenüber sei nicht entscheidend. Paulus, der große Gnadentheologe des Neuen Testaments, ist davon überzeugt, dass aus der Erfahrung der Gnade ein Leben in der Liebe Gott und den Menschen gegenüber erfolgen muss. Besonders der Gnadengedanke ist für manche katholischen Gläubigen ein wichtiges Heilmittel gegen die Versuchung eines moralischen Perfektionismus, ohne in das Gegenteil der Beliebigkeit abzugleiten. Er schenkt eine große religiöse und seelische Gelassenheit. Gläubige Christen fühlen sich zur Nächstenliebe berufen, aber sie müssen nicht das Heil wirken oder verdienen. Paulus schreibt seine Gnadenlehre selbst aus der Erfahrung der göttlichen Zuwendung ohne sein Verdienst – ganz im Gegenteil. Er begegnet zuerst ja als Christenverfolger und wird dann durch eine Erfahrung der Zuwendung Christi, so beschreibt er es, zum christlichen Missionar. Er weiß, wovon er spricht, wenn er die bedingungslose Zuwendung Christi betont, seine Vergebungsbereitschaft ohne jede menschliche Vorleistung. Damit entdeckt man den Kern dessen, was christlich mit Gnade gemeint ist. Es geht nicht um irgendeine herablassende Begnadigung, sondern um eine persönliche Zuwendung. Gnade ist Begegnung, die zu einem neuen Leben befähigt. Im 20. Jahrhundert hat besonders der Theologe Karl Rahner den personalen Charakter der Gnade herausgearbeitet[58]. Gnade ist Selbstmitteilung Gottes als absolute Liebe, die den Sünder nicht herabsetzt, sondern zur Freiheit beruft. Für Rahner ist es entscheidend, dass die Gnade, d. h. Gott selbst, schon immer dem Menschen voraus ist, der Mensch in Gott eine Freiheit und Liebe entdeckt, die jedem Menschen von Gott zugedacht ist. So schafft es Rahner, die Spannung zu halten, ohne nach einer Seite zu kippen: der Mensch verdient sich die Gnade nicht, aber wenn er die Selbstmitteilung Gottes erfahren hat, findet er als freier Mensch zu seiner ei-

---

57 | Vgl. Menke, Das unterscheidend Christliche, 60–66.
58 | Dazu Schneider, Theologie des christlichen Gebets, 57 f.

gentlichen Bestimmung, durch ein Leben in Glaube und Liebe zu antworten. Der Mensch soll zu sich selbst finden, Gott sieht den Menschen in der Gnadenzuwendung nicht als Mittel zum Zweck, sondern entlässt ihn in die Freiheit. Für den christlichen Glauben erfährt die Selbstmitteilung Gottes ihren Höhepunkt in Jesus Christus, seiner Zuwendung, seinem Sterben am Kreuz und seiner Auferstehung. Gnade ist liebevolle Zuwendung bis zur Hingabe des Lebens für den Sünder. Durch die Offenbarung in der Erniedrigung des Kreuzes findet Gott eine Sprache, den Sünder nicht zu erniedrigen oder zu überwältigen, sondern ihn vor die freie Entscheidung zu stellen, ob er selbst diesen Weg gehen möchte oder nicht.

Umkehr und Buße

Der Evangelist Markus fasst die erste öffentliche Predigt Jesu mit einem Satz zusammen: »Die Zeit ist erfüllt, das Reich Gottes ist nahe. Bekehrt euch und glaubt an das Evangelium.« (Mk 1,15). Damit greift Jesus einen Schwerpunkt der prophetischen Botschaft auch des Alten Testaments auf. Wer umkehren muss, gibt zu, dass er auf einem falschen Weg ist. Bei den Propheten kann diese falsche Richtung viele konkrete Ursachen haben: Götzendienst, Lieblosigkeit, soziale Ungerechtigkeit, mangelndes Gottvertrauen. Kern dieser Verhaltensweisen ist in der Regel die reine Ichbezogenheit des Menschen, dessen Herz nicht mehr offen ist für die Ansprüche des Schöpfers und des Mitmenschen. Damit schadet der Mensch sich selbst, nicht nur anderen, auch wenn er im Moment überzeugt sein sollte, dass dieser Weg der beste für ihn sei. Propheten waren für die Zeitgenossen oft keine angenehmen Gesprächspartner. Und sie selbst suchten nicht den angenehmen Weg. Auf Bildern der Kunst werden sie oft mit übergroßen Sinnesorganen gezeichnet – übergroße Augen, übergroße Ohren, übergroßer Mund, übergroße Augen. Oft verbinden Menschen mit Propheten die Gabe, in die Zukunft zu schauen. Doch die Bibel beschreibt die Propheten nicht als Wahrsager, sondern als Persönlichkeiten, die einen guten und tiefen Blick für die Realität der Gegenwart haben. Propheten schauen genau hin, sie erkennen, was jetzt gerade läuft. Sie lassen sich nicht blenden von der Oberfläche, sondern sehen die Probleme, die ihre Zeit hat. Sie sind Menschen, die nicht von einer guten alten Zeit träumen, sondern diese Zeit als ihre Aufgabe sehen. Sie erkennen, dass es die guten, goldenen Zeiten nie gegeben hat, sondern dass Gott sie in diese Zeit gestellt hat, um jetzt seine Welt zu gestalten. Diese Welt und diese Zeit ist Gottes Welt und Gottes Zeit für mich, das weiß der Prophet. So wie er nicht in eine vergangene Traumwelt flüchtet, verteufelt er auch nicht die Gegenwart, um sich in eine heile Zukunft zu träumen. Er nimmt die Gegenwart realistisch wahr, mit ihren Licht- und Schattenseiten, und hier gilt es zu leben, diese Gegenwart gilt es zu lieben und zu gestalten. Um dies zu bewirken, bedienen sich Propheten oft einer herben und deutlichen Sprache, um wachzurütteln. Sie scheuen nicht, die Menschen auf die Folgen ihres Tuns zu stoßen und dabei auch vom Gericht Gottes in lauten Tönen zu sprechen. Umkehr dient dabei dem Wohl des Menschen, dessen Weg bis dahin falsch ist. Umkehr im biblischen Sinne ist dann eine Öffnung auf die anderen Menschen und auf Gott hin. Sie ist kein Selbstzweck, es geht darum, Beziehungsfähigkeit wieder herzustellen. Dazu braucht es manchmal den anderen prophetischen Menschen, der jemanden auf seine Situation aufmerksam macht. Zeichen der Umkehrbereitschaft sind Werke der Buße, die glaubende Menschen auf sich nehmen. Diese verfolgen weniger den Zweck, Gott in irgendeiner Form gnädig zu stimmen, vielmehr sollen sie dazu dienen, dem Büßenden zu helfen, sein Ich auf den anderen Menschen oder Gott zu öffnen. Buße kann der Versuch sein, Unrecht wiedergutzumachen, aber auch Beweise der Gesinnungsänderung zu zeigen, so dass Versöhnung möglich werden kann.

Das Christentum feiert einmal im Jahr eine Zeit der Versöhnung und der Buße, die sog. Fastenzeit. Dabei erlegen sich die Glaubenden bestimmte Bußwerke auf. Diese verfolgen keinen Selbstzweck oder dienen einer Form der Selbstbestrafung, sondern im besten Fall sollen sie das Bewusstsein für die eigene Lebensrealität schärfen und für die Not anderer sensibilisieren. Der Verzicht, das Eingeständnis eigener Schuld oder auch gute Werke jeder Art sind Hilfsmittel für dieses Bewusstsein. Dass Menschen dabei bereit waren und sind, auf Propheten zu hören, ist nicht selbstverständlich. Wenn ihnen Menschen zuhörten und auf ihre Botschaft reagierten, dann deswegen, weil sie glaubwürdig waren oder es ihnen gelang, den Menschen die Augen für die eigene Wirklichkeit zu öffnen. Zur Vergebungsthematik gehört die wichtige Frage, wie es heute gelingen kann, Menschen ihre Realität erkennen zu helfen, ohne sie zu verletzten. Seelsorgegespräche und Verkündigung müssen nach Wegen suchen zu verdeutlichen, dass auch unangenehme Themen dem Wohl und Heil des Menschen dienen und nicht Ausdruck kirchlicher Besserwisserei sein wollen.

Vergeben und Versöhnen als aktives und bewusstes Handeln
Das neutestamentliche Griechisch verwendet für das gesamte theologische Feld von Vergeben und Versöhnen unterschiedliche Begriffe, deren differenzierter Sinngehalt in der deutschen Sprache nur schwer wiedergegeben werden kann[59]. Es schwingt das Prozesshafte mit, dem sich der Vergebende und Versöhnende aussetzt. In der Versöhnung geht es nicht allein um die Behandlung eines isolierten Symptoms, sondern um den Gesamtlebensbestand eines Menschen, der in geordnete Bahnen zurückgeführt werden soll. Selbst wenn einer den Anfang setzt, sollen doch am Ende beide Parteien ihre Feindschaft, ihren Groll und Hass aufgeben können. Das kann bedeuten, dass ein Partner eine bewusste Anstrengung unternimmt, den anderen/die andere wohlwollend zu stimmen. Das gilt auch für den Täter, indem er sich dem anderen Teil zuneigen muss. In diesem Sinn ermutigt Paulus die Frau in der Ehe, sich mit ihrem Mann zu versöhnen, d.h. zu einer wirklichen Partnerschaft zurückzufinden. Es geht hierbei nicht um eine Schuld oder Verletzung, sondern um das Faktum, dass eine Beziehung neu belebt werden soll (1 Kor 7,11). Versöhnung ist in dem Zusammenhang eine bewusste Handlung, kein Widerfahrnis. Erfährt ein Mensch die versöhnende Liebe eines anderen, dann besteht die Hoffnung, dass er durch die Liebe selbst wieder zur Liebe fähig wird. Die Erfahrung von Vergebung aktiviert im besten Fall die positiven Potenzen der anderen Person. Vielleicht ist sie auch der erste Schritt, um den anderen zu befähigen, darum zu bitten, sich auf einen Weg der Versöhnung einzulassen. Wenn ein Partner in dem eröffneten Prozess passiv bleibt, werden keine Versöhnung und kein Neuanfang zustande kommen. Allein diese Erkenntnis spricht dafür, dass auch im Miteinander zwischen Gott und Mensch dieser nicht ein passiv Empfangender bleiben kann. Im religiösen Bereich drücken Menschen diese Bereitschaft zur Aktivität oft in bestimmten Ritualen aus. Auch zwischenmenschlich bedarf es neben der Einsicht, der Reue, dem Bekenntnis bestimmten Formen der Aufarbeitung, wenn nicht der Genugtuung. Modern kann man sagen, dass in den verschiedenen biblischen Erfah-

---

59 | Vgl. hierzu die unterschiedlichen Beiträge im Theologischen Wörterbuch zum Neuen Testament, hg. von Gerhard Kittel, 1932 ff.

rungen Raum ist für Konfliktarbeit, Einüben von Streitkultur, Mediation und einer Erziehung zu einem schuld- und verantwortungssensiblen Menschen[60].

Eine Sünde, die nicht vergeben werden kann?

Gott vergibt bedingungslos, alles und allen – so würden viele glaubende Menschen sagen. Dahinter verbirgt sich möglicherweise eine Verharmlosung von Schuld und ihren Wirkungen, die Menschen verursachen. Barmherzigkeit Gottes, Vergebung und Neuanfang können nicht bedeuten, die Augen vor der Ernsthaftigkeit von Schuld zu verschließen. Dem Christentum wurde der Vorwurf gemacht, die Botschaft von der Barmherzigkeit Gottes verhindere den Einsatz für die Gerechtigkeit[61]. Philosophen haben sich nach der Katastrophe des Holocaust mit der Frage von ausgleichender Gerechtigkeit und Vergebung beschäftigt[62]. Das Beispiel führt Beteiligte wirklich an die Grenzen des Zumutbaren. Kann man guten Gewissens den Tätern Barmherzigkeit verkünden, ohne den Versuch, den Opfern Gerechtigkeit widerfahren zu lassen? Allerdings begegnen wir hier einer Schuld, an der nichts wieder gut zu machen ist. Wenn Christen von einer vergebenden Barmherzigkeit Gottes sprechen, wird nur dann den Opfern kein neues Unrecht angetan, wenn sie der Vergebung und einem Versöhnungsprozess zustimmen, durch den das Vergehen nicht schöngeredet wird. Vergeben wird dann das eigentlich Unverzeihliche. Schließlich wird den Opfern auch nur dann nicht neue Gewalt angetan, wenn die Täter bereit sind, zu ihrer Verantwortung zu stehen, um Vergebung zu bitten und sich einer Form von Buße und Neubeginn zu stellen.

Jesus, der in seinem Tun und Reden für die Barmherzigkeit Gottes eintritt, kennt eine Sünde, die dem Menschen nicht vergeben werden kann, »sondern seine Sünde wird ewig an ihm haften« (Mk 3,28–30). Er nennt diese Sünde die »gegen den Heiligen Geist«. Viel ist über deren Bedeutung gerätselt worden. Aus dem Kontext wird es jedoch klar: Die Vergebung Gottes bewirkt nichts, wenn der Mensch sich jedem Wirken des Heiligen Geistes, das heißt der Veränderung von Einstellungen, Verhal-

---

60 | Vgl. Konrad Baumgartner, Art. Vergebung. Praktisch-theologisch, in: LThK³ 10 (1993–2001) 653 f.
61 | Vgl. Kasper, Barmherzigkeit, 22 f.
62 | Vgl. ebd. 37–40.

ten und jedem Neuanfang verschließt. Wenn der Täter so in sich verschlossen ist, dass er sich nicht davon überzeugen lässt, Vergebung zu brauchen und daraus die nötigen Konsequenzen für eine Verhaltensveränderung zu ziehen, kann keine wirksame Vergebung und selbstverständlich kein wirksamer Prozess der Versöhnung beginnen: Vergebung deckt also keine Schuld zu, sondern möchte ein erster Schritt dazu sein, Verantwortung zu übernehmen und das Verhalten zu ändern. Wo der Täter dies verweigert, kann vielleicht von einer Seite aus vergeben werden, eine Versöhnung wird nicht stattfinden, die »Sünde wird ewig an ihm haften« – ein hartes, aber realistisches Wort Jesu.

Zwischenergebnis: pastorale Perspektiven

Die theologischen Begriffe der Tradition sind viel lebensnäher, als es eine floskelhafte Verwendung oft vermuten lässt. Sie vertiefen die Themen, die im biblischen Kontext zur Sprache kamen. Wenn viele Menschen heute den Eindruck haben, die Rede von Schuld, Sünde, Umkehr und Buße sei möglicherweise nicht mehr zeitgemäß, muss darüber nachgedacht werden, wie die Themen zur Sprache gebracht werden können, so dass den Menschen deutlich wird, dass es um Würde, Verantwortung und Wertschätzung auch der positiven Kräfte des Menschen geht, nicht darum, ihn klein zu machen. Schuld muss beim Namen genannt, Verdrängungsmechanismen und Selbstrechtfertigungen entlarvt, schlechte Gewohnheiten erkannt und verändert werden. Dem Menschen wird in Freiheit Veränderungspotential zugemutet.

Es kann jedenfalls nicht damit getan sein, die Themen an den Rand zu schieben, damit verlöre die christliche Verkündigung einen großen Teil der Lebensrealität von Menschen aus dem Blick. Die Gefahr, für Menschen bedeutungslos zu werden, indem Verkündigung eine Wohlfühlwelt vermittelt, ist vielleicht gar nicht unrealistisch. Die theologischen Begriffe zeigen deutlich, dass Vergebung und Versöhnung ein vielschichtiger Prozess sind, der den ganzen Menschen mit Verstand, Herz und Willen in Beschlag nimmt und beide Seiten verändern wird. Vergebung kann sich jemand nicht verdienen, aber Versöhnungsprozesse muss jeder/jede aktiv mitgestalten, wenn sie zu einem guten Ergebnis führen sollen.

»Ja, wir Christen sollten uns als »Versöhnungsexperten« bewähren, angefangen beim Geschehen in den eigenen kirchlichen Reihen, und praktisch zeigen, dass Vergebung und Versöhnung etwas ganz anderes sind als ein kurzsichtiges und leichtsinniges »Vergessen« oder schnell einmal in ein anderes »Mäntelchen« zu schlüpfen. Es geht doch um einen langfristigen Prozess der Umwandlung, die ähnlich anspruchsvoll, schwierig und schmerzlich wie eine Geburt sein kann. Es gehören dazu das Erkennen und Bekennen von Schuld, wie auch ein Prozess der Buße – an dessen Ende der Schuldige zu einem viel tieferen und wahrhaftigeren Menschen geworden ist als einer, der früher überall mühelos durchgeschlüpft ist, nie irgendwo »angeeckt« ist, sich »nie kompromittiert« hat. (...) Wir glauben, dass Gottes Vergebung ein Gnadengeschenk ist, das unentgeltlich und ohne Verdienste gespendet worden ist, und dass es nur der vertrauensvollen Preisgabe unseres Herzens bedarf. Die Vergebung und Versöhnung als ein zwischenmenschlicher und gesellschaftlicher Prozess ist ein anspruchsvoller Vorgang(...) (Sie setzen, PK.) die Bereitschaft voraus, manche Traumata und die schmerzvollen Erinnerungen an erlittenes Unrecht nicht für immer einfach ins Unterbewusstsein verdrängen zu wollen.«[63]

1.5 Die Weisheit der Mönche

In nachbiblischer Zeit gehen in Ägypten, Syrien, Palästina, Italien und an anderen Orten Männer und Frauen in die Einsamkeit der Wüste oder der Klöster, um sich stellvertretend für die ganze Kirche dem Gebet und der Betrachtung der Heiligen Schrift zu widmen. Heute entdeckt man deren Menschenkenntnis als Quelle der Weisheit in der Begleitung von Menschen[64], aber auch damals gingen Leute zu ihnen, um sich von ihnen in bestimmten Lebensfragen beraten zu lassen. Diese Frommen waren keineswegs weltfremd, denn »die Welt« begegnete ihnen in den unterschiedlichen seelischen Konflikten, die in der Einsamkeit in ihnen selbst ausbrachen. In der Vorstellungswelt ihrer Zeit begegneten sie dort den Dämonen, die sich in vielerlei Gesichtern zeigten. Dem Bösen konnte man gerade in der Einsamkeit nicht entkommen. Zu diesen Dämonen gehörten auch Neid, Groll, Hass und Verachtung gegenüber anderen

---

63 | Thomas Halik, Geduld mit Gott. Die Geschichte von Zachäus heute, Freiburg – Basel – Wien, ⁷2014, 222f.
64 | Z. B. Michael Schneider, Aus den Quellen der Wüste. Die Bedeutung der frühen Mönchsväter für eine Spiritualität heute, Köln 1987.

Menschen. Die Einsiedler und Mönche (die bekannten Quellen sind männlich geprägt!) holen sich untereinander Rat gegen ihre persönlichen Dämonen. Sie bauen die Erkenntnis aus, dass zur Bearbeitung schädlicher Emotionen individuell unterschiedliche bewusst eingesetzte »Strategien« unterstützend hilfreich sein können. Dabei sind für das Thema der Vergebung drei Themenkomplexe aktuell[65]:

Die Sehnsucht nach Herzensruhe

Immer wieder berichten die Quellen von Menschen mit ihren düsteren Gedanken, die sie quälen und nicht zur Ruhe finden lassen. Groll und Hass sind Quellen einer solchen Herzensunruhe. Manche verstehen ihren Gang in die Einsamkeit als Flucht vor den Menschen, die ihr Problem dann aber nun eben nicht löst. Die Unruhe bleibt, teilweise verstärkt sie sich durch den Rückzug noch. Oberflächliche Zerstreuung oder das Weglaufen vor dem Problem helfen nicht. In den Mönchsquellen finden sich hierzu einfache Hilfen: Handarbeit und Gebet, dem Leben einen Rhythmus geben, d. h. sich nicht gehen zu lassen. Ein anderer erhält den Rat, die eigenen Stärken in den Blick zu nehmen und sich nicht durch die finsteren Gedanken lähmen und die Selbstachtung nehmen zu lassen. Jemand anderem, der offenbar ständig die Zerstreuung sucht und damit dem Problem wegläuft, wird geraten, in seinem Zimmer zu bleiben, um die Gedanken zu ordnen. Die Berater sehen die Gefahr, aus Hassgedanken schnell auch eine Tat werden zu lassen. Daher kann es eine unverzichtbare Hilfe sein, vertrauten Menschen seine Gedanken immer wieder mitzuteilen. Es gilt keine allgemeine Regel, weil auch jeder Mensch anders ist. Dennoch kann man erkennen, dass auch die frühchristlichen Seelsorger einen Blick dafür haben, welche Bedeutung das aktive Tun hat, so dass der Mensch eben nicht Opfer seiner Gedanken sein muss. Als Ritual der Versöhnung schlagen die Seelsorger vor, sich beim Abschied tief voreinander zu verneigen – ein körperliches Ritual, welches recht klug eine Zuwendung und den Respekt ausdrückt, jedoch gleichzeitig auf Distanz bleibt.

---

65 | Weisung der Väter. Apophthegmata Patrum, übersetzt von Bonifaz Müller, Leipzig – Trier 1974, Stichwortregister 487–495.

Vergeben

Zu den Mönchen kommen gleichermaßen Menschen, die eine Verletzung erfahren haben und jene, die gegenüber anderen schuldig geworden sind. Einfachheitshalber soll hier die problematische Unterscheidung zwischen Tätern und Opfern gezogen werden. Opfer erleben und berichten davon, dass sie das Vergebungsgebot des Vater-unser-Gebets nicht umsetzen können. Gebet allein hilft in dieser Situation nicht. Die Ratgeber ermutigen dazu, zwischen der Tat und dem Täter zu differenzieren. Den Täter als Person dürfe man nicht verachten. Aus der paulinischen Theologie und aus dem Geist der Bergpredigt stammt der Rat, das Böse durch das Gute aktiv zu überwinden und den anderen dadurch zu verunsichern und zur Umkehr zu bewegen. Wer sich in seiner Verletzung eingräbt, müsse darauf achten, nicht hochmütig zu werden. Daher kann es ein Weg sein, Vergebung schnell zu suchen. Es hilft nicht, den Täter vor anderen bloßzustellen. Ein etwas herber Ritus besteht darin, das Böse und den Groll buchstäblich auszuspucken uns sich körperlich spürbar von ihm zu trennen. Der Täter soll ehrliche und maßvolle Buße leisten und seine Schuld eingestehen. Ein schlechtes Gewissen kann dabei durchaus ein Geschenk Gottes sein, das auch nach der Vergebung bleibt. Mühe und seelischer Schmerz verhindern ein Abgleiten in die Wiederholung. Wiederholt ist von der Gabe der Tränen die Rede. Jemand, der nicht verlernt hat, über seinen Schmerz zu weinen, den er erlitten oder verursacht hat, bleibt beweglich und sensibel auch für die Realität des anderen.

Zorn

Zorn an sich stellt theologisch gesehen keine Sünde dar, denn der Zorn beinhaltet gegebenenfalls die Hoffnung auf eine Wiedergutmachung und einen möglichen Neuanfang[66]. Dennoch erleben einige Menschen, die sich bei den Mönchen Rat holen, den Zorn zunehmend als eine lähmende Erfahrung. Einer etwa berichtet davon, dass er seit vierzehn Jahren versucht habe, im Gebet den Zorn zu besiegen, was ihm aber nicht gelungen sei. Einsamkeit sehen die Mönche als keinen hilfreichen Weg, um diesen Zorn zu bearbeiten. Wer vom Zorn beherrscht ist, müsse aufpassen, nicht streitsüchtig zu werden und dabei auch Lüge nicht zu scheuen. Durch ein böses Wort verstärkt man die Gewalt noch zusätz-

---

66 | Vgl. Christian Schroer, Art. Zorn, in: LThK³ 10, 1993–2006, 1488.

lich, und es besteht die Gefahr, sich vom Zorn mitreißen zu lassen, also die Kontrolle zu verlieren.

Was die Quellen auszeichnet ist ihre erfrischende Menschenfreundlichkeit und Alltagstauglichkeit. Nur selten suchen die Mönche isolierte Frömmigkeitsübungen. Religiöse Haltungen müssen in ganz alltäglichen Ritualen und Ordnungen gelebt und durchgehalten werden. Sicher werden heute andere Problemlösungen gefunden werden müssen. Die Grundstruktur jedoch scheint auch für heute hilfreich: Probleme und Konflikte lassen sich in der Regel nicht wegbeten. Gebet kann andere Versuche unterstützen, aber bereits die Mönche warnen davor, dass Gebet sogar derart selbstbezüglich sein kann, dass es mehr schadet als hilft. Dazu braucht es den Begleiter und geistlichen Vertrauten.

1.6 Sakramentale Praxis – Die Vollmacht, Sünden zu vergeben

Sündenvergebung ist zunächst eine Vollmacht, über die Gott allein verfügt. Als Jesus zu Beginn seiner öffentlichen Tätigkeit einem Menschen vor den Augen der religiösen Autoritäten die Sünden vergibt (Mk 2,1–12), werfen ihm diese Gotteslästerung vor. Jesus nimmt diese Vollmacht nicht nur für sich in Anspruch, sondern überträgt sie auf die Jüngergemeinschaft (vgl. etwa Mt 16,19; Mt 18,18; Joh 20,23). Dies muss nicht als Anmaßung der Kirche verstanden werden, sich zur Richterin über das Leben anderer Menschen oder ihrer Mitglieder zu stellen, sondern ist vielmehr Ausdruck der Sozialität menschlichen Tuns. Indem die Kirche als Glaubensgemeinschaft Vergebung ausspricht, ermöglicht sie dem Menschen, sein Verhältnis auch zur Gemeinschaft zu klären und sich mit ihr zu versöhnen. Solche zunächst innerkirchlichen Prozesse werden selbstverständlich nur dann fruchtbar, wenn sie sich im normalen alltäglichen Miteinander von Menschen bewähren. Das heißt konkret: wo ein glaubender Mensch die Vergebung in der Beichte erbittet und damit zugleich seine Beziehung zu Gott wie zur Glaubensgemeinschaft klärt, wird die Vergebung nur dort ihr Ziel erreichen, wo es zu einer konkreten Verhaltensänderung führt bzw. wenigstens die Bereitschaft da ist, sich zu ändern. Bei der sakramentalen Vergebung in der Beichte geht es nicht darum, sein überzogenes Sündenkonto auf Null setzen zu lassen, sondern selbst wieder mit seinen positiven Ressourcen wuchern zu lernen. Wer glaubt, nach der Beichte und der kirchlichen Versöhnung unverändert weitermachen zu können wie bisher, nimmt keine Frucht aus dem Vergebungsgeschehen mit.

Schon früh hat die Kirche Bußkonzepte entwickelt. Offizielle Bußverfahren beschränkten sich auf die Felder: Mord, Ehebruch und Glaubensabfall. Der Büßer/die Büßerin unterzogen sich einem oft mehrjährigen Bußverfahren, in dessen Rahmen sie vor der Gemeinde ihre Umkehrbereitschaft unter Beweis stellen mussten. Einen solchen Prozess konnte jemand nur einmal durchlaufen. Später kamen durch irische Mönche andere Praktiken auf, es entwickelte sich die heutige Form der Ohrenbeichte, die beliebig oft wiederholt und auch auf kleinere Sünden bezogen war. Bußbücher regelten die Bußwerke, die aber anders als in der alten Kirche der sakramentalen Vergebung folgten und nur noch bedingt etwas mit der Schuld zu tun hatten. Nach und nach ging auch der Gemeinschaftscharakter verloren.

Kirchliche Versöhnungsmodelle sind aber nicht auf die sakramentale Beichte zu beschränken. Alle Mittel, welche eine reine Selbstbezogenheit des Menschen verhindern und ihn für Beziehung und positive Veränderung öffnen, sind christliche Wege, sich mit Gott und der Gemeinschaft auszusöhnen. In diesem Sinne galt das Gebet immer als ein geeignetes Mittel, Gottes Vergebung zu erlangen. Dass ein solches Gebet nicht darin bestehen kann, das eigene Wohlbefinden zu thematisieren, versteht sich von selbst: Fürbitte für andere, die Bitte um ein offenes Herz für andere, der selbstkritische Blick auf das eigene Leben etwa in der täglichen Gewissenserforschung am Abend und das Bemühen, andere Menschen besser zu verstehen, werden und wurden als wirksame Hilfen verstanden. Auch das Fasten ist eine geistliche Hilfe, wenn es den Menschen für die Not anderer sensibilisiert. Die persönliche oder auch gemeinschaftliche Betrachtung der Heiligen Schrift kann ein Weg der Öffnung sein. Taten der Nächstenliebe zeigen die Bereitschaft, in gelingender Beziehung mit anderen zu leben und sind die Kehrseite der Gottesliebe. Eine Religiosität ohne Nächstenliebe ist im christlichen Sinne fruchtlos, wird sogar zum Götzendienst. Nimmt man als glaubender Mensch diese geistlichen Angebote ernst, können sie eine gute Hilfe werden, auch im Falle eigener Verletzungserlebnisse vergebungsbereit zu werden, nicht im Sinne des »Sollens«, sondern des »Wollens«. In der Vielfalt und Logik dieser Buß-Versuche unterscheiden sich katholisches und protestantisches Denken nicht mehr.

Formen und Methoden in der Kirche haben sich dabei historisch bedingt immer wieder verändert, und dennoch trägt die Kirche ihrem Selbstverständnis zufolge einen Schatz von Vergebungserfahrung mit sich, der auch heute für Menschen hilfreich sein kann. Dass dies nicht falsch sein muss, zeigt die Tatsache, dass viele Erfahrungen und konkrete Schritte aus dem kirchlichen Bußverfahren längst in die Therapie abgewandert sind[67]. Das kann man als Theologe beklagen, dieses Faktum ist aber auch eine Anfrage an die kirchliche Praxis, denn hier scheint etwas zu fehlen, was Menschen im therapeutischen Kontext offenbar eher finden.

Das II. Vatikanische Konzil stellt den Gemeinschaftsbezug der Buße neu heraus, auch das Bußwerk soll einen Bezug zur konkreten Schuld haben. Die Beichte ist zumeist kein Instrument der Begleitung von Versöhnungsprozessen, und auch der Gemeinschaftscharakter von Schuld und Versöhnung kommt nur wenig zum Ausdruck. Formen gemeinschaftlicher Versöhnung wie Bußandachten haben nach lehramtlich katholischem Verständnis für sich genommen keinen sakramentalen Charakter, sie werden höchstens als Vorbereitung einer sakramentalen Vergebung verstanden. Damit steht die Beichte, wenn sie als Teil eines wirklichen Versöhnungsweges verstanden würde, isoliert da. Nur in seltenen Fällen ist sie Teil einer geistlichen Begleitung, in der sie eingebettet ist in einen Prozess von Versöhnung, Vergebung und Neuanfang. Daran wird eine Pastoral der Vergebung und Versöhnung zu arbeiten haben.

Auch die östliche/orthodoxe Tradition kennt die Einzelbeichte, in der der Mensch dem Beichtvater seine Sünden bekennt. Jedoch gibt es keine objektive »Klassifizierung« der Sünden in bestimmten Katalogen[68]. Vielmehr verstehen orthodoxe Christinnen und Christen ihr gesamtes Leben als einen geistlichen Weg der Annäherung an das Bild, das Gott von ihnen hat, sie sprechen sogar von »Vergöttlichung«. Schuld und Sünde behindern diesen Prozess. Kirchliche Buße und die Beichte haben eines starken seelsorglichen, begleitenden Charakter, der den persönlichen Lebensweg des Einzelnen und seine Lebens- und Glaubenssituation thematisieren muss, um die Sünde im Kontext des Lebens dieser Person verstehen und verändern zu können. Dabei geht es in der Buße nicht nur

---

67 | Vgl. Stauss, Die heilende Kraft der Vergebung, 28–40. Auch Elemente der sieben Schritte entsprechen kirchlicher Erfahrung.
68 | Vgl. Georg Galitis u. a., Glauben aus dem Herzen. Eine Einführung in die Orthodoxie, München ²1988, 163.

darum, das Negative zu bearbeiten, sondern neue geistliche Werte zu schaffen, die an die Stelle des Negativen treten sollen[69]. Damit erhält das Gespräch mit dem Seelsorger einen geradezu therapeutischen Wesenszug. Die Schwere der Sünde bemisst sich an der Einschränkung der Freiheit der Person, nicht an objektiven Kriterien. Je weniger der Mensch einer Schuld Herr wird, desto schwerer wiegt sie, indem sie seinen geistlichen, positiven Lebensprozess verhindert[70]. In der Buße geht es nun darum, diese Freiheit wieder zu gewinnen. Das bedeutet, dass das Bußwerk als Zeichen der Bereitschaft, sich auf einen Versöhnungsprozess einzulassen, so angelegt sein muss, dass es der konkreten Problematik entspricht und einen Fortschritt verspricht, schließlich hilft, positive Perspektiven zu verstärken. Stärker als in der westlichen Praxis geht es hier um eine untrennbare Verbindung zwischen Seelsorge, konkretem Leben und Sakrament. Für den Priester heißt das, dass er über begleitende und therapeutische Kompetenzen verfügen muss. Beichte und Beratung hängen stark zusammen. Damit knüpft die Orthodoxie an die Praxis des frühchristlichen Mönchtums an, wo die Mönche Wegbegleiter, durchaus Therapeuten und Beichtväter in einem waren. Die alte Mönchsüberlieferung erzählt in vielen Geschichten von der tiefen Herzenskenntnis dieser glaubenden Menschen[71]. In den Gesprächen mit den Mönchen ist selten isoliert von Schuldereignissen die Rede, vielmehr geht es um das Leben in seinen unterschiedlichen Facetten und einen möglichen Fortschritt des Gesprächspartners in seinem persönlichen Glauben und Verhalten. Für das weitere Nachdenken über die pastorale Praxis lohnt der Blick in die Weite der kirchlichen Tradition jedenfalls sehr. Entgegen manchem Vorurteil ist auch für die evangelische Tradition Beichte durchaus ein praktiziertes Angebot und Gegenstand theologischer Reflexion[72].

In der Vollmacht, Sünden zu vergeben, zeigt sich ein kirchlicher Selbstanspruch, der im Folgenden vertieft und befragt werden soll: Kirche versteht sich als Expertin der Vergebung und Versöhnung, weil sie aus einer Vollmacht handelt. Der Verweis auf ihre Gründung und ihren gött-

---

69 | Vgl. Emilios Timiadis, Lebendige Orthodoxie, Eichstätt 1966, 270.
70 | Vgl. Galitis u. a., Glauben aus dem Herzen, 163 f.
71 | Vgl. Ernst Dassmann, Vater, gib mir ein Wort … Geistliches Lernen in frühmonastischer Zeit, in: ders., Ausgewählte kleine Schriften zur Patrologie, Kirchengeschichte und christlichen Archäologie (hg. von Georg Schöllgen) = JbAC Erg. 37, Münster 2011, 335–339.
72 | Vgl. dazu Peter Zimmerling, Beichte. Gottes vergessenes Angebot, Leipzig 2015.

lichen Ursprung allein macht sie in den Augen der Menschen noch nicht zu einer akzeptierten Gesprächspartnerin. Sie muss das leben, was sie zu sein beansprucht.

2. Kirche als Expertin für Vergeben und Versöhnen?

2.1 Kirche wird zur Expertin, wenn das Miteinander der Glaubenden überzeugt

Die Kirche und ihre Gläubigen stellen keine heile Welt dar, selbstverständlich gibt es auch in der Kirche Konflikte, Schuld, Groll und Unversöhnlichkeit. Die Paulusbriefe beinhalten beredte Zeugnisse über Konflikte in den Gemeinden, so dass der Apostel wiederholt zu Versöhnung und Einheit aufrufen muss. Bei den Streitigkeiten geht es nicht nur um Glaubensfragen, über die diskutiert wird (vgl. Apg 15). Wiederholt müssen die verschiedenen Parteien Kompromissbereitschaft lernen, so dass ein Miteinander innerhalb der Gemeinde möglich wird. Vergebungsbereitschaft bedeutet nicht: Friede um den Preis des Verrats an der Wahrheit oder vorgetäuschte Harmonie. Die frühen Christen sind bereit, sich auseinanderzusetzen und Konflikte heftig auszufechten. Eine wegweisende Situation war das sogenannte Apostelkonzil, bei dem es um einen grundlegenden Konflikt über den zukünftigen Weg der Kirche ging: bleibt das Christentum in den Gesetzen des Judentums (inklusive Beschneidung des Mannes), oder gelten diese Regeln für neue Gemeindemitglieder aus dem Griechentum nicht mehr? Dieser Konflikt musste ausgetragen werden. Beide Seiten müssen fortan mit Kompromissen leben. Ohne die Bereitschaft, sich auf den Kompromiss einzulassen, hätte es eine Spaltung der Kirche gegeben. Die jüdisch geprägten Mitglieder müssen Christen akzeptieren, die sich nicht den jüdischen Gesetzen unterwerfen, die aus der griechischen Tradition müssen das meiden, was den anderen provoziert. Der Konflikt wäre nicht gelöst worden, wenn jeder an seiner Maximalposition festgehalten hätte. Schaut man dagegen in die Briefe des Johannes, begegnen dort Gruppierungen, von denen sich die Gemeinden getrennt haben, weil der Glaube dieser Leute in keiner Weise zu vereinbaren war mit dem Evangelium von der Menschwerdung Christi. Auch für die auf Vergebung und Versöhnung verpflichtete Kirche und Gemeinde kann ein Augenblick der notwendigen Trennung kommen. Es geht nicht um einen Zusammenhalt um jeden Preis.

Immer wieder geht es nicht um religiöse Themen im engen Sinne, sondern um moralische Vergehen oder das menschliche Miteinander. Die Wahrheit des Evangeliums will in den Gemeinden und Familien gelebt werden. Daher finden sich Regelungen für die Gemeinde auch in den

Evangelien. Bevor Jesus den Jüngern ausdrücklich die Verpflichtung zur Vergebung ohne zu zählen und ohne Hintergedanken einschärft, überliefert Matthäus eine Gemeindeordnung, welche die Vorgehensweise gegen Verstöße innerhalb der christlichen Gemeinde regelt. Dabei gelten drei Schritte. Im Falle einer Versündigung eines Gemeindemitglieds soll in einem ersten Schritt der Betroffene den Schuldigen unter vier Augen zurechtweisen. Dabei soll das Unrecht ausdrücklich benannt werden. Die Diskretion ist eine wichtige Grundlage dafür, dass der Übeltäter sein Verhalten ohne Gesichtsverlust ändern kann, dessen negative Bedeutung ihm aber ungeschönt vor Augen geführt wird[73]. Sollte dieser Schritt nichts bewirken, geschieht dasselbe erneut unter Beteiligung zweier Zeugen. Auch damit ist noch ein persönlicher Schutzraum gewahrt. Nützt auch dies nichts, wird der Fall vor die Gemeinde gebracht, die in der letzten Konsequenz den Ausschluss ausspricht. Dieses Beispiel zeigt deutlich, wie die Gemeinde zum einen Umkehr ermöglicht, die jedoch immer einen konkreten Schritt des Täters erfordert, zum anderen aber auch bereits ist, Konsequenzen des Tuns ernst zu nehmen.

Interessanterweise findet sich im Lukasevangelium eine ähnliche Logik (Lk 17,1–4). Lk 17,3f formuliert mit ähnlichen Worten wie Matthäus die Forderung zur ständigen Vergebung. Zuvor warnt Jesus mit drohendem Unterton davor, die »Kleinen« zum Bösen zu verführen. Jesus ruft diesen Tätern ein »Wehe« entgegen. Dabei wird es nicht nur um sexuelle Verführung von Schutzbefohlenen gehen. Jede Tat, die andere mit in den Sog des Bösen reißt, erregt den Zorn Jesu. Hier kommen alle die in den Blick, die unter einer Tat leiden, vielleicht sogar ohne eigene Schuld instrumentalisiert werden. In einem solchen Fall wird eine angemessene Reaktion nicht darin bestehen, die Augen zu verschließen oder das Böse schön zu reden. Um »die Kleinen« zu schützen, muss das Böse beim Namen genannt und der Täter entsprechend gemaßregelt werden. Viele konkrete Beispiele ließen sich hier denken. Es wird deutlich, dass Streit, Schuld und Gewalt nicht auf eine Zweierbeziehung beschränkt bleiben, sondern oft die Schwächsten darunter leiden. Allgemein heißt das, dass christliche Vergebung auch beinhalten kann, dass sich ein Täter der irdischen Gerechtigkeit stellen und zu seinen Taten stehen muss.

Einen konkreten Fall findet man bei Paulus. Obwohl er den Gemeinde-

---

73 | Vgl. Alexander Sand, Das Evangelium nach Matthäus, Regensburg 1986, 371 f.

mitgliedern eindringlich einschärft, auf Rache zu verzichten, das Böse durch das Gute zu besiegen, das Gericht Gott zu überlassen und nicht selbst in die Hand zu nehmen (vgl. Röm 12), entscheidet er in einem anderen konkreten Fall, den Übeltäter aus der Gemeinde auszuschließen und keine Gemeinschaft mehr mit ihm zu pflegen. Das gilt Paulus zufolge für Glaubensbrüder (-schwestern), die Unzucht treiben, Götzendiener und Gotteslästerer, Säufer oder Räuber sind (Röm 5,11). Die Schärfe im Tonfall des Apostels ist wirklich verwunderlich. Er unterscheidet hier eindeutig zwischen den Nichtglaubenden und den Glaubenden. Letztere stehen unter einem völlig anderen Anspruch als die noch nicht Getauften. Für die Gemeindewirklichkeit bedeutet dies, dass Friede nicht den Deckmantel der Barmherzigkeit über jede Untat deckt. Versöhnung darf nicht zur Folge haben, den Sünder in Sicherheit zu wiegen, sondern in der letzten Konsequenz ihn vor die Entscheidung zu stellen. Den dahinterliegenden Grund nennt Paulus auch: es geht immerhin um sein Seelenheil. Die Gemeinde wird mitschuldig, wenn sie Unrecht nicht deutlich beim Namen nennt und um des lieben Friedens willen schweigt. Damit käme ein Ungeist in die Gemeinde, der Böses zudeckt, über Unrecht schweigt, und die gesamte Kirche und das Evangelium unglaubwürdig macht. Wenn heute Diözesen oder auch der Papst selbst um Transparenz und Aufklärung von Verbrechen und Unrecht in der Kirche bemüht sind, stehen sie ganz in dieser Tradition. Sie sind dann nicht unbarmherzige Nestbeschmutzer, sondern in der konsequenten Haltung besteht ihr Leitungsdienst, den damals eben der Apostel wahrnimmt. Es berührt und verwundet das Wesen der Kirche, wenn sie diesem Selbstanspruch nicht genügt. Dabei geht es nicht allein um Selbsterhalt, sondern um das Heil der Kleinen. Ist dieses in der kirchlichen oder privaten Krisensituation nicht im Blick, verraten die betreffenden Personen die Wahrheit und den Anspruch des Evangeliums. Kirche wird zur Expertin von Vergebung und Versöhnung, indem sie bei aller Vergebungs- und Kompromissbereitschaft ihre Verantwortung für den Menschen nicht aus dem Blick verliert. Wo das nicht gelingt, kann sie nicht als Expertin auftreten, sondern muss sich der persönlichen Umkehr widmen.

2.2 Kirche ist Expertin, weil sie Sakrament ist

Den höchsten Selbstanspruch an die Kirche formuliert das Johannesevangelium. Als Jesus seinen Aposteln als der Auferstandene erscheint, überträgt er ihnen (d.h. der Kirche) die Vollmacht zur Sündenvergebung, oder die Vollmacht, sie zu »behalten« (Joh 20,23). In der Sündenvergebung wirkt der Auferstandene in seinem Geist in der Kirche und ihren Sakramenten fort. Papst Johannes Paul II. beurteilt die Kirche als *die* Expertin für Vergebung, weil sie die Quelle der Vergebung kennt, in ihrem Bekenntnis und Handeln von ihr Zeugnis ablegt, und in ihrer Liturgie und den Sakramenten ganz nahe am Herzen Christi bleibt[74].

Die dogmatische Konstitution Lumen Gentium des II. Vatikanischen Konzils bezeichnet die Kirche dies aufgreifend und weiterführend analog zu Jesus als Sakrament. Sakrament bedeutet, »Zeichen und Werkzeug für die innigste Vereinigung mit Gott wie für die Einheit der ganzen Menschheit« (LG 1) zu sein. Wenn Sünde Spaltung und Beziehungsstörung ist, dann ist der Dienst an der Einheit und an gelingenden Beziehungen der eigentliche Dienst der Kirche als Vermittlerin zwischen Gott und den Menschen und in zwischenmenschlichen Beziehungen. In der Kirche soll der glaubende Mensch eine Erfahrung der Einheit und gelingenden Beziehung machen, die nicht nur auf menschlichem Bemühen beruht, sondern auf der göttlichen Stiftung der Kirche:

> »*Sich der Kirche eingliedern heißt schon jetzt real, wenn auch wiederum nur anfangs- und verborgenerweise, hineingenommen werden in die eschatologische Familie der Kinder Gottes, deren Mitte Gott und Christus, deren einendes Band der Geist ist.(...) Die Kirche kann über alle menschlichen Möglichkeiten hinaus die volle Einheit bringen – in Christus.*«[75]

Das Konzil versteht die Kirche in einer Analogie zu Christus und seiner Menschwerdung. In ihren irdischen und sichtbaren Strukturen dient sie der Vermittlung des Heils und der Einheit. Menschliches und göttliches Element sind in der Kirche untrennbar verbunden. Nicht nur in den Sakramenten bietet die Kirche das Heil an, sondern sie lebt den gleichen Lebensstil wie Christus, so dass sie in Armut und Einfachheit besonders

---

74 | Vgl. Dives in misericordia (30.11.1980) 55–67.
75 | Kommentar zu Lumen Gentium von Aloys Grillmeier SJ, in: LThK³ Erg. 1, Freiburg 2014, 158.

den Armen und Verwundeten nahe sein kann. Hierzu zählen auch die Sünderinnen und Sünder in der Kirche:

> »Während Christus heilig, schuldlos, unbefleckt war (Hebr. 7,26) und Sünde nicht kannte (2 Kor 5,21), sondern allein die Sünden des Volkes zu sühnen gekommen ist (vgl. Hebr. 2,17), umfasst die Kirche Sünder in ihrem eigenen Schoße. Sie ist zugleich heilig und stets der Reinigung bedürftig, sie geht immerfort den Weg der Buße und Erneuerung.«

Die Kirche und ihre Glieder sind nicht voneinander zu trennen, durch die Schuld der Menschen bedarf die Kirche selbst immer wieder der Vergebung und Versöhnung. Wenn sie sich den Sündern und Verwundeten zuneigt, tut sie dies nicht von oben herab, sondern als Kirche, die selbst um ihre Schwächen und Sünden weiß. Bereits der Kommentar von Aloys Grillmeyer bringt eine Differenzierung ins Wort[76]. Kirche ist Kirche der Sünder, insofern sündige Menschen zu ihr gehören. Sie belasten und verwunden die Gemeinschaft, nicht aber die Kirche als göttlich gestiftetes Sakrament sündigt. Durch menschliche Schuld leidet die Zeichenhaftigkeit der Kirche, und sie kann nicht in der von Gott gewollten Glaubwürdigkeit das Evangelium verkünden und Christus darstellen. Die Kirche als Sakrament kann nicht sündig werden, aber ihre Strahlkraft wird durch die Sünde verdunkelt. Die Kirche versteht sich dieser Definition zufolge als Expertin für Vergebung, insofern ihre eigentlichen Heilsmittel durch die Sünde nicht entkräftet werden. Wo die Kirche Schuld und Sünde vergibt, handelt Christus selbst, der ohne Sünde ist. Die eigentliche Vergebungsvollmacht der Kirche wird durch die Schuld der Menschen nicht geschmälert, gerade in der Vergebung zeigt sich, dass sie im Kern göttlich ist und in Christi Vollmacht handelt.

Selbstanspruch und Realität klaffen auseinander, da jedes Glied der Kirche Sünder ist. Wer als sündiger Mensch die Hilfe der Kirche sucht, begegnet einer selbst sündenlosen Kirche, deren Handeln aber immer durch einen sündigen Menschen vermittelt wird. Für manchen Menschen heute dürfte es schwer sein, diese Differenzierung nachzuvollziehen und den göttlich-unfehlbaren Anspruch der Kirche anzunehmen. In der Erfahrung der meisten Menschen dürfte der Anspruch auf göttliche

---

76 | Vgl. ebd. 175 f.

Vollmacht den Zugang zu kirchlichen Angeboten eher erschweren als erleichtern. Mancher meint im Konkreten eine Kirche zu erleben, die als von Menschen geprägte Institution selbst schuldig wird, und sich gegebenenfalls über die Schwäche von Menschen erhebt, zumindest in seiner Wahrnehmung. Der Text des Konzils kann dann eine gute Hilfe für die Kirche sein, wenn sie nicht als über den Gläubigen und der Welt schwebende absolute Größe gedacht wird, sondern Menschen im Bewusstsein begegnet, genau wie sie schwach und schuldig geworden zu sein[77]. Dann begleiten kompetente Menschen (weil empathisch und selbst betroffen) mit dem Auftrag zur Vergebung andere, die erfahren, dass menschliche Vergebung allein ihnen nicht weiterhelfen kann.

2.3 Kirche wird dort zur Expertin, wo sie selbst aus der Gnade lebt

Der oben beschriebene Anspruch der Kirche an sich selbst wird zurückgeführt auf den Auftrag Jesu an seine Jünger, Schuld zu binden und zu lösen und in seinem Auftrag Menschen in eine neue Beziehung zu Gott zu setzen. Stimmt die Analogie zwischen Christus und Kirche, muss die Kirche Maß nehmen an der Art und Weise, wie Christus den Menschen begegnet ist. Das Johannesevangelium schreibt Jesus eine wunderbare Eigenschaft zu: »(Er) brauchte von keinem ein Zeugnis über den Menschen; denn er wusste, was im Menschen ist.« (Joh 2,25). Diese tiefe Menschenkenntnis bildet die Grundlage dafür, jedem Menschen in seiner je eigenen Not gerecht werden zu können. Jesus hat kein für alle Menschen gültiges Heilskonzept, dem sie sich unterordnen müssen, sondern in der Begegnung mit dem einzelnen Menschen erkennt Jesus, was diesem hilft. Dabei kann Überraschendes geschehen: nicht immer entspricht das Wirken Jesu der Erwartung des Menschen. Zum einen heilt er Kranke und richtet die Gelähmten auf, zum anderen erwartet er von den Menschen Umkehr und eine Änderung von Gesinnung und Verhalten. Er scheut nicht den Konflikt, und die Gabe der Diplomatie zeichnete Jesus keineswegs an allen Stationen seines Lebens aus. Dennoch drückt das Johannesevangelium die große Zuversicht aus, dass in den verschiedenen Situationen Jesus den Menschen genau das gab oder abverlangte, was für sie gut war. Das lässt sich nicht mit klaren Normen

---

77 | Vgl. Kasper, Barmherzigkeit, 155 f.

oder einem für alle passenden Konzept regulieren. Für die Kirche ergibt sich das Problem, dass sie nicht mit dem Anspruch Jesu auftreten kann, genau zu wissen, was für den einzelnen Menschen gut ist, ohne seine Notsituation genau kennengelernt zu haben. Ohne eine Bereitschaft zum Hinschauen und Hinhören, ohne echte Begegnung kann Kirche auch nicht Helferin für einen Vergebungs- und Versöhnungsprozess sein. Mit moralischen Forderungen ist es nicht getan und mit der Annnahme, im Besitz eines rechtlich geordneten Gnadenschatzes zu sein, auch nicht. Stellvertretend für andere Theologinnen und Theologen beschreibt der Konzilstheologe Yves Congar die historische Entwicklung kirchlicher Theorie und Praxis als einen konsequenten fatalen Prozess der Verrechtlichung des kirchlichen Auftrags und Selbstverständnisses[78]. Ursprünglich hätten theologische Begriffe in den Bereich der »Mystik« gehört, also in den Kontext gelebten und erfahrenen Glaubens, nicht in den Zusammenhang einer rechtlichen Ordnung. Sprach die Kirche etwa in den ersten Zeiten von Gnade, Erlösung, Vergebung und Versöhnung, konnten die mit ihnen verbundenen Glaubensaussagen nur insofern ihre Dynamik entfalten, als glaubende Menschen durch die Kirche und ihre Glieder eine Zuwendung erfuhren, die individuell und persönlich erlebbar machte, was Christen theoretisch bekannten.

Liest man etwa sogenannte »mystagogische Katechesen« der ersten Jahrhunderte, folgt eine Glaubensunterweisung dem persönlichen Erleben. Dies soll am Beispiel der Taufe illustriert werden. Taufe galt und gilt als das eigentliche Sakrament der Vergebung und des Bundes zwischen Gott und den Menschen. In den ersten Jahrhunderten empfingen in der Regel erwachsene Menschen dieses Sakrament, die sich bewusst für das Christsein entschieden hatten. In einem längeren Katechumenat wurden sie auf den Empfang der Taufe und auf ein christliches Leben vorbereitet. Die Katecheten unterstützten sie bei ihrer Suche nach einem guten Leben, auch durch ihr persönliches Lebens- und Glaubenszeugnis. Im besten Falle wurden hier die Werte und Normen des Christentums konkret erfahrbar. Bezüglich der Sakramentenspendung wurden den Taufbewerberinnen und -bewerbern fundamentale Informationen gegeben, indem ihnen beispielsweise vor der Taufe das zentrale Gebet des »Vater unser« überreicht wurde. In der Gemeinde nahmen sie am Wortgottesdienst teil

---

78 | Vgl. zum Folgenden Peter Kohlgraf, Nur eine dienende Kirche dient der Welt. Yves Congars Beitrag für eine glaubwürdige Kirche, Ostfildern ²2015, 21–28.

und bekamen so durch die Predigten und das Hören der Heiligen Schrift wichtige Einblicke in den christlichen Glauben. Die Einführung in die eigentlichen Mysterien des Christentums folgte jedoch erst nach dem Empfang der Taufe. Das Entkleiden, die Salbung, das Bekenntnis des Glaubens und das Untertauchen ins Wasser sind eine leibhaftige, mystische Erfahrung dessen, was Vergebung und neues Leben bedeuten.
Religiöse Erfahrung und persönliches Zeugnis glaubwürdiger Menschen bildeten damit (wenigstens in der Theorie) die Grundlage christlicher Unterweisung und kirchlicher Verkündigungspraxis. Jeder und jede Getaufte lebte in dem Bewusstsein, Christus darzustellen, in dessen Tod und Auferstehung man eingetaucht war (wobei die Glaubens- und Lebensrealität oft dann auch anders war). Dieses Geschenk galt es im Leben zu bewahren und sich dessen würdig zu erweisen.
Yves Congar nun sieht bereits in den ersten Jahrhunderten den Beginn einer Entwicklung, welche die Theologie und Praxis zunehmend stärker prägen sollte. Aus der Erfahrung wird ein Rechtsanspruch der Kirche, dem sich die Gläubigen zu fügen haben, Theorie koppelt sich von pastoraler Praxis ab. Gleichzeitig wird eine ursprünglich von Christus der ganzen Kirche gegebene Vollmacht nach und nach allein den Bischöfen und dem Papst zugeschrieben, so dass sie allein beginnen, Kirche zu repräsentieren. Bis in die Jahre vor dem II. Vatikanischen Konzil prägt dieses Denken und die mit ihm verbundene Praxis das kirchliche Leben. Kirche befindet sich demnach im Besitz einer Vollmacht, die mit geistlicher und durchaus auch irdischer Macht gleichgesetzt wird. Eine Kirche, die sich so versteht, muss nicht mehr selbst um Barmherzigkeit bitten, sondern entspricht als »societas perfecta« – als perfekte Gemeinschaft dem Willen Gottes, dessen Gnadenschatz sie nach klaren Prinzipien verwaltet. Wenn die Kirche nicht aus dem Willen und der Wahrheit Gottes herausfallen kann, unterliegt sie der Gefahr, sich gegenüber jeder Kritik von außen oder von innen zu immunisieren. Wenn sie in allen ihren irdischen Erscheinungsweisen Christus darstellt, ist sie jeder irdischen Kritik entzogen. Von daher waren bestimmte Texte des II. Vatikanischen Konzils und der Päpste der Nachkonzilszeit wichtige Korrekturen im Selbstverständnis der Kirche, um ihr das Potenzial zurückzugeben, für die Menschen auch existenziell, und nicht nur juristisch, wieder zur Expertin von Vergebung und Versöhnung werden zu lassen. Eine perfekte, Heil verwaltende Kirche kann verständlicherweise nicht als Gesprächs-

partnerin für schuldig gewordene und verletzte Menschen dienen. Dass die meisten Menschen, auch ein Großteil der Gläubigen, die Kirche nicht (mehr) als kompetente Ansprechpartnerin in diesem Bereich wahrnimmt, hängt sicher nicht allein an einem zeitgenössischen »Unschuldswahn« oder einem »grandiosen Entschuldigungsmechanismus«[79], sondern auch an der Tatsache, dass kirchliche Praxis nicht als glaubwürdig und menschennah erfahren wird. Gerade wenn eine Kirche einen geradezu metaphysisch unangreifbaren Selbstanspruch formuliert, schlagen die Sünden ihrer (führenden) Glieder auf ihre Glaubwürdigkeit zurück. In der Wahrnehmung vieler Menschen tritt die Kirche nicht als eine Größe auf, die selbst wesentlich um Gnade und Barmherzigkeit bitten muss, sondern als Institution, die ausschließlich belehrt und ermahnt. Ihrer Akzeptanz ist dies sicher nicht dienlich. Die Kluft, die Papst Paul VI. in »Evangelii nuntiandi« 20 zwischen dem Evangelium und der Kultur, also der konkreten Lebenswirklichkeit der Menschen heute beschrieben hat, ist ja eher größer als geringer geworden. Der Prozess weg von einer wissenden und verwaltenden Kirche hin zu einem Erfahrungsraum von Vergebung und Barmherzigkeit wird der einzige sinnvolle Weg in die Zukunft sein, wenn ihn auch nur noch wenige mitzugehen bereit sind. Nur wenn die Kirche von Jesus lernt, zu wissen, was im Menschen ist, kann sie für manchen wieder zur Expertin werden. Eine perfekte Gemeinschaft (societas perfecta) wird für den schwachen Menschen kaum Empathie entwickeln können.

2.4 Kirche wird dann Expertin, wenn sie kompetent mit Kritik umzugehen lernt

Kritik an der Kirche entzündet sich nicht selten an der Lebensweise und Praxis der Kirche, und keineswegs immer an der Glaubenslehre. Und selbst dort, wo Glaubensinhalte im Blick der Auseinandersetzung sind, sind es die Auswirkungen auf das Leben der Menschen, die in Frage gestellt werden. Selbst ungerechte und bissige Kritik kann ein Fünkchen Wahrheit enthalten. Vor wenigen Jahren fuhr durch Berlin und andere Regionen in Deutschland ein sogenannter »Atheisten-Bus«, der gegen den (christlichen) Glauben mit dem Spruch warb: »Aufklärung heißt,

---

79 | Kasper, Barmherzigkeit, 163.

Verantwortung zu übernehmen.« Dahinter steckt wohl die Annahme, ein glaubender Mensch wälze die eigene Verantwortung durch den Glauben an die göttliche Barmherzigkeit und Vergebung oder durch ein bestimmtes Verständnis von Gehorsam an jemand anderen ab. Es ist klar, dass dies den Kern christlichen Glaubens verfehlt. Dennoch darf man, bevor man dagegen argumentiert, zunächst einmal schauen, ob es nicht Formen von Vergebung oder Arten des Umgangs mit den Menschen gibt, wo diese Kritik zutreffend sein kann. Wo kirchlicher Gehorsam funktioniert ohne eigenes Nachdenken, wo der einzelne glaubt, in einem Kollektiv unterzugehen, ist Vorsicht geboten. Ein anderes Beispiel durchaus unsachlicher Kritik bot der »Spiegel« mit seinen 10 Geboten des Atheismus[80]: dort wird unterstellt, Glaube mache klein und abhängig. Sicher trifft auch diese Kritik das Christentum nicht im Kern, dennoch gab und gibt es Frömmigkeitshaltungen, die Menschen bewusst klein machen, und damit eine selbstbewusste Freiheit verhindern. Philosophen wie Odo Marquardt und andere Zeitgenossen unterstellen der Kirche und anderen monotheistischen Religionen, sie verhinderten eine legitime Vielfalt und pressten Menschen mit ihren individuellen Lebenserfahrungen in fest vorgegebene Glaubens- und Lebensschablonen. Tatsächlich lassen sich in Vergangenheit und Gegenwart Beispiele finden, die belegen, dass sich die Kirche nicht überzeugend als Hüterin von Toleranz und Freiheit gezeigt hat. Es war auch eine (nicht immer sachgemäße) Kritik an der Kirche, welche in den Skandalen der letzten Jahre mit ursächlich war, dass sich die Kirche einem notwendigen Veränderungsprozess gestellt hat, etwa im Umgang mit Kindern und Jugendlichen, oder auch in der Finanzverwaltung. Tatsächlich war die Kirche hier viel lernfähiger, als manch ein Kritiker erwartet hätte. Ihre Akzeptanz als Expertin für Vergebung setzt die Kirche aber dort aufs Spiel, wo vorschnell Kritik als Pressekampagne abgetan wird.

2.5 Kirche wird dort zur Expertin, wo Vergebung in der Berührung mit Menschen Praxis wird

Gerade Papst Franziskus illustriert in seinen Predigten und Schriften anhand zahlreicher Geschichten aus dem Alltag, dass Vergebung keine kirchliche Theorie ist, sondern erst in der Begegnung und Erfahrung zwischen Menschen relevant wird.

Im apostolischen Schreiben »Evangelii Gaudium« finden sich viele Belege für seinen praxisorientierten Ansatz. Immer wieder taucht die Vorstellung einer »offenen« Kirche auf: Die Kirche solle aus den Räumen auf die Straßen gehen, »um dem anderen in die Augen zu sehen und zuzuhören (...), um den zu begleiten, der am Straßenrand geblieben ist.« (EG 6). Diese Offenheit wird auch für die »Verwaltung« der Sakramente angemahnt:

> »Die Kirche ist berufen, immer das offene Haus des Vaters zu sein. Eines der konkreten Zeichen dieser Öffnung ist es, überall Kirchen mit offenen Türen zu haben. So stößt einer, wenn er einer Eingebung des Geistes folgen will und näherkommt, weil er Gott sucht, nicht auf die Kälte einer verschlossenen Tür. Doch es gibt noch andere Türen, die ebenfalls nicht geschlossen werden dürfen. Alle können in irgendeiner Weise am kirchlichen Leben teilnehmen, alle können zur Gemeinschaft gehören, und auch die Türen der Sakramente dürften nicht aus irgendeinem beliebigen Grund geschlossen werden. Das gilt vor allem, wenn es sich um jenes Sakrament handelt, das »die Tür« ist: die Taufe. Die Eucharistie ist, obwohl sie die Fülle des sakramentalen Lebens darstellt, nicht eine Belohnung für die Vollkommenen, sondern ein großzügiges Heilmittel und eine Nahrung für die Schwachen. Diese Überzeugungen haben auch pastorale Konsequenzen, und wir sind berufen, sie mit Besonnenheit und Wagemut in Betracht zu ziehen. Häufig verhalten wir uns wie Kontrolleure der Gnade und nicht wie ihre Förderer. Doch die Kirche ist keine Zollstation, sie ist das Vaterhaus, wo Platz ist für jeden mit seinem mühevollen Leben.« (EG 47).

Dieser Text liest sich wie eine Gegendarstellung zu einem Selbstverständnis, das die Kirche als unberührte Verwalterin eines Gnadenschatzes ansieht. Was die päpstlichen Aussagen konkret bezüglich anstehender pastoraler Fragen bedeuten, wird unüberhörbar auch innerkirchlich diskutiert, wenn es etwa um die Frage der Zulassung von wiederverheirateten Menschen zur Hl. Kommunion geht. Was einige als Unbarmherzigkeit empfinden, sichert für andere die Identität des Sakraments und der Kirche. Der Papst bringt hier eine wichtige Perspektive ein, die in den Diskussionen leicht unter den Tisch fällt: geht es um den Menschen oder um die Kirche selbst als Zielrichtung kirchlichen Handelns? Leicht gerät die Kirche in die Haltung der Pharisäer. In einer Predigt zu Joh 8 erklärt der Papst das Verhalten der Zeitgenossen Jesu, die eine beim Ehebruch ertappte Frau zu Jesus bringen, um sein Verhalten zu testen, mit einem deutlichen Satz: »Die Frau war ihnen völlig gleichgültig, wie die Ehebrecher überhaupt.«[81] Es geht um Buchstabentreue zum Gesetz, um religiöse oder moralische Prinzipien, oder einfach nur ums Rechthaben. In EG 49 führt der Papst den Gedanken weiter:

»Brechen wir auf, gehen wir hinaus, um allen das Leben Jesu Christi anzubieten! Ich wiederhole hier für die ganze Kirche, was ich viele Male den Priestern und Laien von Buenos Aires gesagt habe: Mir ist eine »verbeulte« Kirche, die verletzt und beschmutzt ist, weil sie auf die Straßen hinausgegangen ist, lieber, als eine Kirche, die aufgrund ihrer Verschlossenheit und ihrer Bequemlichkeit, sich an die eigenen Sicherheiten zu klammern, krank ist. Ich will keine Kirche, die darum besorgt ist, der Mittelpunkt zu sein, und schließlich in einer Anhäufung von fixen Ideen und Streitigkeiten verstrickt ist. Wenn uns etwas in heilige Sorge versetzen und unser Gewissen beunruhigen soll, dann ist es die Tatsache, dass so viele unserer Brüder und Schwestern ohne die Kraft, das Licht und den Trost der Freundschaft mit Jesus Christus leben, ohne eine Glaubensgemeinschaft, die sie aufnimmt, ohne einen Horizont von Sinn und Leben. Ich hoffe, dass mehr als die Furcht, einen Fehler zu machen, unser Beweggrund die Furcht sei, uns einzuschließen in die Strukturen, die uns einen falschen Schutz geben, in die Normen, die uns in unnachsichtige Richter verwandeln, in die Gewohnheiten, in denen wir uns ruhig fühlen, während draußen eine hungrige Menschenmenge wartet und Jesus uns pausenlos wiederholt: ›Gebt ihr ihnen zu essen!‹«.

Papst Franziskus erinnert an die Tatsache, dass über vielen innerkirchlichen Streitigkeiten leicht die eigentliche Aufgabe der Kirche aus dem Blick gerät. Was in Evangelii Gaudium noch sehr allgemein bleibt, wird anderenorts mit konkreten Beispielen angereichert. Der Papst holt seine Gedanken aus der eigenen Erfahrung als Gesprächspartner, Beichtvater und Seelsorger von Menschen, die ihm begegnet sind. Er erinnert an konkrete Beichtväter, die schuldig gewordenen Menschen in großer Barmherzigkeit begegnet sind. Dabei zeichnet sie aus, dass sie nicht ein-

---

81 | Papst Franziskus, Der Name Gottes ist Barmherzigkeit, 14.

fach Sakramente verwalteten, sondern sich durch die Menschen haben berühren lassen. Der Papst selbst erzählt von seiner Berufung, die ihm in der Begegnung mit Padre Carlos Duarte Ibarra am 21. September 1953 aufging[82]. Nach seinem Tod trauert Jorge Mario Bergoglio sehr, weil »ich einen Menschen verloren hatte, der mich die Barmherzigkeit Gottes spüren ließ.«[83] Aus diesen Erfahrungen heraus ermahnt der Papst die Priester, besonders die Beichtväter. Er weiß, dass viele Menschen zu anderen Heilsangeboten Zuflucht nehmen, weil sie dort jemanden finden, der ihnen zuhört. Auch die christlichen Seelsorger sollen diese Bereitschaft zum Hören als eine Grundhaltung mitbringen:

> »Daher möchte ich den Beichtvätern sagen: Redet, hört geduldig zu und vor allem: Sagt den Menschen, dass Gott sie liebt. (…) Seid nachsichtig mit den Menschen. Stoßt sie nicht von euch. Die Menschen leiden. Beichtvater zu sein ist eine große Verantwortung.«[84]

Der Papst reduziert diese Wertschätzung und Hinwendung zum Menschen nicht auf den Bereich der sakramentalen Beichte, auch wenn diese der Ernstfall der Barmherzigkeit ist. Auch die alltägliche wertschätzende und aufmerksame Begegnung, in der gerade die Würde der Kleinen anerkannt wird, verdient sich die Kirche ihre Anerkennung als Expertin für Vergebung und Versöhnung in der Zuwendung und Begleitung von Menschen. Die Beispiele mögen zur Verdeutlichung des Zusammenhangs von Praxis und Glaubenslehre genügen.

An dieser Stelle muss für die Kirche hierzulande zugegeben werden, dass Menschen sie nicht (mehr) als Ansprechpartnerin für ihre Lebensfragen brauchen und in Anspruch nehmen. Es stimmt nachdenklich, wenn das ursprünglich der Kirche anvertraute Sakrament der Versöhnung in weiten Teilen in den Bereich der therapeutischen und psychologischen Beratung abgewandert ist[85]. Aus theologischer Sicht ist dem Psychiater und Neurologen Konrad Stauss Recht zu geben, wenn er beschreibt, dass »der religiöse Ursprung (…) vergessen und Vergebung (…) mit einem

---

82 | Ebd. 33 f.
83 | Ebd.
84 | Ebd. 38 f.
85 | Vgl. Stauss, Die heilende Kraft der Vergebung, 29 f.

säkularen Copyright versehen« wird. »Das Wasser der Vergebung wird nicht mehr an der Quelle, sondern flussabwärts geschöpft.«[86]

Die Frage, warum Kirche aufgehört hat, von den Menschen als Ansprechpartnerin wahrgenommen zu werden, lässt sich nicht mit einer einzigen Begründung zufriedenstellend lösen. Zunächst muss man historische Entwicklungen ernst nehmen, die nicht zurückzuschrauben sind. Noch in den 50er Jahren des 20. Jahrhunderts gab die Kirche etwa im Hinblick auf Partnerschaft und Sexualität klare Verhaltensnormen vor, die auch kleinste Dinge in den Verdacht der schweren Sünde stellten. Kurios mutet es heute an, wenn heftige Auseinandersetzungen zwischen kirchlichen Jugendverbänden und der offiziellen Kirche um die Frage der Sündhaftigkeit des Schminkens geführt wurden[87] – ein Beispiel. Thomas Großbölting beschreibt, wie sich nach und nach kirchliche Lehre und die Lebenswirklichkeit der Menschen (nicht nur im sexuellen Kontext) seit den 50er Jahren auseinanderentwickelten. Nach außen bekannten sich katholische Glaubende zu den kirchlichen Normen, lebten privat aber längst anders. Das heißt, was die Kirche offiziell als Sünde deklarierte und zur Beichtmaterie erklärte, wurde für die meisten Katholikinnen und Katholiken zunehmend normale Praxis. Großbölting resümiert:

> »Alles in allem zeigt sich eine Tendenz: Ein seit der Reformation deutlich profiliertes religiöses Gefüge von organisatorischen Strukturen, normativen Vorstellungen und Handlungsmaximen ›verflüssigte‹ sich oder erodierte ganz. (…) Im Zentrum der Kirche stand das klerikal verwaltete Monopol zur Deutung und Verwaltung des Weges zum Heil.«[88]

Interessant ist dabei, dass diese Erosion nicht erst in den revolutionären 68ern stattfindet, sondern bereits Jahre vorher beginnt. Zwar konnte man aus Gründen gesellschaftlicher Anerkennung lange nicht offen zeigen, dass man nicht der Lehre gemäß lebte, so dass man am kirchlichen Leben teilnahm, aber mit schwindendem kirchlichen Einfluss muss niemand die Illusion aufrecht erhalten, er lebe nach kirchlichen Normen. Der Streit um die päpstliche Enzyklika »Humanae Vitae« zeigt Ende der

---

86 | Ebd. 30.
87 | Vgl. Thomas Großbölting, Der verlorene Himmel. Glaube in Deutschland seit 1945, Göttingen 2013, 40.
88 | Ebd. 155.

60er Jahre, wie sich kirchliche Sexualmoral und der Alltag in den Familien und Beziehungen längst auseinander entwickelt hatten. Als schwere Sünde empfanden und empfinden viele Menschen ihre Praxis in Partnerschaft und Sexualität ohnehin nicht mehr. Diese Menschen, von denen hier die Rede ist, sehnen sich nicht nach einer traditionellen Buß- und Beichtpraxis zurück und es ist erklärlich, dass die Kirche für viele Menschen längst nicht mehr Ansprechpartnerin in Lebensfragen, auch nicht im Hinblick auf Vergebung und Versöhnung darstellt. Dass heute Seelsorgerinnen und Seelsorger unter ganz anderen Prämissen arbeiten und sich dem Menschen zuwenden, interessiert dann nicht mehr. Kirche hat auch durch ein Nichtwahrhabenwollen der realen Situation dazu beigetragen, dass sie für die Menschen und ihre Fragen nicht mehr kompetent zu sein scheint. Der Blick in die Historie der letzten 60 Jahre gibt einen Hinweis darauf, dass die Lösung des Problems nicht einfach in der Wiederholung von Normen liegen kann. Die Studie Großböltings belegt eindrucksvoll, dass dies auch in den letzten Jahrzehnten und Jahrhunderten praktisch mehr oder weniger unwirksam war. Lehre und Leben waren nur in seltenen Phasen der Geschichte deckungsgleich. Dass dann 2010 die Kirche selber als schuldig am Kindesmissbrauch und Gewalttaten entlarvt wird, hat viele wohl nur in ihrer ohnehin ablehnenden Haltung bestärkt.

Auch dürfte es wenig bringen, sich nach alten Mustern von Seelsorge zurückzusehnen, die zumeist in der sakramentalen gültigen Versorgung der Gläubigen bestand. Die Gedanken und Beispiele von Papst Franziskus zeigen, dass die Kirche ihre Sakramentalität nur dort überzeugend lebt, wo sie im Sakrament und in anderen Formen der Zuwendung Menschen zuhört, begleitet und ihrer je eigenen Lebenssituation gerecht zu werden versucht. Kirchliche Normen können dann Menschen helfen, eine eigene Gewissensentscheidung zu verantworten, einen eigenverantworteten Weg zu finden und zu gehen. Heute wird die Praxis der Kirche nicht mehr die flächendeckende Versorgung sein, sondern zunehmend die Aufmerksamkeit für den einzelnen Menschen. Herbert Haslinger mahnt in diesem Zusammenhang an, dass die Kirche entgegen allen Vergrößerungen der Seelsorgebereiche in den Orten präsent bleiben müsse, um Seelsorge am einzelnen Menschen zu gewährleisten[89]. Er hat

---

89 | Vom Einfamilienhaus zur Berghütte, in: Herder Korrespondenz 69 (2015), Heft 6, 285–289.

hier die Hauptamtlichen im Blick. Dass daneben gesellschaftliche und politische Aktivitäten stehen, sei nicht bestritten. Ihre Kompetenz als Begleiterin in Vergebungs- und Versöhnungskontexten wird sie nicht mehr nach altem Muster wiederherstellen können, vielleicht auch nicht wollen, wenn sie nicht einer erneuten Selbsttäuschung erliegen will. Die heutige Problematik besteht vielleicht darin, dass sich in die vielen Strukturreformen und Debatten in der Kirche ein Denken und eine Sprache eingebürgert haben, die von einer anderen Logik als der Zuwendung zum einzelnen in seiner Not zeugt. Es ist nicht unerheblich, wenn sich zunehmend eine ökonomisierte Sprache auch in der Gemeindetheologie ausdrückt. Ob Coaching, Training oder Strategieentwicklung in den Diözesen und Gemeinden harmlose und neutrale Begriffe sind, darf bezweifelt werden, steckt in ihnen doch die Versuchung, eine Pastoral der Planbarkeit und Machbarkeit zu begründen. Sprache enthüllt Inhalte und Menschenbilder[90]. Auch hier ist die Kirche möglicherweise auf einem problematischen Weg, ihre Expertenschaft für Vergebung und Versöhnung, eine Empathie und Sympathie für den schwachen und schuldig Gewordenen zu verspielen.

Es wird noch Zeit brauchen, bis sich das Bewusstsein in den Gemeinden gebildet hat, dass Seelsorge, Zuwendung und Begleitung nicht allein Sache von hauptberuflichen Seelsorgerinnen und Seelsorgern sein muss. Wenn Menschen in den Gemeinden es als ihren Auftrag sehen, für andere dazu sein, wirklich diakonische Gemeinde zu werden, die von allen Gliedern der Kirche mitgetragen wird, bringen sie ihre Expertenschaft für Lebensfragen ein, auch ihre Kompetenzen bezüglich Vergebung und Versöhnung. Was der Papst vor allem den Priestern mitgibt, wird zunehmend eine Grundhaltung aller Christinnen und Christen werden müssen. Auf diesem Weg kann die Kirche vielleicht eine neue Form der Expertenschaft lernen und leben. Es muss nicht entmutigen, dass für diesen Perspektivenwechsel ein gutes Stück Weg gegangen werden muss.

---

90 | Vgl. Peter Kohlgraf, Unsere Gemeinden und die Kraft biblischer Bilder. Metaphern als zeitgemäße Zielformulierungen, in: PThI 2015–1, 201–213, 202.

2.6 Zwischenergebnis: Pastorale Perspektiven

Zunächst einmal gilt es festzuhalten, dass die Kirche sowohl in ihrer Tradition als auch in den lebendigen Menschen ein erhebliches Maß an Kompetenzen mit sich trägt, Vergebung und Versöhnung mit Inhalt zu füllen und Menschen heute zu helfen, sich auf diesen Weg zu begeben. Je näher sie sich an den Fragen und Lebenswirklichkeiten der Menschen befindet, je weniger für ihre Lehre und Praxis Gott eine Theorie oder Idee darstellt, desto besser verwirklicht sie den Anspruch, Sakrament zu sein. Seelsorge bedeutet, sich den Menschen zuzuwenden und sie kennen zu lernen, nicht allein mit festen und allgemein gültigen Antworten aufzuwarten. Dabei lernt die Kirche, wenn sie dies ernst nimmt, auch von den Menschen, ihren Gesprächspartnerinnen und -partnern. Das gilt auch für den Vergebungs- und Versöhnungskontext. Denn hier trifft sie auf Menschen, die längst Expertinnen und Experten ihrer Beziehung sind und kompetent miteinander auch in Krisensituationen umgehen. Ist die These richtig, dass sich das Reich Gottes hier und jetzt auch neben und außerhalb der sichtbaren Kirche verwirklicht, tut die Kirche gut daran, hier auf Spurensuche zu gehen, wie sie menschliche Erfahrung als einen Ort theologischer und praktischer Erkenntnis für das Heil anderer fruchtbar machen kann. Das soll im nächsten Schritt geschehen.

3. Menschen als Expertinnen und Experten in ihrer (Paar)-beziehung und Familie

»Gotteswort im Menschenwort« – mit dieser Formulierung wurde der Zugang zu den biblischen Texten charakterisiert. Das bedeutet, dass glaubende Menschen in den konkreten Erfahrungen, in denen sie Vergebung schenken oder geschenkt bekommen, Gott selbst am Werk sehen, ohne dass sie dies immer ausdrücklich reflektieren müssten. Das gilt für biblische und heutige Zeiten. Es gibt keinen religiösen »Sonderbereich« jenseits der gelebten Wirklichkeit, jedenfalls bleibt er ohne Relevanz. Entweder wird Gott »gehandelt« oder eben nicht. Sein Handeln beschränkt sich nicht allein auf religiöse Menschen, sein Geist weht, wo er will. Trotzdem kann der Glaube an sein Wirken eine Motivation und Unterstützung für Menschen sein, dem anderen wohlwollend zu begegnen und sich für Vergebung und Versöhnung bewusst zu entscheiden. Unabhängig von der Motivation verfügen aber Glaubende, Suchende und Nichtglaubende über Begabungen und »Strategien« in der Konfliktbewältigung, Kommunikation und gegenseitigen Vergebung, von denen alle lernen können.

3.1 Das nachsynodale Schreiben »Amoris Laetitia« und das Thema von Vergeben und Versöhnen

Das päpstliche nachsynodale Schreiben über die Freude der Liebe oder vielleicht besser übersetzt »Freude an der Liebe« ist das Ergebnis langer und manchmal äußerst kontrovers geführter Gesprächsprozesse. Zwei Bischofssynoden sind vorausgegangen, die sich mit dem Thema der Familien in der heutigen Welt befasst haben, zusätzlich zwei Befragungen der Gläubigen in den Diözesen der Weltkirche. Allein diese Vorgehensweise war schon außergewöhnlich. Der Papst wollte die Wirklichkeit wahrnehmen, ohne direkt mit fertigen und allgemein gültigen Antworten zu kommen. Dabei hat sich herausgestellt, dass die Situation der Kirche, ihrer Verkündigung und der familiären Wirklichkeiten so vielfältig und komplex ist, dass es kaum vorstellbar schien, hinsichtlich aller Themen eine einheitliche lehramtliche Position zu formulieren. In den Medien, insbesondere im Internet, wurde mit harten Bandagen gekämpft. Für die einen konnte die gelebte Wirklichkeit der Menschen kein

Maßstab für die kirchliche Botschaft sein. Ihnen muss man entgegenhalten, dass sich die Kirche spätestens in Gaudium et spes anders in der Welt verortet hat. Ferner unterliegen die Vertreter einer solchen Position nicht selten dem Irrtum, es habe eine zweitausendjährige, einheitliche, unabhängig von kulturellen Einflüssen praktizierte kirchliche Sicht auf Ehe und Familie gegeben. Meistens wird das Familienideal einer bestimmten Epoche der (Kirchen-) Geschichte als Modell gepriesen. Schließlich ist es exegetisch fragwürdig, ein Jesuswort als Totschlagargument aus dem Zeit- und Textkontext zu reißen, um eine letztgültige Position zu formulieren. Für die anderen bestand die ebenfalls unrealistische Hoffnung, der Papst würde letztlich alle praktizierten Lebensformen als gleichwertig würdigen.

Nach vielen Debatten hat Papst Franziskus einen Weg gefunden, der einerseits das kirchliche Ideal von Ehe und Familie herausstellt, aber doch andererseits einlädt, die oft komplexe und nicht einfach zu lösende Problemlage zahlreicher Familien und Paarbeziehungen als menschliche Realitäten anzunehmen und den Menschen zu sehen, der nun einmal in einer solchen Lebenslage steht. Ein zu hoch angesetztes Ideal, das die menschlichen Wirklichkeiten ausblendet, zu denen auch Verletzungen und mögliche Versöhnungen gehören, kann sogar eine Mitschuld am Scheitern von Beziehungen tragen. Die im Epheserbrief (5,32) entfaltete Analogie der Beziehung zwischen Christus und Kirche bzw. zwischen den Ehepartnern ist pastoral gesehen nicht unproblematisch: »Man sollte nicht zwei begrenzten Menschen die gewaltige Last aufladen, in vollkommener Weise die Vereinigung nachzubilden, die zwischen Christus und seiner Kirche besteht, denn die Ehe als Zeichen beinhaltet einen ›dynamischen Prozess‹« (AL 122). Auch eine sakramentale Ehe, welche die Liebe Christi abbildet, ist nicht der Himmel auf Erden, sondern der Weg dorthin: »Dieser Mensch mit all seinen Schwächen ist zur Fülle des Himmels berufen.« (AL 149) Für eine Pastoral der Versöhnung ist dieser scheinbar einfache Gedanke hochbedeutsam. Wenn christliche Paare jede Krise, jedes Ereignis, das dem hohen Ideal nicht entspricht, als sündhaft verstehen, kann es dazu kommen, dass sie sich der Realität nicht wirklich stellen, oder in einem anderen Fall, dass sie sich scheinbar vergeben, ohne dass diese Vergebung ehrlich ist, weil es eben so im Evangelium verlangt wird. Negative Emotionen, Groll, Abneigung gegen den Partner oder die Partnerin sind nicht per se Sünde. Zur Sünde werden sie dort, wo sich der Mensch in diesen Gefühlen eingräbt und nicht bereit ist, an ihnen etwas zu verändern (AL 145). Das Ideal schließt solche Erfahrungen ein und wird sinnvoll gelebt, wenn es Veränderung, Wachstum und Entfaltung ermöglicht. Der Papst zitiert die Synode: »Vergeben können und Vergebung erfahren ist eine grundlegende Erfahrung des Familienlebens« (AL 236). Und es kann im extremen Fall dazu kommen, dass sich Partnerin und Partner trennen müssen etwa zum Wohle der Kinder oder aus Selbstschutz (AL 241). Dagegen gibt es auch in einer sakramentalen Ehe keine Garantie. Die kirchliche Begleitung von Menschen darf gerade dann nicht nachlassen und ohne Unterscheidung urteilen.

Der Papst argumentiert weniger mit der Ethik der normativen Verbote, als mit einer tugendethischen Ausrichtung auf die Klugheit[91]. Er setzt auf das Gewissen des einzelnen, und sieht den kirchlichen Dienst in der Herausbildung einer erwachsenen und menschenfreundlichen Gewissensentscheidung[92]. Der Text zeichnet sich durch ein hohes Maß an Menschenkenntnis und Menschenfreundlichkeit aus. »Irreguläre« Situationen werden genannt, aber in Anführungszeichen so charakterisiert. Zwar möchte er Menschen für eine lebenslange Treue gewinnen, sieht aber auch die Not derer, die anders leben (müssen). Für Kardinal Marx ist das Dokument »ein außerordentlich hilfreiches Orientierungsangebot und ein reicher Schatz an Impulsen für das konkrete Leben. Gerade die einfachen und griffig formulierten katechetischen Hinweise des Papstes eignen sich, um sie mit ins alltägliche Leben zu nehmen. So etwa, wenn Papst Franziskus sein eigenes, schon bekanntes Diktum wiederholt: »*In der Familie ist es nötig ..., drei Worte zu gebrauchen ... Drei Worte: Darf ich?, danke und entschuldige*«[93]. Zum gelebten Ideal einer christlichen und menschlichen Beziehung gehören zwangsläufig auch die Versöhnung und das gemeinsame Ringen um gemeinsame Wege aus Verletzungen. Wer sich versöhnt, zeigt also nicht, dass seine Beziehung dem Ideal nicht entspricht, sondern lebt genau das Ideal von Partnerschaft, das dem Papst vor Augen steht. Das kirchliche Ideal von Ehe und Familie ist nicht

---

91 | Vgl. Kardinal Reinhard Marx, Würdigung des nachsynodalen Schreibens anlässlich der Veröffentlichung am 8.4.2016, in: Papst Franziskus, Amoris Laetitia. Freude der Liebe (Freiburg – Basel – Wien 2016) 13.
92 | Vgl. ebd. 14.
93 | Ebd. 17.

abgehoben von diesen Wirklichkeiten. Den konkreten Hilfen des Papstes soll nun nachgegangen werden.

Besonders das vierte der insgesamt neun Kapitel befasst sich mit dem Alltag der Paarbeziehung und der Familie. Grundlage der Erwägungen bildet das sog. Hohelied der Liebe aus dem 13. Kapitel des 1. Korintherbriefs. Die Begriffe, die Paulus mit der Liebe verbindet, bilden für Papst Franziskus die Leitlinien für den familiären Alltag. In den von Paulus verwendeten Grundhaltungen und Handlungsweisen erweist sich die Familie als Expertin der Liebe.

Die Langmut ist die Charaktereigenschaft, die den Menschen davor bewahrt, einen anderen anzugreifen. In der Langmut wird der Mensch Gott ähnlich. Langmut bedeutet nicht, sich ständig angreifen zu lassen oder Unrecht ohne Widerstand zu ertragen (AL 92). Aber es kann dazu kommen, dass ein Mensch in der Partnerschaft nur noch seine eigenen Bedürfnisse wahrnehmen kann. Ungeduld und Aggression sind die Folge. Der Langmütige vermag die Bedürfnisse des anderen anzuerkennen, seine Rechte zu respektieren und ihn nicht auf die eigenen Wünsche zu reduzieren. Für das Vergebungsthema zeigt dieser Aspekt, wie unverzichtbar eine recht verstandene Empathie für das Gelingen einer Beziehung ist.

Güte muss in Taten gezeigt werden. Vergebung findet nicht im passiven Erdulden statt, sondern muss aktiv gestaltet werden. Lieben ist nicht nur ein Gefühl, sondern das Tun des Guten. Nur wenn Liebe getan wird, bringt sie Frucht.

Wohlwollen ist die Grundlage jeder Beziehung. Eifersucht und Neid sind das Gegenteil dieser positiven Grundhaltung, die dem Partner Glück und Wohlsein gönnen kann. Wohlwollen bedeutet, über das eigene Ich hinauszutreten, um den anderen zu sehen. Die Gaben des Partners werden nicht als Bedrohung, sondern als Grundlage der eigenen Zufriedenheit verstanden. Nur wer das Recht des anderen auf Glück anerkennt, kann mit ihm wohlwollend zusammenleben. Die im Folgenden zu beschreibende Befragung hat ergeben, dass gerade dieses Wohlwollen eine notwendige Voraussetzung für gelingende Versöhnungsprozesse darstellt, während demgegenüber Groll und Ärger Versöhnung erschweren. Dazu muss später noch mehr gesagt werden.

Die genannte Befragung von Paaren zeigt ferner, wie stark alltägliches liebloses Verhalten Beziehungen belasten kann. Besserwisserisches oder aggressives Verhalten zerstört eine Partnerschaft nachhaltig. Oft stellt man den Partner in ein schlechtes Licht, um sich selbst in den Mittelpunkt zu rücken. In der Familie soll Arroganz nicht der Grund für gescheiterte Liebe sein. Zur Liebe gehört die Demut, die eingeübt werden muss. Nicht die Herrschaft es einen über den anderen, sondern die Gleichberechtigung und das gegenseitige Wohl bilden eine Wesenseigenschaft von Ehe und Familie.

Freundlichkeit stellt die Stärken des anderen in den Mittelpunkt, nicht seine Schwächen oder das Versagen. Zu den Grundbedingungen menschlicher Liebe gehört auch, sich selbst anzunehmen. Gewalt beginnt nicht erst in der körperlichen Brutalität, sondern schon im Denken über den anderen.

Mit diesen Themen sind vom Papst wichtige Grundlagen für Vergebung und Versöhnung in der Partnerschaft genannt. Ist jemand nicht in der Lage, wohlwollend zu sein, den anderen verstehen zu wollen, sich aus dem Mittelpunkt zurückzuziehen, wird im Falle einer Verletzung der Groll zunehmen und die Lebensqualität erheblich einschränken (AL 105). Das Einfordern der eigenen Rechte verkommt ohne Empathie zu Rachegelüsten, die weder dem einen noch dem anderen nützen. Das Wohlwollen als Bedingung für gelingende Partnerschaft zu fördern, gelingt besser, wenn man sich der eigenen Schwächen erinnert, auch Gott gegenüber. Ein religiös bedingtes Erlösungsbewusstsein hält der Papst für eine wichtige Grundlage menschlichen Vergebungsverhaltens.

Der Papst warnt davor, Groll dadurch abbauen zu wollen, dass man die Schwächen des anderen in den Vordergrund stellt und immer und immer wieder hervorhebt. Wer den Ruf eines anderen Menschen nachhaltig schädigt, verhindert Versöhnungsprozesse. Die Chance einer guten Versöhnung sinkt, wenn der eine den anderen gegenüber Außenstehenden schlecht macht. Fehler eines Menschen müssen in einen Lebenszusammenhang eingeordnet werden, so dass man versuchen kann, sie zu verstehen. Im letzten bedeutet Versöhnung die Hoffnung, dass die schlimme Tat nicht das letzte Wort ist.

Dem zufolge werden die Fundamente für ein versöhnendes Miteinander nicht erst dann gelegt, wenn es zur Verletzung gekommen ist. Empathie, Freundlichkeit, Wertschätzung, Selbst- und Nächstenliebe müssen jeden Tag eingeübt werden. Versöhnung wird Menschen nicht geschenkt, sondern beruht auf manchmal mühsamer alltäglicher Arbeit an sich und der

Beziehung. Dabei macht der Papst deutlich, dass sich die Hilfen, die die Kirche Menschen anbieten kann, nicht auf den religiösen Bereich beschränken dürfen. Vielmehr muss sich Glaube »Inkarnieren«, so dass die Kirche »aus der Erfahrung erwachsene Vorgehensweisen und psychologische Orientierungen« kennenlernen muss und dann für Lebenssituationen von Menschen fruchtbar machen kann (AL 211).

Schlüsselbegriffe des päpstlichen Schreibens hinsichtlich von Vergebung und Versöhnung sind das »*Wohlwollen*«, das den »roten Faden« in der Partnerschaft darstellen muss, weil es Bedingung dafür ist, dass sich Menschen auch nach Verletzungen nicht gänzlich vom anderen abwenden und sich allein in sich zurückziehen, und die Kehrseite dazu »*Groll/ Ärger/Distanz*«. Zum existenziellen Problem in der Partnerschaft und für den einzelnen werden sie dann, wenn sie zementiert werden und die Lebensqualität und das Glücksempfinden dauerhaft schädigen. Dann wird Versöhnung schwer, wenn nicht unmöglich. Im engeren Sinne religiöse Hilfestellungen und psychologische Hilfen wie Beratungsangebote setzen an diesen Voraussetzungen an. Der Papst kann sich auf empirische Erkenntnisse stützen, die viele seiner konkreten Aussagen als sehr lebensnah und hilfreich zeigen.

3.2 Vorurteil: Gläubige Christen sind eher zu Vergebung und Versöhnung bereit

»Seid barmherzig, wie auch euer Vater barmherzig ist« (Lk 6,36) fasst Jesus in der lukanischen Feldrede seine Predigt zusammen. Ein Mensch, der ganz aus der Liebe des himmlischen Vaters lebt, muss doch selbst etwas von dieser Liebe weitergeben, so lautet eine Grundannahme christlicher Identität. Wenn die Erfahrung der Vergebung und bedingungslosen Annahme durch den barmherzigen Gott tatsächlich der Kern der christlichen Erfahrung und Verkündigung ist, müsste sich daraus doch nahezu zwangsläufig ergeben, dass Christen im Alltag versöhnungsbereiter sind als ihre nichtglaubenden Zeitgenossen. Lässt sich jemand wirklich auf die beschriebene Glaubenserfahrung ein, scheint die Schlussfolgerung logisch zu sein. Es gibt jedoch deutliche Hinweise darauf, dass die Vermutung, die Kenntnis der Hl. Schrift, die Mitfeier der Gottesdienste oder kirchliches Engagement als äußere Kennzeichen einer christlich-religiösen Praxis machten den Menschen zu einem moralischeren Subjekt, sich so ganz einfach nicht bestätigt. Auch wenn Papst Franziskus in seinen zahlreichen Ansprachen und Schriften davon überzeugt ist, dass Barmherzigkeit das eigentliche Erkennungsmerkmal glaubender Menschen sein müsse, weiß er dagegen auch, dass Menschen ihr Leben nicht in erster Linie nach Normen und Ideen ausrichten[94]. Für einen fruchtbaren Versöhnungsprozess genügt nicht das Wissen, dass Gott dies von jemandem fordert. Sollte die Norm nicht zu einem persönlichen Wert geworden sein, zu einer bejahten und existenziell prägenden Haltung, nutzt die beste religiöse Unterweisung nicht.

In diesem Zusammenhang sind amerikanische Forschungen interessant, die sich mit Motiven von Konvertiten befasst haben, ihre Glaubensgemeinschaft zu wechseln. In den meisten Fällen treten Menschen nicht aus »einem inneren Drang religiöser oder metaphysischer Natur ihrer neuen Religion bei. Sie bekehren sich, um die Achtung ihrer Umgebung oder die ihrer Werber zu gewinnen. Deshalb sind Berichte über ganze Familien, die alle auf einmal konvertieren, oft durchaus glaubwürdig: Alle Familienmitglieder wünschen sich ja, dass ihre Beziehungen zum Familienoberhaupt gut bleiben. Erst nach dem Übertritt lernt der angeworbene Rekrut die neuen Lehren der Religion und des kulturellen und theologischen Erbes der Bewegung, der er sich angeschlossen hat, gründlich kennen.«[95]

Das Mitglied einer Religion oder Konfession bleibt ihr nur in dem Fall äußerlich und innerlich verbunden, wenn es soziale Bindungen mit den anderen Mitgliedern aufgebaut hat, nicht in erster Linie aufgrund der inhaltlichen Identifikation mit den Glaubenslehren[96]. Für die religiös motivierte Vergebungsbereitschaft sind diese Erkenntnisse insofern bedeutsam, als sie schließen lassen, dass das moralische Verhalten weniger aus inhaltlichen Quellen gespeist wird, sondern aus der Erfahrung, die ein Glaubender in seiner Glaubensgemeinschaft machen kann. Geht man in seinen Kreisen barmherzig, wohlwollend und vergebungsbereit miteinander um, macht die betreffende Person vielleicht selbst diese Erfahrung des Wohlwollens anderer, kann dies eine wichtige Motivation für sie darstellen, ebenso zu handeln. Das christliche Handeln wird offenbar mehr durch Gemeinschaftserfahrungen und soziale Bindungen beein-

---

94 | Vgl. z. B. AL 301 und 304.
95 | Hans Jansen, Mohammed. Eine Biographie, München 2008, 104.
96 | Vgl. ebd. 104 f.

flusst als durch Lehren. Solche Erfahrungen werden aber nicht nur im christlichen Gemeindekontext gemacht.

Die jüngst veröffentlichten Ergebnisse der Sinus-Jugendstudie 2016 verstärken die Skepsis gegenüber einer zu optimistischen Einschätzung der Bedeutung religiös inhaltlicher Unterweisung für das alltägliche Verhalten[97]. Von den befragten Jugendlichen waren es vorwiegend Muslime, die einen Bezug zwischen religiös-institutioneller Praxis und alltäglichem Verhalten artikulierten. Mehr als inhaltliches Wissen spielen Erfahrungen in der Glaubensgemeinschaft eine wichtige Rolle. Bei allen Jugendlichen zeichnet sich eine Tendenz ab, im Denken und Verhalten nicht auffallen zu wollen, d. h. dem Mainstream zu entsprechen. Auf der Suche nach einem guten Leben möchten sie Werte wie Freiheit, Aufklärung, Toleranz und soziale Werte leben. Unter soziale Werte werden Akzeptanz und die Erfahrung des Aufgehoben-Seins gezählt. All dies hat mit Religiosität und religiöser Sinnsuche im engen Sinne nur wenig zu tun. Viele Jugendliche, auch die kirchlich gebundenen, bedienen sich der Glaubenslehren, die sie für eine Sinnsuche zu brauchen glauben. Dabei geht es um die Gottesfrage, die aber keinen Bezug zu moralischem Alltagsverhalten erkennen lässt. Auch bei kirchlich praktizierenden Jugendlichen, die meist aus zwei Milieus (konservativ und ökologisch) kommen, gibt es keine direkte Übereinstimmung zwischen dem individuellen und dem institutionellen Glauben, auch nicht zwischen dem institutionell vermittelten Glauben und dem Alltagsverhalten. Religiöse Themen spielen erst dort eine Rolle, wo im sozialen Umfeld Menschen begegnen, denen der Glaube ein Thema ist. Wendet man diese Erkenntnisse auf die religiöse Motivation bzgl. des Vergebens und Versöhnens an, sind es weniger religiös Erlerntes oder kirchliche Rituale, die dieses Verhalten fördern, sondern persönliches Zeugnis und das Verhalten des sozialen Umfelds.

In manchen Untersuchungen über religiöse Menschen bleiben die Fragestellung und das Forschungsinteresse an der religiösen Grundeinstellung und einer äußeren Praxis stehen. Dies ist verständlich, weil sich äußeres Verhalten und religiöse Grundstimmungen besser empirisch erfassen lassen als Zusammenhänge zwischen Glaubenshaltungen und morali-

---

97 | http://www.wie-ticken-Jugendliche.de/fileadmin/user_files/Wie_ticken_Jugendliche_2016/Presse/2016_04_26_PM_SINUSJugend.pdf; http://www.bdkj.de/fileadmin/bdkj/Dokumente/Pressemitteilungen/2016/Broschuere_BDKJ_Sinus-Jugendstudie_2016.pdf (Abruf 25.07.2016).

schem Verhalten. Dabei verwundert es nicht, dass sich zwischen einer allgemeinen Religiosität und einer privaten und öffentlichen Gebetspraxis so gut wie keine statistisch relevanten Zusammenhänge ausmachen lassen.

Die Frage, ob Glaube und Vergebungspraxis direkt zusammenhängen, und ob Glaubende leichter vergeben, könnte hier sicher noch vertieft thematisiert werden. Die ersten wissenschaftlichen Einschätzungen dazu lassen ahnen, dass andere Dinge als religiöse Normen und institutionelle Praxis entscheidend zu sein scheinen. Dennoch lohnt es sich, bzgl. des Vergebungsthemas nicht zu schnell zu kapitulieren.

3.3 Befragungen im Kontext kirchlicher Ehe-, Familien- und Lebensberatung[98]

1. Befragung durch das Institut TNS-Emnid (Februar 2014)

Der »Bundesverband der Katholischen Ehe-, Familien- und Lebensberaterinnen und -berater« begann vor einigen Jahren, sich aufgrund der beraterischen Erfahrung des Themas »Vergeben und Verzeihen« anzunehmen. Tatsächlich ist ein nicht geringer Anteil der täglichen Beraterarbeit »Versöhnungsarbeit«[99]. Empirische Studien sollten helfen, aus Erfahrungen von Menschen in Partnerschaften zurückzugreifen und sie für andere fruchtbar zu machen, die in einer Verletzungssituation leben. Eine wichtige Grundannahme dafür war, dass Menschen oft als Expertinnen und Experten in ihrer Paarbeziehung agieren und Beraterinnen und Berater auf ihren Kompetenzen und Erfahrungen aufbauen können. Christoph Kröger von der TU Braunschweig entwickelte in »wesentlichen Teilen das Design der vermutlich ersten deutschlandweit repräsentativen Untersuchung zu diesem Thema.«[100]

Drei Befragungen sollten die empirischen Grundlagen für eine praktische Weiterarbeit liefern. 1396 Einzelpersonen wurden durch das Institut TNS-Emnid befragt. Erhoben wurden neben soziodemographischen Daten unter anderem Reaktionen auf das Fehlverhalten, die derzeitige

---

98 | Zum Folgenden Peter Kohlgraf / Christoph Kröger / Erhard Scholl, Vergeben und verzeihen. Eine Befragung im Kontext kirchlicher Ehe- und Familienberatung, in: HK 69 (2015) Heft 2, 100–104.
99 | Ebd. 100.
100 | Ebd. 101.

Partnerschaftszufriedenheit, religiöse Haltungen und das gefühlte Wohlbefinden des/der Befragten. Dabei stellte sich heraus, dass ca. 25 % der zufällig Befragten aktuell unter einer Verletzungssituation litten. Dies zeigt die Relevanz des Themas im Lebenskontext ganz »normaler« Menschen. Es ist nicht verwunderlich, dass stetiger Groll das Wohlbefinden und die Lebenszufriedenheit von Menschen einschränkt, während Wohlwollen dem Partner gegenüber einen positiven Einfluss auf sie hat. Nachdem Studien im englischsprachigen Bereich gezeigt hatten, dass eine gemeinsame religiöse Basis und Praxis bei Paaren das gegenseitige Wohlwollen positiv beeinflussen kann[101], interessierte dieser Punkt selbstverständlich den Auftraggeber der Studie auch. Zugrundegelegt wurden in der Studie von TNS-Emnid die Kategorien des Religionssoziologen Stefan Huber[102]: die intellektuelle Beschäftigung mit religiösen Themen, eine »Ideologie« (d. h. die Anerkennung eines inhaltlichen Glaubensfundaments), die öffentliche und die private religiöse Praxis durch Gebet oder Gottesdienstbesuch und schließlich die emotionale Dimension, das Gefühl, in einer ALL-Einheit zu leben und daher grundsätzlich geborgen und getragen zu sein. Diese Kategorien sind allgemein gehalten, so dass sich unter diesen Stichworten Menschen ganz unterschiedlicher Religionen, Konfessionen und auch Praktiker einer Patchwork-Religiosität wiederfinden können. Pfadberechnungen mit den Ergebnissen der Umfrage zeigten, dass diese inhaltlich unspezifische Religiosität, auch wenn sie öffentlich und privat praktiziert wird, in keinem messbaren Zusammenhang mit einem Wohlbefinden oder den »Dimensionen der Vergebungsbereitschaft« steht[103]. Die Häufigkeit von Gottesdienstbesuchen oder das Gebet, eine intellektuelle oder emotionale Beschäftigung mit Glauben und Religion wirken sich aufs Vergebungsverhalten nicht nachweisbar aus. Es war möglich, bei der Erstellung der Fragen für TNS-Emnid einen weiteren Block mit fünf christlich zugespitzten Fragekontexten einzubringen. Dabei wurde erhoben, ob die Partner auf einem gemeinsamen christlichen Glaubensfundament stehen, ob der/die Befragte versucht, das eigene Leben nach Gottes Geboten auszurichten, ob man daran glaube, dass Gott allen Menschen gegenüber

---

101 | Ebd. 101.
102 | Stefan Huber, Kerndimensionen, Zentralität und Inhalt. Ein interdisziplinäres Modell der Religiosität, in: Journal für Psychologie 16 (2008) 1–17.
103 | Vgl. Kohlgraf / Kröger / Scholl, Vergeben und Verzeihen, 102.

barmherzig sein möchte, ob man dem Gebot der bedingungslosen Vergebungsbereitschaft der Bergpredigt folgen wolle und ob man bereit sei, sich auf einen Weg der Versöhnung zu begeben. Während die allgemeine Religionsdefinition keine Korrelationen zeigte, gab es bei der Auswertung der Antworten auf diese christlich zugespitzten Fragen einen positiven Zusammenhang zu Wohlbefinden und Wohlwollen: »Ein gemeinsames christliches Fundament, das auch in die Gestaltung der Partnerschaft hineinwirkt, scheint also für das Wohlbefinden des Einzelnen und die Vergebungsbereitschaft (und damit auch indirekt für die Partnerschaftszufriedenheit) wichtig zu sein«[104]. Entsprechend geringer sind bei christlich orientierten Paaren der Groll und die Rachegefühle. Zwar vergeben christliche Menschen nicht leichter, geschweige denn automatisch, aber sie verfügen möglicherweise über ein höheres Wohlwollen und damit über eine wichtige Motivation, sich auf Vergeben und Versöhnen einzulassen. Einen Automatismus und eine Direktheit zwischen Glauben und Vergeben gibt es jedoch nicht. Christoph Kröger macht zudem darauf aufmerksam, dass die Antworten und Auswertungen auf Selbstbeschreibungen der teilnehmenden Personen und ausschließlich auf einem einzigen Messzeitpunkt beruhen. Dennoch fallen die oben skizzierten Wahrnehmungen auf. Das lässt keine Rückschlüsse darauf zu, dass Menschen ohne christliche Praxis nicht über eigene entsprechende Ressourcen verfügten. Vergebungsbereitschaft ist in keinem Falle eine christliche Spezialität. Menschen als Expertinnen und Experten ihrer Partnerschaft kommen aus allen Religionen und Gruppen. Das spricht nicht gegen eine positive Einschätzung religiöser Quellen in diesem Zusammenhang.

2. Befragung mittels Fragebögen des »Bundesverbands katholischer Ehe-, Familien- und Lebensberaterinnen und -berater e. V.« (ab 2013)

Um genauer zu prüfen, ob es Gemeinsamkeiten in Versöhnungsprozessen in Paarbeziehungen gibt, wurden ab 2013 (und die Befragung setzt sich bis 2015 fort) Personen mit Hilfe von Fragebögen befragt, deren Aufbau größtenteils der Untersuchung durch TNS-Emnid entsprachen,

---

104 | Ebd. 102.

die über die 79 geschlossen Fragen hinaus jedoch zwei offene Fragestellungen beinhalteten.

Das erste offene Thema bezog sich auf die Ursache einer möglichen Verletzungssituation, die beschrieben werden sollte.

Darauf folgen Fragen, die das Ereignis einzuordnen versuchen: wann es begann, wie lange es andauerte, wie stark sich jemand dadurch verletzt fühlte und wie sich die Einschätzung der Vergebung dieses Ereignisses darstellt.

Die zweite offene Frage beendet diesen Komplex. Sie fragt nach der Art und Weise, wie jemand mit der Verletzung umgegangen sei.

Die Grundannahme dieses induktiven Vorgehens besteht darin, Menschen als Expertinnen und Experten ihrer Beziehung ernst zu nehmen. Viele von ihnen leben Vergebungs- und Versöhnungsprozesse, sonst könnten Partnerschaften nicht dauerhaft gelingen. Besonders von der Analyse der »Strategien« im Hinblick auf Versöhnung versprach man sich Erkenntnisse darüber, ob es bestimmte Verhaltensweisen oder Kombinationen gebe, die einen Versöhnungsprozess fördern oder behindern[105].

Zwei unterschiedliche Personengruppen wurden befragt: die erste Gruppe bestand aus Paaren (wobei jeweils beide Partner den Bogen individuell ausfüllten), die sich einer christlichen Glaubenshaltung verbunden fühlten, sich aus praktizierenden Gemeindemitgliedern oder religiösen Bewegungen rekrutierten. Hier stand das Interesse dahinter, auch den Zusammenhang zwischen christlicher Praxis und Vergebungskompetenz zu untersuchen. Die zweite Gruppe bildete sich aus Klientenpaaren aus den Beratungsstellen der Katholischen Ehe-, Lebens- und Familienberatung, die aktuell mit einem Vergebungsthema befasst waren. Zur ersten Gruppe gehörten 266, zur zweiten 276 Personen, so dass insgesamt 543 ausgefüllte Fragebögen vorlagen, die im Rahmen einer Kooperationsvereinbarung mit der TU Braunschweig, Institut für Psychologie – Abteilung für Klinische Psychologie, Psychotherapie und Diagnostik, Psychotherapieambulanz (Leitung PD Dr. Christoph Kröger) erfasst wurden. Studierende der Praktischen Theologie der Katholischen Hochschule in Mainz haben in einem Seminar aus ihrer pastoralen Her-

---

105 | Eine detaillierte Darstellung der Befragung und eine zusammenfassende Ausdeutung findet sich bei Notker Klann / Peter Kohlgraf / Erhard Scholl, Bewältigungsstrategien von Paaren nach Verletzungen. Ergebnisse aus einer empirischen Umfrage, in: Beratung Aktuell 2/2016, 16–76, auf den Seiten 6–15 eine Kurzfassung der Ergebnisse.

meneutik heraus die Antworten auf die offenen Fragen inhaltsanalytisch ausgewertet und nach bestimmten Kriterien zusammengestellt. Die Gesamtstichprobe besteht zu 49,9% aus Teilnehmerinnen, das Durchschnittsalter beträgt 47,4 Jahre, die durchschnittliche Beziehungsdauer liegt bei 21,35 Jahren. 86,6% sind verheiratet, 52% sind katholisch, 33,8% evangelisch, 11,1% geben keine Religionszugehörigkeit an.

Anlässe

Die Studierenden in Mainz haben aus den einzelnen ausführlichen Antworten Kategorien entwickelt, denen die einzelnen Antworten zugeordnet werden können. Zunächst wurden die Ursachen für Verletzungen kategorisiert. Dabei ergaben sich folgende Feinkategorien als Krisen-Auslöser (ohne Wertigkeit):

- *Kinder, Kontakt mit dritter Person, Erziehungsfragen, Familie, häusliche Gewalt, Patchwork,*
- *Fremdgehen, Pornografie, Ablehnung / mangelnde Wertschätzung, Eifersucht, Sexualität, Zurechtweisung, Verständnislosigkeit, Gewalt, Misstrauen, Geld, psychische Krankheit, mangelnde Kommunikation, rechthaberisches Denken, Missverständnis, mangelnde Zuwendung / Aufmerksamkeit, Einengung, Unterstellung, Schuldzuweisung, Krankheit, Sucht*
- *geteilter Meinung sein.*

In einem folgenden Arbeitsschritt wurden u. a. folgende übergeordnete Kategorien formuliert, die entscheidend zu Verletzungssituationen führen, hier in der Reihenfolge ihrer Häufigkeit:

- Verhaltensweisen (alltägliches Verhalten)
- Rückzug – fehlende Kommunikation
- Unterschiedliche Denkweisen
- Untreue
- Verhalten gegenüber anderen Personen
- Rollenverhalten innerhalb der Familie
- Verbale oder körperliche Auffälligkeiten
- Krankheit und Sucht

Bei 58,8% der Personen waren ein Ereignis, bei 17,1% zwei Ereignisse maßgeblich. Auffallend ist bei den Gründen, dass es vielfach nicht die großen, einschneidenden Erfahrungen sind, sondern in vielen Fällen die über Jahre sich festsetzenden Verhaltensweisen, die dauerhaft verletzen und belasten und für die Strategien gesucht und gelebt werden müssen, um in dieser Situation die Hoffnungsperspektive nicht zu verlieren. Auch wenn bei den Menschen aus der Gruppe der Religiösen die Untreue etwas weniger als Ursache genannt wird, unterscheiden sich beide Gruppen im alltäglichen Verhalten nicht wahrnehmbar voneinander.

Strategien

Bei den offenen Antworten der 543 Befragten handelt es sich um einen über 100 Seiten langen Text, aus dem 45 Bewältigungsstrategien extrahiert werden konnten:

- Externes Beratungsgespräch
- Seelsorge
- Therapie
- Freunde
- Gebet
- Bezug zu Gott
- Pilgern
- Einsicht
- Erkennen eigener Anteile
- Durchdenken
- Reale Situationen wahrnehmen
- Klare Entscheidung
- Gezielte Lösungsversuche
- Eigene Persönlichkeit stärken
- Eigene Befindlichkeit nicht so wichtig nehmen
- Charakter / Harmoniebedürfnis
- Sich selbst vergeben
- Gespräch
- Entschuldigung
- Kompromiss
- Festhalten / aufeinander zugehen
- Erwartung klären
- Bewusstes vergeben
- Geschenke
- Körperliche Nähe
- Distanz

- Zeit
- Abstand zu Partner / Situation
- Positive Veränderung im Alltag
- Prozess hineinversetzen
- Verständnis
- Wiedergewonnenes Vertrauen
- Abfinden / verdrängen
- Weniger Erwartungen
- Verhärtung
- Vergessen
- Keine Lust auf weitere Gespräche
- Schöne Seiten erinnern
- Wegen der Liebe
- Wissen um die Liebe
- Bereitschaft des Anderen
- Verantwortung gegenüber Familie
- Rückhalt durch den Partner
- Hoffnung

Diese Auflistung zeigt eine Vielfalt an einzelnen Ideen und Lösungsideen, die jedoch noch weiter systematisiert werden mussten. Bevor dies geschah, konnte festgestellt werden, dass 34,6 % der Befragten über keine dieser von anderen genannten Strategien verfügt, somit den Versöhnungsprozess dem Zufall überließen, oder es zu keinem entsprechenden Versöhnungsprozess gekommen ist. Rechnet man Korrelationen mit dem Stand der Vergebung, dem Wohlwollen oder dem Groll gegenüber dem anderen, stellt sich schnell heraus, dass ein Versöhnungsprozess, der nicht reflektierten Schritten unterliegt, in der Regel von keinem Fortschritt gekrönt ist. 18,8 % nennen eine eingesetzte Strategie, 17,1 % zwei, 12 % drei. Auch eine einzige Strategie ist zumeist für die Bewältigung eines Versöhnungsprozesses nicht hinreichend. Das bedeutet, über die Hälfte der befragten Personen verfügt nicht über die notwendige Vielfalt an Kompetenzen zur Konfliktbewältigung. Betrachtet man, welche Lösungsstrategien von dem meisten Menschen genannt werden, ergibt sich eine Rangfolge, die auch bei den kirchlich gebundenen Personen keine im engen Sinne religiösen Schritte beinhaltet:

1. Gespräch = 141 Personen
2. Hineinversetzen und Verständnis = 65 Personen
3. Zeit = 49 Personen
4. Einsicht = 43 Personen
5. Prozess = 42 Personen
6. Erkennen eigener Anteile = 40 Personen
7. Durchdenken = 35 Personen
8. Bewusstes Vergeben = 33 Personen
9. Entschuldigung = 31 Personen
10. Reale Situation wahrnehmen = 30 Personen

Diese Strategien wurden von mindestens 30 der befragten Personen praktiziert. In der Befragung äußerten sich Menschen, die über Kompetenzen verfügen, nach misslungenen Versöhnungsversuchen neue Strategien anzuwenden und auszuprobieren. Für die pastorale Begleitung bedeutet dies, behutsam herauszufinden, welche Schritte schon gegangen wurden und gemeinsam nach neuen Möglichkeiten zu suchen. Alte, misslungene Wege immer wieder zu versuchen, scheint dabei nicht zielführend zu sein.

Die Grundoptionen »Wohlwollen« und »Ärger/Groll«

In einem nächsten Schritt schien es sinnvoll zu sein, sich Strategie-»Kombinationen« genauer anzuschauen. Dabei wurde wie auch bei der Befragung durch TNS-Emnid ersichtlich, dass die Kategorien Wohlwollen oder Groll die entscheidenden Optionen sind, die einen Versöhnungsprozess befördern, stagnieren lassen oder verhindern. Einige der genannten Strategien verstärkten das Wohlwollen oder wurden dann praktiziert, wenn ein starkes Wohlwollen gegenüber dem Partner/der Partnerin bestimmend war. Andere förderten den Groll oder ergaben sich als Folge aus dem sich verstärkenden Ärger über den Partner/Partnerin.

Wohlwollen wird durch ein Verhalten beschrieben, das sich durch das Bemühen auszeichnet, möglichst schnell nach einer Verletzung der Beziehung eine neue Qualität zu geben. Das gelingt durch ein Bemühen um einen neuen Anfang und eine schnelle und vollständige Vergebung.

Ärger und Groll zeigen sich durch eine erschwerte Kommunikation, Rachegefühle und die ständige Präsenz des Geschehens, das Auslöser der Verletzung war. Ein liebevoller Umgang fällt schwerer.

Vor diesem Hintergrund wurden verschiedene Strategiekombinationen angeschaut und auf ihren Zusammenhang zu Wohlwollen/Groll, Partnerschaftszufriedenheit und Stand des Versöhnungsprozesses betrachtet. Ohne zu sehr ins Detail zu gehen, ergaben sich aufschlussreiche Beobachtungen. Fachliche externe Hilfe (Seelsorge, Therapie oder Beratung) nehmen Menschen vorzugweise dann in Anspruch, wenn bereits ein geringes Wohlwollen gegenüber dem Partner/Partnerin herrscht, bzw. ein ausgeprägter Groll vorherrschend ist. Religiöse Aktivitäten (Gebet, Bezug zu Gott o.ä.) dienen oft denen als eine mögliche Strategie, die über ein ausgeprägtes Wohlwollen verfügen und bei denen eine Tendenz im Hinblick auf einen erfolgreichen Versöhnungsprozess wahrnehmbar ist. Konstruktive Strategien, wie Einsicht, Durchdenken, Erkennen eigener Anteile, dienten ebenfalls dem Vergebungsprozess. Unter dem Stichwort »Selbstmanagement« wurden Gespräch, Entschuldigung, Kompromiss, Aufeinander zugehen, Erwartungen klären, bewusstes Vergeben, Geschenke und körperliche Nähe zusammengefasst. Es erstaunt nicht, dass diese Strategien sowohl das Wohlwollen als auch den Prozess der Versöhnung spürbar fördern. Strategien der Deeskalation (Distanz, Zeit, Abstand, Empathie u.ä.) begründen keine nennenswerten Fortschritte. Sogenannte destruktive Versuche (Abfinden, Verdrängen, weniger Erwartungen an die Partnerschaft, Vergessen, Abbruch der Gespräche) verhindern einen Fortschritt in der Versöhnung. Andere beziehungsbezogene Ansätze, welche die Ressourcen verstärken und sich der gemeinsamen Fundamente erinnern, sind hingegen förderlich und stärken oder bedingen das gegenseitige Wohlwollen.

Kombinationsversuche, die einer anderen wissenschaftlichen Logik folgten, widersprechen diesen ersten Erkenntnissen nicht. Weiterführend schien es bei der Diskussion der Ergebnisse auch, zwischen funktionalen Strategien zu unterscheiden, die ein einzelner leisten kann, und solchen, die beide Partner erbringen müssen.

Auf das Paar bezogen ergab sich der Häufigkeit zufolge folgende Rangreihe:

1. Gespräch = 141
2. Zeit = 49

3. Einsicht = 43
4. Durchdenken = 35
5. Entschuldigung = 31
6. Gebet = 28
7. Bezug zu Gott = 25
8. Festhalten / aufeinander zugehen = 23
9. Kompromiss = 18
10. Positive Veränderungen im Alltag = 13
11. Geschenke = 13

Auf die eigene Person bezogen:
1. Einsicht = 43
2. Erkennen eigener Anteile = 40
3. Durchdenken = 35
4. Entschuldigung = 31
5. Gebet = 28
6. Festhalten / aufeinander zugehen = 23
7. Eigene Befindlichkeit nicht so wichtig nehmen = 20
8. Kompromiss = 18
9. Eigene Persönlichkeit stärken = 16
10. Charakter/Harmoniebedürfnis = 15

Zur beidseitigen Kommunikation verhalfen:
1. Gespräch = 141
2. Einsicht = 43
3. Durchdenken = 35

Gespräch, Beratung, bewusstes Vergeben und Zeit waren Mittel, die Perspektive des anderen einnehmen zu können. Entschuldigung, Aufeinander zugehen und das Zurückstellen der eigenen Befindlichkeit ermöglichen bewusste Schritte. Um nicht zu verwirren, sollen hier keine weiteren Details diskutiert werden. Hilfreich scheint jedoch abschließend die Übersicht über die sogenannten Module, die sich für den Beratungs- und Seelsorgekontext ergeben haben. Unter ihnen finden sich die 45 Einzelstrategien der befragten Personen:
- Funktionale Strategien (auf das Paar bezogen)
- Funktionale Strategien (auf die eigene Person bezogen)

- Selbstmanagement
- Beidseitige Kommunikation
- Mit Hilfe anderer neue Perspektiven entwickeln
- Überblick verschaffen
- Bewusste Schritte mit Plan und Realismus
- Empathie einüben
- Ressourcen entdecken

Zwischenergebnis: Pastorale Perspektiven:

Zusammenfassend lässt sich sehen, wie hilfreich kommunikative Kompetenzen sind, um Versöhnungsprozesse sinnvoll gestalten zu können. Da es in der Konfliktsituation in der Regel nicht um eine Flut von Problemen geht, sondern um konkrete Alltagsthemen, müssten sich bei diesen Modul- und Strategieangeboten hilfreiche Angebote für jeden finden lassen.

Prävention muss sich vor allem auf alltägliche Verhaltensweisen und Umgangsformen zwischen Menschen konzentrieren. Wenn es stimmt, dass in der Regel keine Flut von Problemen die Beziehungskrise auslösen, sondern die beschriebenen alltäglichen Verhaltensweisen, müssten sich diese auch bearbeiten und verändern lassen.

Für die Pastoral ist es eine schöne Erkenntnis, dass destruktive »Lösungen« und religiöse Strategien nur selten zusammen auftreten. Religiöse Hilfen bewegen sich nicht in einem streng abgeschlossenen christlichen Sonderbereich, sondern sollten Strategien des Selbstmanagements fördern. Besonders die einzelnen Angebote in den Modulen der funktionalen Strategien dienen nachweislich der Stärkung des Wohlwollens und dem Abbau des Grolls. Viele der befragten Personen haben sich in diesen Kontexten überzeugend als Experten und Expertinnen von Vergeben und Versöhnen gezeigt. Notker Klann fasst die fundamentalen Erkenntnisse zusammen:

»Jeder Mensch braucht eine Vorstellung davon, wie Vergebungsprozesse ablaufen können. Dabei ist zu differenzieren zwischen den auf die eigene Person und den auf die Beziehungsperson gerichteten sowie interaktiven Anteilen.
Das Ausmaß, die Häufigkeit und die Intensität der Verletzung werden dabei einen moderierenden Einfluss nehmen.
Es braucht eine Grundoption, die mit »Wohlwollen« umschrieben werden

kann. Dieses »Wohlwollen« ist sowohl vom Verletzten gegenüber dem Verletzer, wie auch umgekehrt, aufzubringen, damit ein Vergebungsprozess begonnen, fortgeführt und zum Abschluss gebracht werden kann.

Den Beginn und/oder den Fortgang des Vergebungsprozesses behindern die emotionalen Dispositionen »Ärger / Groll / Distanzsuche«. Diese müssen reduziert, aufgelöst und durch beziehungsfördernde Dispositionen wie »Wohlwollen« verändert werden.

Die mit der Verletzung verbundenen Erfahrungen als Verletzer und Verletzter sind persönlich und in die Beziehung in angemessener Weise zu integrieren.

Gegebenenfalls sind Schritte zur Prävention, wenn Wiederholungen nicht auszuschließen sind, zu entwickeln.«[106]

Insbesondere der letzte Hinweis erinnert die Theologie daran, dass eine Pastoral der Vergebung und Versöhnung nicht erst dann relevant wird, wenn die Verletzung erfolgt ist, sondern bereits in der Prävention in den unterschiedlichen pastoralen Handlungsfeldern Thema sein muss.

---

106 | Klann / Kohlgraf / Scholl, Bewältigungsstrategien, 3–76, hier 51 f.

4. Pastorale Handlungsfelder: Vergebungskompetenz stärken

Im Folgenden letzten großen Abschnitt werden nun pastorale Handlungsfelder und mögliche Chancen im Hinblick auf die Förderung von Vergebungs- und Versöhnungskompetenzen vorgestellt. Dabei besteht kein Anspruch auf Vollständigkeit. Hier sollen im Hinblick auf die einzelnen Bereiche keine zu konkreten Methoden entwickelt, sondern Zielperspektiven entwickelt werden, die jemanden ermutigen können, sich einem bestimmten konkreten Feld zuzuwenden. In die Perspektiven fließen die theologischen Überlegungen aus den ersten Kapiteln sowie die Erkenntnisse aus den Befragungen der Paare/Personen aus dem 3. Kapitel ein. Manchmal bringen sie neue Sichtweisen in bewährte Felder ein, und vielleicht regen sie jemanden an, sich mit einem der pastoralen Felder zu befassen und seine Relevanz für das zentrale Thema von Vergeben und Versöhnen noch konkreter werden zu lassen.

4.1 Seelsorge und Beratung

In den Befragungen der Paare suchten nur wenige Menschen den Kontakt zur kirchlichen Seelsorge, um in einem Vergebungsprozess Hilfe und Begleitung zu finden. Das mag verschiedene Gründe haben, die hier nicht belegt werden können. Einige Vermutungen seien erlaubt. Bei einem Seelsorger anzufragen, setzt voraus, sicher eine für viele Menschen recht hohe Schwelle zu überwinden. Zunächst mögen in vielen Köpfen Bilder von Seelsorge vorherrschen, die nicht das versprechen, was sich Menschen in Konfliktsituationen erhoffen: Hilfe und Zuwendung. Möglicherweise fürchten Menschen das moralische Urteil, das sie mit Kirche in ihrer Lebenssituation verbinden, müssen sie doch gegebenenfalls zugeben, einem kirchlichen Ideal nicht entsprochen zu haben oder entsprechen zu können. Immer weniger Menschen haben Beziehung zu einem Seelsorger oder einer Seelsorgerin in den christlichen Gemeinden. Vielleicht bedeutet es eine zusätzliche Hürde, Menschen eine Krisensituation anzuvertrauen, denen man im Gottesdienst oder in anderen gesellschaftlichen Bezügen regelmäßig gegenüber tritt, so dass eher Anonymität versprechende Angebote bevorzugt werden. Beratungsangebote werden weniger mit religiösen Vorbehalten aufgesucht, auch wenn man sie als kirchliche Angebote wahrnehmen sollte. Während seelsorgliche Angebote nur wenig Resonanz finden, sind die Beratungsstellen voll. Ihnen traut man Kompetenz zu, verworrene Lebenssituationen ordnen zu helfen. Dennoch darf sich Seelsorge fragen, welche Chancen und Hilfen in ihr stecken, die Vergebungs- und Versöhnungsprozesse unterstützen können, und die sie von Beratungsangeboten unterscheiden.

Beratung als neue Form der Seelsorge in einer unübersichtlicher werdenden Welt?

Beratung in den unterschiedlichen Lebenslagen gewinnt als diakonischer Dienst der Kirche zunehmend an Bedeutung[107]. Konkret für die Ehe-, Familien- und Lebensberatung hat sich Norbert Wilbertz mit der wachsenden Relevanz befasst[108]. Die Scheidungszahlen gehen weiter in die Höhe. Die Leidtragenden sind nicht nur die betroffenen Partner, sondern auch die Kinder. Psychische und materielle Folgen können für alle Beteiligten enorm sein. Paarberatung kann eine wirksame Form der Armutsprävention sein, sind doch Alleinerziehende in Deutschland einem erheblichen Armutsrisiko unterworfen[109]. Für die Kinder, gerade wenn die Familie mehrere hat, bleiben Schwierigkeiten im Falle einer Scheidung der Eltern nicht aus. Sie leiden nicht nur unter der Trennung, sondern in bestimmten Fällen auch unter den aufkommenden Armutsfolgen. Kirchliche Beratungsarbeit nimmt die verschiedenen Seiten der Problematik in den Blick und ermöglicht vielen Menschen, konkrete Schritte zu Veränderungen hin zu unternehmen.

Im Jahr 2005 haben demnach 100.000 Menschen in den 320 katholischen Beratungsstellen in einer Krisensituation ihrer Paarbeziehung Rat und Hilfe gesucht. Für das Bistum Münster kann Wilbertz für eine Zeitspanne von 12 Jahren eine Steigerung der Beratungskontakte von 120% feststellen, für andere Diözesen dürfte es wohl ähnlich sein. Nicht immer sind es konkrete Verletzungserfahrungen, die Menschen in die Beratung bringen, es können genauso Enttäuschungen oder jahrelange Verbitterungen sein, aus denen jemand einen Ausweg sucht. Evaluationen

---

107 | Vgl. Angelika M. Eckart, Beratung in der Seelsorge, in: Chr. Steinebach (Hg.), Handbuch Psychologischer Beratung, Stuttgart 2006, 385–399.
108 | Dazu Norbert Wilbertz, »Wir wollten niemals auseinander gehen«. Der Preis des Scheiterns der Paarbeziehung oder: ein Tabuthema unserer Zeit, in: Beratung aktuell 4-2007, 218–239.
109 | Vgl. Georg Cremer, Armut in Deutschland, München 2016, 34f.

belegen, dass die Ehe-, Familien- und Lebensberatung für Zweidrittel der Menschen eine befriedigende Verbesserung ihrer Beziehung gebracht hat, auch weil die Kommunikation besser geworden ist. Kirche leistet hier einen Dienst, der seinen Wert in sich trägt. Der Kontext der Beratung zeigt, dass Seelsorge heute oft einen professionellen Charakter bekommt, der das Seelsorgeverständnis insgesamt verändert. Auch die Seelsorge im engeren kirchlichen Kontext braucht die humanwissenschaftliche Professionalisierung. Im Folgenden soll der Frage nachgegangen werden, inwieweit Beraterinnen und Berater einen seelsorglichen Dienst verrichten und damit, arbeiten sie in der Anstellung durch die Kirche, auch Teil einer gesamtkirchlichen diakonischen Aufgabe sind.

Dass heute Beziehungen unter einer größeren Wahrscheinlichkeit des Scheiterns stehen, liegt nicht an der mangelnden Vergebungsbereitschaft der betroffenen Menschen. Darauf macht beispielsweise Kardinal Lehmann in einem Vortrag über die Bedeutung der Beratungsdienste im Jahr 2007 aufmerksam[110]. Lehmann zeigt, wie die moderne Gesellschaft den Menschen zunehmend vor Herausforderungen stellt, denen er nicht mehr allein gewachsen ist. Fehlende religiöse und andere verbindliche Normen werden nicht unbedingt als Freiheit erfahren, sondern als Orientierungslosigkeit. Freiheit kann zu einer Belastung werden. Heidi Ruster beschreibt an konkreten Beispielen aus der Eheberatung, wie Umstände zu einer Zerrüttung einer Beziehung führen können, die im biblischen Sinne wirklich als familienfeindliche Mächte auf die Menschen einwirken. Sie berichtet konkrete Fälle aus der Eheberatung[111]:

Ein Beispiel zeigt ein Paar Mitte vierzig (Juristen) mit drei Kindern. Die Beziehung hat liebevoll begonnen. Beide stehen im Beruf erfolgreich da. Die zunehmende berufsbedingte Abwesenheit des Mannes bedeutet für die Frau eine steigende Verantwortung für die Familienarbeit. Streitigkeiten nehmen zu. In der unübersichtlicher werdenden Gefühlslage begehen beide Ehebruch. Sie, um die Aufmerksamkeit des Ehemannes wieder zu gewinnen, er, um seine Einsamkeit zu bewältigen. Die Beratung bringt beide wieder in ein Gespräch, allerdings verhindern Zweifel, Misstrauen und Eifersucht eine Versöhnung zwischen den beiden. Jedes

---

110 | Vgl. dazu Karl Kardinal Lehmann, Um des Menschen willen – Beratung als kirchlicher Grundauftrag, abgedruckt in den Pressemitteilungen der Deutschen Bischofskonferenz vom 25.10.2007.
111 | Thomas Ruster / Heidi Ruster, ... bis dass der Tod euch scheidet? Die Unauflöslichkeit der Ehe und die wiederverheiratet Geschiedenen. Ein Lösungsvorschlag, München 2013, 114–119.

Plakat, das eine schöne Frau in der Öffentlichkeit zeigt und vom Mann beachtet wird, weckt ihr Misstrauen erneut.

Eine andere Familie zieht mit ihren Zwillingen und dem noch ungeborenen Kind aus beruflichen Gründen um. Der Mann wird arbeitslos, die Frau trägt trotz einer Erkrankung die Doppelbelastung der Familie und des anstrengenden Berufs. Als der Mann eine Arbeitsstelle findet, beschließt sie, ihre Stelle aufzugeben, um sich der Familie widmen zu können. Dagegen sträubt sich der Mann, beide fühlen sich unverstanden. Der Alltag funktioniert, aber wirkliche Kommunikation findet nicht mehr statt. Heidi Ruster konstatiert:

»*Dieses Paar ist vom Scheitern bedroht, nicht durch ihrer beider persönliches Versagen, sondern vielmehr durch die modernen Lebensbedingungen, die sich wie unheilvolle Gewalten auch glücklicher Familien bemächtigen. Damit ist das Scheitern von Ehen nicht nur dem Versagen der einzelnen Partner zuzurechnen, sondern eben vielmehr Auswirkung einer breiten zerstörerischen Wirkmächtigkeit.*«[112]

Karl Lehmann benennt in diesem Feld der »Pluralisierung des Scheiterns«[113] den Auftrag der kirchlichen Beratung, Zusammenhänge von Not- oder Konfliktsituationen entschlüsseln zu helfen, Sprachlosigkeit zu überwinden und somit die eigenen Ressourcen neu zu entdecken. In vielen der genannten Fälle ist Beratung Versöhnungsarbeit. Dabei ist es mit frommen Worten oder hehren biblischen Gedanken nicht getan, vielmehr geht es darum, die beziehungsfeindlichen Gewalten zu erkennen, Knäuel zu entwirren, eigene Gefühle zu analysieren, Empathie zu entwickeln, den Alltag organisieren zu lernen, eigene und die Motive des anderen einzuschätzen, Misstrauen zu überwinden und neue Ziele gemeinsam zu finden. Dazu braucht es immer wieder den langen Atem und neue bewusste Schritte.

Erhard Scholl bringt den untrennbaren Bezug der Beratungsarbeit zum Versöhnungsthema auf den Punkt: »Beratungsarbeit ist oft Versöhnungsarbeit«[114]:

---

112 | Ebd. 118.
113 | Ebd. 112.
114 | Vgl. Kohlgraf / Kröger / Scholl, Vergeben und Verzeihen, 100–104, hier 100.

»*Es geht dabei um die Versöhnung mit der eigenen Lebensgeschichte, um den Umgang mit Verletzungen, die Partner sich gegenseitig zufügen: Streit, Abwertung, Kränkung, Entzug der Liebesgefühle, nicht vereinbar scheinende Wünsche, Bedürfnisse und Vorstellungen zu thematisieren und einen neuen gemeinsamen Weg zu finden. Beratung kann auch dabei helfen, dass der Verletzende wahrnimmt und gegenüber der Person, die er verletzt hat, anerkennt beziehungsweise zum Ausdruck bringt, was er ihr angetan hat. Übernimmt der Verletzende Verantwortung für seine Tat, erfährt die verletzte Person Wertschätzung. So wird Verzeihen möglich, Versöhnung kann gelingen.*«

Während die Bedeutung des Themas Verzeihen und Versöhnen in der amerikanischen Forschung in den vergangenen Jahren zunahm[115], und man dort an konkreten Konzepten »vergebungsfördernder Interventionen« arbeitete, hat die empirische Forschung in Deutschland das Thema erst spät entdeckt. Das Ergebnis der Befragungen hierzulande wurde im 3. Kapitel in dem vorliegenden Buch kurz vorgestellt. So erreicht das Thema auch nun die kirchlichen Beratungsstellen mit zum Teil neuen bewusst konzipierten Interventionen und Arbeitsschritten, die zukünftig der Evaluierung harren.

Den ratsuchenden Menschen zu helfen, Orientierung zu finden, ist ein genuin diakonischer kirchlicher Dienst, der genauso zu den kirchlichen Wesensvollzügen gehört wie die Sorge um die Nahrung oder den Beistand für den kranken Menschen. Da es in diesem Buch um das Thema der Vergebung und Versöhnung gehen soll, ist hier der Fokus auf der Paarberatung. In diesem und anderen Beratungskontexten handelt die Kirche in ihren Mitarbeiterinnen und Mitarbeitern professionell. Versöhnungsarbeit ist nicht nur eine Sache des guten Willens, sondern auch der Professionalität. Natürlich können religiöse Haltungen die Motivation zur Vergebung fördern, in der Beratung geht es jedoch erst einmal um die Förderung menschlicher Ressourcen, die man in den Gesprächspartnerinnen und Gesprächspartnern vermutet.

Beratung und Begleitung schenken, zur Orientierung verhelfen, Ziele finden, Beziehung anbieten, sind tatsächlich seelsorgliche Grundhaltun-

---

115 | Es liegt vor eine Masterarbeit von Judith Lindner, Zusammenhänge von Religiosität, Vergebung und Psychischer Gesundheit unter Studenten in Deutschland, Freie Universität Berlin. FB Erziehungswissenschaft und Psychologie, 2014. Die Arbeit wurde betreut von Prof. Dr. Michael Utsch (und Dr. Ulrike Zetsche). Hieraus S. 6f.

gen, die hier in der Beratung Menschen angeboten werden. Indem die Kirche dieses Feld ausbaut, reagiert sie auf die Herausforderungen der Zeit.

Grundgelegt ist dieser Aspekt christlichen diakonischen Handelns jedoch bereits in der biblischen Verkündigung[116]. Ein Grundlagentext ist für den Exegeten Gerhard Lohfink[117] das 6. Kapitel des Markusevangeliums (6,30–44):

> *Die Apostel versammelten sich wieder bei Jesus und berichteten ihm alles, was sie getan und gelehrt hatten.*
>
> *[31] Da sagte er zu ihnen: Kommt mit an einen einsamen Ort, wo wir allein sind, und ruht ein wenig aus. Denn sie fanden nicht einmal Zeit zum Essen, so zahlreich waren die Leute, die kamen und gingen.*
>
> *[32] Sie fuhren also mit dem Boot in eine einsame Gegend, um allein zu sein.*
>
> *[33] Aber man sah sie abfahren und viele erfuhren davon; sie liefen zu Fuß aus allen Städten dorthin und kamen noch vor ihnen an.*
>
> *[34] Als er ausstieg und die vielen Menschen sah, hatte er Mitleid mit ihnen; denn sie waren wie Schafe, die keinen Hirten haben. Und er lehrte sie lange.*
>
> *[35] Gegen Abend kamen seine Jünger zu ihm und sagten: Der Ort ist abgelegen und es ist schon spät.*
>
> *[36] Schick sie weg, damit sie in die umliegenden Gehöfte und Dörfer gehen und sich etwas zu essen kaufen können.*
>
> *[37] Er erwiderte: Gebt ihr ihnen zu essen! Sie sagten zu ihm: Sollen wir weggehen, für zweihundert Denare Brot kaufen und es ihnen geben, damit sie zu essen haben?*
>
> *[38] Er sagte zu ihnen: Wie viele Brote habt ihr? Geht und seht nach! Sie sahen nach und berichteten: Fünf Brote und außerdem zwei Fische.*
>
> *[39] Dann befahl er ihnen, den Leuten zu sagen, sie sollten sich in Gruppen ins grüne Gras setzen.*
>
> *[40] Und sie setzten sich in Gruppen zu hundert und zu fünfzig.*
>
> *[41] Darauf nahm er die fünf Brote und die zwei Fische, blickte zum Himmel auf,*

---

116 | Zum Folgenden ausführlich Peter Kohlgraf, Beratung – eine neue Form christlicher Seelsorge in einer unübersichtlichen Welt?, in: Hanne Kohl / Ulrich Papenkort (Hg.), Beratung. Dimensionen einer kommunikativen Praxis (Schriftenreihe der KH Mainz 7), St. Ottilien 2014, 213–231.

117 | Gerhard Lohfink, Gegen die Verharmlosung Jesu. Reden über Jesus und die Kirche, Freiburg – Basel – Wien, 2013.

sprach den Lobpreis, brach die Brote und gab sie den Jüngern, damit sie sie an die Leute austeilten. Auch die zwei Fische ließ er unter allen verteilen.
[42] Und alle aßen und wurden satt.
[43] Als die Jünger die Reste der Brote und auch der Fische einsammelten, wurden zwölf Körbe voll.
[44] Es waren fünftausend Männer, die von den Broten gegessen hatten.

Lohfink macht darauf aufmerksam, dass die für viele Menschen heute naheliegende Frage, wie denn dieses Wunder zustande kommen könne, gerade nicht beantwortet werde[118]. Jesus erweist sich in dieser und anderen Texten der Evangelien als der Heiland, der Leben in Fülle für die Menschen will. Dabei betonen die Berichte immer wieder, dass Jesus die Menschen weder auf den Himmel vertröstet noch sie auf die Sorge um ihre Seele reduziert. Krankheit wird ernstgenommen, genau wie Hunger oder Trauer, Ratlosigkeit und Sehnsucht nach Gerechtigkeit und Frieden in dieser Welt. Lohfink stellt heraus, dass die Jünger Jesu in dieser Geschichte lernen, dass Jesus seine Aufgabe nicht nur in der seelischen Zuwendung sieht. Die Jünger wollen die Leute wegschicken, damit sie sich zu Essen kaufen können, um die Grundlage dafür zu haben, dass Jesus weiter predigen kann. Die Jünger fühlen sich zuständig für den rein religiösen Bereich, für die irdischen Bedürfnisse sollen die Leute schon selber sorgen. Das Reich Gottes wird hier von den alltäglichen Sorgen und Bedürfnissen abgekoppelt. Die Jünger Jesu müssen lernen, dass die Sorge darum zu ihren ureigenen Aufgaben zählt: Gebt ihr ihnen zu essen, lautet der Auftrag Jesu. Etwas ironisch macht Lohfink darauf aufmerksam, dass die Jünger sofort zu organisieren und zu zählen beginnen, Caritas beginnt sich zu organisieren. Die Leute werden nun angewiesen, sich zusammenzusetzen, das orientierungslose Herumlaufen wird beendet. Hier leuchtet die Kirche als Gemeinschaft auf, in der die Menschen erfahren, dass jedweder Hunger und jede Suche ernstgenommen wird. Menschen teilen in der Kirche Leben und Nahrung. Wenn diese Deutung des Evangeliums stimmt, haben wir einen Beleg dafür, dass das heutige Anliegen von Beratung, zu der auch die Versöhnungsarbeit gehört, zu den Kernaufgaben der Jünger Jesu gehört. Vielen der damals Beteiligten wird nicht bewusst geworden sein, dass sie Zeuginnen und Zeugen der

118 | Ebd. 62–74.

Verwirklichung des Reiches Gottes wurden. Genauso kann es sein, dass Menschen heute in der Beratung Befreiung erfahren, die sie nicht religiös konnotieren. Auch dann ist Zuwendung zum Menschen Verwirklichung des Gottesreiches.

Seelsorge als Beratung und Begleitung

Wenn die klassische Seelsorge der Kirche gegenüber der Beratung weniger Zuspruch erfährt, kann es auch an bestimmten Vorurteilen oder an verifizierbaren historischen Erfahrungen mit der Seelsorge oder Seelsorgern liegen. Tatsächlich hat das Verständnis von Seelsorge im Laufe der Geschichte Entwicklungen durchgemacht, die heute noch in den Köpfen mancher Menschen nachwirken. Vielfach spricht man daher nicht mehr von Seelsorge, sondern von Pastoral. Dieser Begriff qualifiziert kirchliches Handeln als Hirtendienst der Kirche an den ihr anvertrauten Menschen[119]. Allerdings geht auch etwas verloren, wenn man die Seelsorge durch einen solchen für viele Menschen eher abstrakten Begriff ersetzt. Deswegen ist es hilfreich und notwendig, in die eigentlichen Quellen christlichen Handelns zu schauen: in die Heilige Schrift.

Besonders das sogenannte Alte Testament ist eine wertvolle Fundgrube, um über die Chancen der Seelsorge heute nachzudenken. An zahlreichen Stellen ist von der »Seele« die Rede, die das hebräische Wort »näfäsch« ins Deutsche überträgt[120]. Anders als in unserem Sprachgebrauch bezeichnet »näfäsch« zunächst »Kehle, Gurgel«, also den Teil des Körpers, durch den der Mensch Luft holt, Nahrung aufnimmt, mit anderen spricht. Die Kehle ist das Aufnahmeorgan, durch den alles Lebensnotwendige den Menschen erreicht, wozu neben der Luft und der Nahrung eben auch der Austausch mit anderen Menschen besteht. Die »näfäsch« steht für das Begehren des Menschen, für seine Sehnsucht und seine Bedürftigkeit. Manchmal ist sie ein Ausdruck für das Leben selbst (2 Sam 1,9; 1 Kön 17,22). Im Ps 42 betet der Psalmist: »Wie der Hirsch lechzt nach frischem Wasser, so lechzt meine Seele, Gott, nach dir. Meine Seele dürstet nach Gott, nach dem lebendigen Gott« (Ps 42,2f.). Erich Zenger versteht die »Seele« als Ausdruck für den »Menschen als Wesen, das sich nach Leben als eine von ihm – vor allem als Wasser und

---

119 | Vgl. Philipp Müller, Art. Seelsorge, in: LThK³ 9 (2006) 383–387.
120 | Vgl. zum Folgenden Paul van Imschoot, Art. Seele, in: Herbert Haag (Hg.), Bibel-Lexikon, Einsiedeln 1968, 1564–1568.

Brot (...) zukommenden Gabe ausstreckt«, zugleich aber als Fülle des Lebens »die Begegnung mit dem lebendigmachenden Gott« erhofft[121]. Die Seele ist überzeugt, dass Gott sie nicht enttäuschen wird. Dieser Psalm, der ein Beispiel sein mag, sieht den Menschen als ein grundsätzlich bedürftiges Wesen, das neben den lebensnotwendigen Dingen wie Nahrung und Lebensatem auch Gott braucht, um die Welt nicht als Todeswüste erfahren zu müssen. Auch in der Situation eines »sozialen Todes«, das die Feinde des Beters ihrem Opfer bereiten, bleibt Gott die letzte Hoffnung auf Beziehung, auf »Kraft und Ruhe«[122].

Die Seele steht immer für den ganzen Menschen unter einer bestimmten Perspektive. Der Mensch als »näfäsch« betrachtet ruht nicht in sich, sondern braucht zum Leben Nahrung, das Gute, das Freudige, die Zuwendung, die Orientierung, er braucht Begleitung und Beziehung, und schließlich braucht er Gott, der sich immer aber auch in der menschlichen Zuwendung als liebevoller Wegbegleiter zeigt. Das Lebensglück eines Menschen beschreibt gerade das Alte Testament auffallend diesseitsbezogen: »Der alttestamentliche Glaube richtete sich auf das konkrete, irdische Leben aus, das Leben vor dem Tod. Eine lebendige, ja immer lebenshungrige näfäsch ist der Mensch, solange er lebt, aber eben nur solange.«[123] Würde man vor diesem Hintergrund ein Seelsorgeverständnis formulieren wollen, käme man zunächst zu einer sehr alltagsbezogenen Theorie und Praxis. Die Sorgen und Sehnsüchte des Menschen geben dem Seelsorger/der Seelsorgerin die Themen vor. Die Gottesthematik wird nicht losgelöst von den Alltagsfragen eingeführt, sondern Gott ist auch dort implizit Thema, wo nicht ausdrücklich von ihm gesprochen wird. In der Zuwendung und seelsorglichen Beziehung findet Gotteserfahrung statt, weil der bedürftige Mensch etwas davon erfährt, wie Gott den Menschen geschaffen hat, als bedürftigen und gleichzeitig beziehungsfähigen Menschen. Es gilt festzuhalten: Seelsorge hat demnach keinen religiösen Sonderbereich im Auge, sondern die Themen, die den einzelnen Menschen bedrängen. Dennoch ist Gott sozusagen als »Dritter« im Raum und heiligt die Begegnung. Und es wäre eine Verarmung des Menschseins, wenn nicht eine Sensibilität auch für die ausdrücklich

---

121 | Stuttgarter Psalter. Mit Einleitungen und Kurzkommentaren von Erich Zenger, Stuttgart 2005, 118 f.
122 | Ebd. 119.
123 | Silvia Schroer / Thomas Staubli, Die Körpersymbolik der Bibel, Darmstadt 1998, 72 f.

religiöse Sehnsucht des Menschen, die sich auch in alltäglichen Problemen zeigen kann, beim Gesprächspartner vorhanden wäre.

Das in griechischer Sprache abgefasste Neue Testament ist noch nahe dran an diesem Verständnis von Seele (Psyche). Die »Psyche« meint das physische Leben, darüber hinaus die gesamte Existenz des Menschen. Davon kann die religiöse Dimension des Menschen nicht getrennt werden. »Ruf zum Glauben ist ja Ruf zum eigentlichen, wirklichen, von Gott gegebenen und gemeinten Leben, und Rettung meint immer Rettung aus allem, was der Entfaltung dieses Lebens hinderlich ist, ob das Tod und Krankheit oder Unglaube und Sünde ist.«[124]

In der griechischen Sprachwelt des Neuen Testaments beinhaltet der Seelenbegriff zahlreiche interessante Facetten. Seele kann das »Selbst« des Menschen beschreiben, also das, was ihn zu diesem einen unverwechselbaren Menschen macht. Seele sieht den Menschen als denjenigen, der von Emotionen und Gemütsbewegungen erfasst wird: Freude, Trauer, Liebe. Seele kann das umschreiben, was wir mit dem »Herzen« in poetischer Sprache verbinden: der Mensch ist zur Liebe, zum Loben und Danken fähig. Insbesondere in der Verkündigung Jesu ist die Seele die Sicht auf den Menschen, die ihn für fähig hält, sich für andere hinzugeben. Es gilt aber auch, dass gerade der Seelenbegriff für eine Anthropologie steht, die den Menschen nicht auf sein irdisches Dasein begrenzt. Leben »geht nicht auf in Gesundheit, Reichtum usw., sondern es ist ein von Gott stets neu verliehenes und eben darum auch nicht vom Tod begrenztes Leben, das Gott gemeint hat.«[125]

Es bleibt nicht aus, dass durch das Eingehen biblischer Anthropologie von der semitischen in die griechische Denkwelt auch eine Zweiteilung des Menschen in Leib und Seele maßgeblich wird. Die Seele ist der unsterbliche Teil des Menschen, während der Leib sterben muss. Das psychische Leben wird bei Paulus gegenüber dem leiblichen als das eigentliche Leben betrachtet. Die Psyche steht für die Person des Menschen, der sich vor Gott verantworten muss.

Die frühe Kirche hat weiterhin starkes Interesse an der Anthropologie, also auch an dem Thema des Verhältnisses von Leib und Seele. Dabei gerät die Theologie zunehmend auch in den stärkeren Einfluss der spä-

---

124 | Eduard Schweizer, Art. Psyche. D. Neues Testament, in: Theologisches Wörterbuch zum Neuen Testament Bd. IX, hg. von Gerhard Friedrich, Stuttgart 1973, 635–657, hier 637.
125 | Ebd. 643.

tantiken Philosophie, welche die Zweiteilung des Menschen herausstellt. Dabei wird die Seele gegenüber dem Leib zum eigentlichen Merkmal des Menschen. Zunehmend wird Seelsorge zu dem Instrument, das den ewigen, unsterblichen Wesenskern des Menschen behandelt. Die Seelsorge gerät zur Heilssorge. Die Sakramente, die Verkündigung, die Katechese werden so zur eigentlichen Seelsorge gegenüber dem Weltdienst und der Diakonie, die sich mit scheinbar Sekundärem befasst. Seelsorger wird zur Amtsbezeichnung des Priesters, insofern er Verwalter der Sakramente und Inhaber der Lehrverkündigung ist, die für das Seelenheil der Menschen entscheidend sind.

Mit dem Aufkommen der modernen und auch teils religionsfeindlichen Psychologie (z. B. Siegmund Freud) kommt es zu einer fatalen Trennung zwischen der Psychologie und der kirchlichen Praxis ab dem 19. Jahrhundert. Die wissenschaftliche Psychologie wird als antikirchlich erlebt, auch das Interesse der Kirche an dem, was humanwissenschaftlich unter Seele verstanden wird, ebbt ab. Die Psychologie verdächtigt das Religiöse als menschenfeindlich. Die Neuscholastik des 19. Jahrhunderts versteht die Seele als das im Menschen wirkende gottgegebene Prinzip, das über die Triebe herrscht und den Menschen auf den Weg der Vollkommenheit führt, indem er die leiblich-irdischen Triebe (auch der Sexualität) überwindet. Während die wissenschaftliche Psychologie verdächtigt wird, Schuld wegzureden und Sexualität den Trieben freizugeben, sieht sich die Seelsorge als Instrument, den Menschen ihre Selbstbestimmung zu bewahren. Noch in den 50er Jahren des 20. Jahrhunderts warnt Papst Pius XII. die Psychologen davor, das Phänomen der Schuld zu psychologisieren. Kurzum: die Phase der gegenseitigen Verwerfung hat lange gedauert und dauert auch seitens bestimmter psychologischer Schulen an. Erst in den 50er Jahren erwacht in der katholischen Kirche durch die Seelsorgebewegung das Bewusstsein der Notwendigkeit, sich mit humanwissenschaftlich-psychologischen Fragen auch in Pastoral und Seelsorge zu befassen. Diese Öffnung geht in Dokumente des II. Vatikanums ein. In GS 62 verlangt das Konzil, in der Seelsorge nicht nur die theologischen Prinzipien, sondern auch die humanwissenschaftliche Forschung zu rezipieren, »so dass auch die Laien zu einem reineren und reiferen Glaubensleben kommen.«

Was sich heute so locker liest, war doch angesichts der hier kurz skizzierten Auseinanderentwicklung eine Revolution. Die Kirche erwartet sich von der Kenntnis der Humanwissenschaften eine Vertiefung des Glaubens. Diese Hermeneutik ist bis heute nicht unbedingt ein Herzensanliegen jedes kirchlichen Vertreters. Das Dekret über die Ausbildung der Priester »Optatam Totius« (OT) fordert im Abschnitt 19: »Überhaupt sollen die Eigenschaften der Alumnen ausgebildet werden, die am meisten dem Dialog mit den Menschen dienen: wie die Fähigkeit, anderen zuzuhören und im Geist der Liebe sich seelisch den verschiedenen menschlichen Situationen zu öffnen«. Die Kenntnis der Psychologie soll helfen, den Menschen professioneller begleiten zu können. Nimmt man ernst, dass es um einen Dialog geht, tritt die Kirche dem Ratsuchenden nicht als Belehrende gegenüber, sondern als Gesprächspartnerin, die ihm helfen möchte, seine Situation besser zu verstehen. Darin besteht der Kern eines heutigen Seelsorgeverständnisses.

Wer Seelsorge anbietet, versteht sich nicht als Psychologe, aber er begegnet dem Menschen auch mit den Mitteln der Psychologie, indem sie ihn zu einem geeigneteren Dialogpartner machen. Dabei darf das ganze Leben zur Sprache kommen, und Seelsorge findet auch statt, wo Gott nicht ausdrücklich Thema ist. Wohl bringt der Seelsorger eine Sensibilität für die religiöse Dimension menschlicher Fragen mit ins Gespräch ein, allerdings ohne die Situation missionarisch zu instrumentalisieren. Es bedarf hoher Sensibilität zu entscheiden, wann es gegeben ist, von Gott zu reden. Seelsorge wird dem Menschen mit einer neugierigen Offenheit begegnen, auch weil sie hofft, den eigenen Glauben in der Begegnung besser verstehen zu lernen. Gerade wo es um Schuld, Vergebung und Versöhnung geht, trifft der Seelsorger in seinem Gesprächspartner ja keineswegs auf Wüste und Niemandsland, sondern möglicherweise auf einen sehr beziehungs- und vergebungskompetenten Menschen, von dessen Erfahrungen viel zu lernen ist. Wer mit einem Vergebungsthema heute in ein seelsorgliches Gespräch geht, darf ziemlich sicher sein, dass ihm nicht mit moralischen Vorhaltungen gedroht oder theologische Höchstleistungen gefordert werden. Was den Seelsorger auszeichnen wird, ist hoffentlich eine Sensibilität für die positiven Auswirkungen einer vergebenden Lebenspraxis. Dabei stellt sich vielleicht heraus, dass der Gesprächspartner hierin schon kompetent ist. Der Seelsorger/die Seelsorgerin wird durch die humanwissenschaftlichen Kenntnisse so realistisch sein zu wissen, dass sich Vergebungsprozesse nicht automatisch aus theologischen Kenntnissen und Prämissen ergeben. Seelsorge kann heute nicht mehr im Rat oder in der Belehrung bestehen, sondern in der Freilegung von Kompetenzen, die im Gesprächspartner stecken. Auf seinen Erfahrungen aufzubauen, seine Situation verstehen zu lernen, ihn zur Sprache kommen zu lassen, ist genau wie in der Beratung auch der Weg der Seelsorge. Schließlich darf auch das Angebot der liturgisch-sakramentalen Vergebung geringgeschätzt werden, dass sich aus einem Seelsorgegespräch ergeben kann.

Das Menschenbild der Seelsorge

In den Befragungen von Menschen über ihr Vergebungsverhalten begegnen tatsächlich teilweise höchst kompetente Persönlichkeiten. Auch bei denen, denen der Versöhnungsprozess nicht zufriedenstellend gelingt, findet sich häufig guter Wille, es fehlt vielleicht an überzeugenden Strategien und Hilfestellungen. Diese guten Intentionen gilt es in der Seelsorge zu fördern, gleichzeitig passende Schritte zu entwickeln. Es findet sich wohl auf dem großen Markt der Beratung und der Begleitung von Menschen in unübersichtlichen Situationen kein theoriefreies Konzept, jede/r geht mit einem bestimmten Menschenbild ins Gespräch. Dieses Menschenbild bleibt für den weiteren Verlauf nicht ohne Folgen[126]. Schließlich hat jedes Menschenbild, das Beratung oder Seelsorge zugrunde liegt, auch seine Einseitigkeiten, die seine Grenze aufzeigen. Anders als das verhaltenstherapeutische Konzept vom Menschen muss die christliche Seelsorge von der Freiheit und der Verantwortung des Menschen ausgehen und darf sie nicht als »theoretische Konstrukte« abqualifizieren[127]. Das christliche Menschenbild steht konträr zu einem radikalen verhaltenstherapeutischen Ansatz (etwa B.F. Skinner), das den Menschen als »absoluten Egoisten und Hedonisten« beschreibt, der determinierbar bleibe, insofern es keine echte Liebe, Freiheit oder einen höheren Sinn geben könne[128].

Auch die Tiefenpsychologie unterliegt einem deterministischen Menschenbild. Die Entwicklung in der frühen Kindheit entscheidet über den Weg des erwachsenen Menschen. So wie die Kindheit über »Wohl und Wehe« entscheidet, bleibt der Mensch triebgesteuert. Tabuisierung, Pro-

---

126 | Vgl. dazu Heinz Brunner, Menschenbilder in Psychologie und Psychotherapie, in: Isidor Baumgartner (Hg.), Handbuch der Pastoralpsychologie, Regensburg 1990, 63–85, hier 63–65.
127 | Ebd. 67.
128 | Ebd. 68.

jektion (auch Religion) dienen als Abwehrmechanismen gegen ein starkes »Es«. In diesem Kampf »spielen Fragen menschlicher Individualisierung, Kreativität oder Freiheit eine relativ untergeordnete Rolle.«[129]
Das mag an Beispielen genügen um anzuzeigen, dass derartige Bilder vom Menschen zwangsläufig Auswirkungen auf therapeutisches oder beraterisches Handeln haben müssen.
Für die seelsorgliche Gesprächsführung bilden die Einsichten und die Praxis des amerikanischen Psychologen und Psychotherapeuten Carl Rogers (1902–1987) eine wichtige Grundlage. Für seine Gesprächsführung sind zwei Grundannahmen wichtig, die sich aus dem christlichen Menschenbild herleiten und die auch für eine Begleitung von Menschen im Hinblick auf Vergebung und Versöhnung wichtig sind. Die erste betont ausdrücklich, dass es im Kontext von Beratung keinen isolierten religiösen Sonderbereich geben dürfe. Vielmehr gilt, dass Lebenshilfe Glaubenshilfe, und Glaubenshilfe Lebenshilfe sein müsse[130]. Wo immer zwei oder drei im Namen Jesu versammelt sind, ist er mitten unter ihnen (Mt 18,20). Rogers gibt sich nicht der Illusion hin, dass die bloße Kenntnis von Glaubensinhalten automatisch zur Lebenspraxis werden wird. Erst wo es gelingt, Glauben und Leben wirklich in einen Zusammenhang zu bringen, gelingt Beratung von Menschen im christlichen Sinne. Wo Leben gelingt, wird die Grundlage zu einem besseren Verständnis des Glaubens gelegt.
Die zweite Grundannahme sieht den Menschen als im Wesen gut an. Das bedeutet, dass im Menschen selbst die Bedingung der Möglichkeit liegt, konkrete Schritte zu einer Verhaltensänderung zu gehen. Beratung trichtert dem Menschen also nichts ein, was nicht schon in ihm selbst an Gutem begründet ist. Das christliche Menschenbild wehrt sich gegen einen absoluten Determinismus. Seelsorge will Freiheit und Verantwortung stärken, nicht nur Vergangenheit aufarbeiten. Das gilt dann auch für den gesamten Bereich von Vergebung und Versöhnung. Es kann folglich auch im christlich-seelsorglichen Zusammenhang nicht darum gehen, moralische Forderungen aufzustellen, selbst wenn sie biblisch begründet sind. Die Logik folgt einer anderen Linie. Die biblischen Erkenntnisse und Forderungen zum Vergebungsverhalten müssen so

129 | Ebd. 80 f.
130 | Diese Formulierung verdanke ich Christian Ott, entnommen seinem Reader Gesprächsführung für die Ausbildung im Erzbistum Köln.

menschenfreundlich und lebensfördernd sein, dass sie vom Menschen als hilfreich und einsichtig erfahren werden können. Die Bibel fordert nichts, was dem Menschen als Geschöpf Gottes von seinem Wesen her fremd ist. Selbst die teilweise schwer verständlichen und hart scheinenden Forderungen der Bergpredigt führen vielleicht über das hinaus, was der Mensch als nützlich erkennen kann. Zu einem Leben in Fülle im biblischen Sinne gehört aber auch, dass es dem Menschen auf seiner Suche nach Glück und Heil schließlich um mehr gehen wird als die Suche nach dem eigenen Vorteil. Diese Erkenntnis ist auch im Hinblick auf die Versöhnungsprozesse relevant. Diese beinhalten immerhin auch den Schritt, die Perspektive des anderen einnehmen zu wollen, um gemeinsame Ziele formulieren zu können.

Um einem ratsuchenden Menschen in der Seelsorge (und Beratung) in diesem Sinne helfen zu können, fordert Rogers drei Grundhaltungen des Seelsorgers, die mehr sind als das Erlernen bestimmter Gesprächsmethoden. Die erste besteht in der grundsätzlichen Akzeptanz des Gesprächspartners. Schnell mag man geneigt sein, den anderen zu beurteilen und bereits eine Lösung für ihn bereit zu haben, oder zu glauben, ihn aufgrund seiner hilfesuchenden Situation von den Defiziten her verstehen zu können. Die zweite zeigt sich in der Echtheit des Seelsorgers. Die Signale, die er aussendet, müssen stimmig sein. Er spielt keine Rolle, sondern wendet sich wirklich interessiert dem Menschen zu. Empathie ist die dritte entscheidende Grundhaltung. Der Seelsorger versucht wirklich, dem anderen sowohl auf der Sach- als auch auf der Gefühlsebene zu begegnen. Empathie im Sinne des »Verstehen-Wollens« des anderen muss dabei kritisch gesehen werden. Dass dies auch die Gefahr eigener Projektionen seitens des Seelsorgers birgt, darf nicht verschwiegen werden. »Verstehen« muss wohl professionell bedeuten, die Grenzen des Verstehens zu akzeptieren. Empathie wird dann eher heißen, die Andersheit des anderen zu respektieren. Vor dem Hintergrund dieser Haltungen soll es im Gespräch gelingen, Lösungen zu finden, die die Lösungen des betroffenen Menschen sind und nicht die Lösungen des Seelsorgers oder einer theologischen Theorie. Das muss nicht heißen, dass der Seelsorger mit dem anderen Menschen nicht auch Lösungsschritte entwickeln oder anbieten kann. An erster Stelle wird jedoch immer stehen, zu sehen und wahrzunehmen, was der andere an Potential, an Themen, an Kompetenzen und Erfahrungen mitbringt. Auch im

Seelsorgegespräch wird es darum gehen, zunächst einmal herauszufinden, welche Erfahrungen jemand mit dem Partner/Partnerin gemacht hat, welche Gefühle und Wünsche leitend sind, um dann gemeinsam hinzuschauen, welche Schritte dafür hilfreich sein können.
Interessanterweise finden sich heute nachvollziehbare wissenschaftliche Untersuchungen, die etwa aus neurowissenschaftlicher Sicht die These vom grundsätzlich guten/altruistischen Menschen stützen[131]. Donald W. Pfaff geht in seiner Studie der Frage nach, warum die meisten Menschen altruistisch handeln, grundsätzlich das Gute suchen, durch alltägliches anständiges Verhalten dem anderen Menschen gegenüber Wertschätzung und Wohlwollen zeigen, obwohl sie ihn gar nicht kennen müssen. Das Hirn des Menschen ist so angelegt, ihn grundsätzlich gut handeln zu lassen. Der Mensch ist zur Empathie fähig, d. h. zu einer emotionalen und kognitiven Verbindung zum anderen[132]. Anderen zu helfen, gibt ein gutes Gefühl, soziale Beziehungen sind die Grundlage für Glücksgefühle und Wohlwollen[133]. Das Gegenüber als sich selbst wahrzunehmen, bildet eine unverzichtbare Grundlage sozialen Verhaltens[134]. Derartige Anlagen im Menschen werden dort gefördert, wo einer Person von anderen ein positives Selbstbild zugestanden und vermittelt wird. Wer ein starkes Selbstwertgefühl hat, kann auch sozial handeln, wird sich weniger von negativen Einflüssen einer Gruppe oder Gesellschaft abhängig machen[135]. Im Konfliktfall kann jemand, der eine starke und positive Persönlichkeit ist, den Streit im Bewusstsein bearbeiten und beilegen, dass der Konfliktpartner grundsätzlich ebenfalls gut und ein Mensch mit Würde ist. Je stärker eine Persönlichkeit ausgebildet ist (womit eben kein Egoismus gemeint ist, sondern die Sozialität), desto leichter lässt sich neues gegenseitiges Vertrauen aufbauen[136].
Über die Beratung hinaus bieten vor diesem Hintergrund auch die sogenannte klassische Seelsorge und Pädagogik hilfreiche Angebote, die Vergebungs- und Versöhnungsprozesse begleiten können, auch indem sie ein positives Selbstwertgefühl des Menschen fördern. Das Einzelgespräch stellt nur ein Angebot der Seelsorge dar. Das beschriebene Men-

---

131 | Hierzu Donald W. Pfaff, Das altruistische Hirn. Sind wir von Natur aus gut?, Bern 2016.
132 | Vgl. ebd. 18.
133 | Vgl. ebd. 117.
134 | Vgl. ebd. 100.
135 | Vgl. ebd. 179.
136 | Vgl. ebd. 191 f.

schenbild müsste alle pastoralen Handlungsfelder durchziehen und die Ziele kirchlichen Handelns bestimmen. Verkündigung und Liturgie können Menschen helfen, ihr Leben zu ordnen oder neue Perspektiven zu entwickeln. Die sakramentale Buße bleibt ein zentrales, wenn auch nicht leicht zu vermittelndes Hilfsangebot, das nur dann sein Ziel erreicht, wenn es nicht niederdrückende Schuldgefühle weckt, sondern im Gegenteil Mut macht zu sozialem Verhalten und Menschen aufrichtet.

Verkündigung meint in diesem Zusammenhang mehr als die Predigt am Sonntag. Das gesamte Feld der Religionspädagogik (Familie, Religionsunterricht und Schule, KiTa) soll Hilfestellungen leisten, durch eine lebensnahe und menschenfreundliche Botschaft starke Persönlichkeiten von klein auf entwickeln zu helfen.

Albert Biesinger fasst Gedanken des Münchner Religionspsychologen Bernhard Grom zusammen. Seine Frage »Welche Religiosität wollen wir in der religiösen Erziehung anstreben?«, beantwortet er mit sieben Thesen[137]. Bereits die erste These beschreibt das auch hier grundgelegte Interesse treffsicher:

»Aus psycho-hygienischer Sicht ist eine Religiosität wichtig, die für die Entwicklung der eigenen Persönlichkeit größtmögliche Freiheit von Angst- und Hassgefühlen zum Ziel hat – eine Religiosität, welche die Reifung der Beziehung zum eigenen Ich, zu anderen Menschen und zu dem Schicksal, das wir zu tragen haben, anstrebt.«[138]

Daraus ergeben sich folgerichtig die weiteren Thesen. Nur ein Glaube, der nicht von außen aufgepfropft wird, kann lebensdienlich werden. Christlicher Glaube will erfüllungsmotiviert sein, von Einsicht und Hingabefähigkeit geprägt. Wenn Gott als wirkliches »Du« geglaubt wird, kann er alle Lebenssituationen prägen. Dann wird Glaube zur Lebenserfahrung.

Die Verkündigung eines barmherzigen und liebenden Gottes in allen kirchlichen Grundvollzügen ist wohl die wichtigste Ressource, die motivieren kann, neue Hoffnungsperspektiven auch in verfahrenen Lebenssituationen angehen zu wollen. Das bedeutet für die Kirche als Ganze,

---

137 | Vgl. Albert Biesinger, Kinder nicht um Gott betrügen. Anstiftungen für Mütter und Väter, Freiburg – Basel – Wien ¹⁴2005, 27–31.
138 | Ebd. 27.

dass die grundlegende Offenbarungswahrheit nicht nur durch starke Worte gelehrt wird, sondern auch die gesamte Lebenswirklichkeit der Kirche auf allen Ebenen bestimmt. Erst dann wird die eigene Schuldanerkenntnis nicht zum Krampf oder zum Machtmittel anderer, sondern kann zu einer Befreiung werden. Das Evangelium möchte zu einer realistischen Selbsterkenntnis motivieren, wenn es um Projektionen oder Unehrlichkeit sich selbst gegenüber geht, um so die Freiheit und die Verantwortung von Menschen zu fördern. Wer an einen liebenden und verzeihenden Gott glaubt, kann seine Schattenseiten annehmen, und wird gegebenenfalls barmherziger gegenüber dem Verletzenden, auch wenn er dessen Schuld nicht kleinredet. Er kann Schuld sehr ernst nehmen, ohne dem anderen seine Würde abzusprechen. Christlicher Glaube ermöglicht eine ehrliche Schuldanerkenntnis bei gleichzeitiger Perspektive auf neue Anfänge. Er muss gleichzeitig frei sein von einem moralischen Perfektionismus. Einen solchen zu entlarven darf eine christliche Seelsorge helfen. Auch die Reflexion des eigenen Gottesbildes, der eigenen Abhängigkeit von Barmherzigkeit und liebender Zuwendung gehört in die seelsorgliche Begleitung. Gefühle dürfen und müssen ehrlich zugelassen werden, niemand muss vor Gott seine Maske der Perfektion oder des scheinbaren Friedens aufrechterhalten.

Papst Franziskus erinnert nicht nur die Priester und hauptamtlichen Seelsorgerinnen und Seelsorger an die Bedeutung einer wertschätzenden und barmherzigen Kultur, sondern alle Glaubenden in den christlichen Gemeinden. Die Grundhaltungen, auf die Carl Rogers Wert legt, müssten demnach zu Grundmelodien eines christlich geprägten Miteinanders werden. An einer solchen Gemeindekultur zu arbeiten, bleibt sicher ein Dauerthema. Dass es bereits zu biblischen Zeiten nie zu einem Idealzustand gekommen ist, entbindet die Gemeinden heute nicht davon, an ihrer Kultur zu bauen. In ihrer Verkündigung, ihren Sakramenten, ihren personalen Angeboten und in vielem mehr verfügt die Kirche über Ressourcen, die sie nicht schamhaft verstecken muss. In diesen liegt die Wurzel für Persönlichkeiten, die vergebungskompetent werden können.

4.2 Die christliche Verkündigung und ihre Sprache

Mit dem Thema der Vergebung und der Versöhnung befinden wir uns im Zentrum der christlichen Verkündigung, geht es doch genau darum: Erlösung. Die Tatsache, dass jeder Mensch schuldig wird, macht ihn immer auch zu einem Wesen, das von Barmherzigkeit lebt. Schuld kann man sich nun einmal nicht selbst vergeben, sondern jemand anderes muss diese Zusage geben: Dir ist vergeben. Ob Menschen heute wirklich einem Unschuldswahn unterliegen, wie manchmal vermutet wird, sei einmal dahingestellt. Das Bewusstsein für die Fehles des anderen sind jedenfalls bei vielen hervorragend ausgeprägt. Dennoch treibt den Menschen von heute in der Regel nicht mehr die Frage Martin Luthers um, wie er angesichts seiner Schuld einen gnädigen Gott finden könne.

Die Grundhaltung des Menschen wird in einem dänischen Kurzfilm karikiert, der bereits 1995 gedreht wurde, aber an Aktualität nicht eingebüßt hat. Er trägt im Deutschen den Titel: »Ernst und das Licht«. »Die Handlung ist schnell erzählt. Ein Reinigungsmittelvertreter ist mit seinem Wagen auf dem Weg nach Hause und nimmt einen Anhalter mit. Dieser behauptet, Jesus, der Sohn Gottes zu sein. Beide kommen ins Gespräch. Jesus versucht in einer selten ungeschickten und altertümlichen Art, Ernst, den Vertreter, für seine Mission zu gewinnen, die Menschheit zu erlösen. Dieser interessiert sich für alles, nur nicht für das dringende Anliegen Jesu: sein Handy ist kaputt, er möchte schnell zu seiner Frau nach Hause. Der ganze »Missionsmist« geht ihm zunehmend auf die Nerven. Jesus seinerseits hat in seiner Sprache und seinen Themen längst den Anschluss verpasst, was auf der Erde vorgeht, weiß er nicht. Ernst schildert Jesus das wirkliche Leben, woraufhin sich dieser erneut auf unbestimmte Zeit zurückzieht«[139]. Ein Ausschnitt aus einem Dialog der beiden soll zeigen, worum es geht:

Ernst: Ok, mal angenommen, du sagst die Wahrheit, was willst du bei uns?
Jesus: Die Menschheit wartet seit 2000 Jahren auf meine Rückkehr. Nun werde ich sie erlösen.
Ernst: Ich möchte dich nicht enttäuschen, aber daraus wird nichts.
(...)
Ernst: Vergiss es, ihr werdet nicht mehr gebraucht.
Jesus: Soll das heißen, es gibt auf der Welt niemanden mehr, der noch an Gott glaubt?
Ernst: Du sagst es. Die Leute interessieren sich nur für Gewalt, Sex und Geld.

---

139 | Peter Kohlgraf, Schuld, Gnade, Erlösung – schulpastorale Erfahrungen zu altgewordenen Begriffen, in: engagement 4/2011, 268–275, 268 f.

Jesus: Ich bin die Rettung
Ernst: Du brauchst hier keinen zu retten. Du brauchst nur ein bisschen an dich selbst zu denken.
Jesus: ich gehe wieder zurück.

Es kommt trotz der räumlichen Nähe und des Gesprächs zu keiner gelingenden Kommunikation. Dafür kann es naturgemäß verschiedene Gründe geben. Der Handelsvertreter Ernst wird als ein Mensch gezeichnet, der oberflächlich daherlebt, dem sich keine auch nur irgendwie geartete Sinnfrage stellt, der sich über Religion lustig macht und dessen Wissen sich wohl auf ein paar Rudimente beschränkt. Seine Sprache ist weitgehend vulgär und provozierend schlicht.
Jesus, oder der, der sich für ihn ausgibt, reißt auch den wohlgesonnenen Zuschauer nicht vom Hocker. Seine Sprache ist altertümlich, er wirkt blass und nichtssagend. Gegenüber der Realität dieser Welt zeigt er sich erschreckend nichtwissend und desinteressiert, im letzten geht es nur darum, seine Botschaft abzusondern. 2000 Jahre hat er nicht mitbekommen, was gelaufen ist. Während Ernst den zynischen Realisten gibt, ist Jesus der ahnungslose Trottel, der mit ein paar Kunststückchen (»Heilung des Handys«) bemüht ist, Ernst von seiner Macht zu überzeugen. Die Begegnung zwischen den beiden kann schließlich zu nichts führen. Die Sprache lässt sich nicht vereinbaren, die Form der Verkündigung ist veraltet, Jesus (oder die Kirche?) hat sich längst von den Realitäten und Themen der Welt verabschiedet und merkt es noch nicht einmal. Genügt es da, einfach die Form aufzuhübschen, oder sind die Themen der christlichen Botschaft mittlerweile so abseitig, dass sie auch in modernerer Form niemanden mehr wirklich erreichen können? Das würde dann auch für den zentralen Bereich von Erlösung, Gnade, Schuld, Vergebung gelten. Dem gilt es im Folgenden nachzuspüren.

These (Erik Flügge): »Die Kirche verreckt an ihrer Sprache«[140]
Bereits der Hinweis auf die Tatsache einer 5. Auflage zeigt, dass Erik Flügge mit seiner These den Finger in eine Wunde legt. Auf folgenden Interneteintrag erhält Flügge zahlreiche zustimmende Reaktionen:

---

140 | Erik Flügge, Der Jargon der Betroffenheit. Wie die Kirche an ihrer Sprache verreckt, München ⁵2016.

*»Liebe Theologinnen und Theologen,
ich halte es nicht aus, wenn ihr sprecht. Es ist oft so furchtbar. Verschrobene,
gefühlsduselige Wortbilder reiht ihr aneinander und wundert euch, dass euch
niemand hören will. Ständig diese in den Achtzigern hängen gebliebenen Fragen nach dem Sein und nach dem Sinn, nach dem, wer ich bin und werden
könnte, wenn ich denn zuließe, dass ich werde, was ich schon längst war. Wie
bitte?! – Wer soll denn das verstehen?
Wir leben in der Zeit des Samplings, der zerfetzten Identitäten, der Multiperspektivität und nicht zuletzt in der Zeit der subtilen Ironie. In unserer Welt
zählen Meinung und Pointiertheit. Hier ist kein Platz für erdrückende
Ganzheitlichkeit.«*[141]

Die Kritik setzt sich ähnlich (subtil ironisch?) fort. Die Lösung besteht ihm zufolge darin, wie Jesus zu sprechen, in Bildern und Begriffen, welche die Menschen verstehen können. Da die alten biblischen Bilder nicht mehr ziehen, müssen neue Begriffe und Geschichten gebildet werden, die der heutigen Lebenswelt entsprechen. Theologinnen und Theologen müssten von Gott sprechen lernen, wie sie beim Bier reden[142]. Sie setzen demgegenüber auf esoterisch anmutende Emotionen, wofür Beispiele aus der Symboldidaktik herhalten müssen. So bleibt die Kirche in ihrer Verkündigung immer dem Mittelmaß verhaftet. Leider bewegen sich die positiven Predigtbeispiele, die Flügge nennt, dann für viele sicher bereits ebenfalls im Bereich religiös-nichtssagender Parolen, etwa Melanchthons Wort: »Wer Christus hat, hat alles und kann alles«[143]. Die meisten würden dem Satz theoretisch zustimmen, Lebensrelevanz entfaltet er entgegen Flügges Eindruck eher nicht. Auch die kraftvollen Predigten für die Armen, die er anmahnt, sind anderen schon überreich aufgefallen. Die zünftigen Reden gegen den Zeitgeist ermüden irgendwann auch. Dennoch müssen sich die Theologie und die Verkündigung die Frage gefallen lassen, ob sie ihre zentralen Themen wirklich relevant werden lassen. Die Konzepte Flügges leuchten ein: er warnt vor einer formelhaft geprägten Sprache, dem Herumreden um den heißen Brei. Predigten benennen nicht die Problematik und die auch für das Christentum offenen Fragen, indem sie zu glatte Lösungen formulieren. Prediger müssen

---

141 | Ebd. 9.
142 | Ebd. 10.
143 | Ebd. 12.

hinter ihren Gedanken stehen, sie dürfen Verbindlichkeit, Pointiertheit, Relevanz, Emotion und Substanz nicht scheuen[144]. Allerdings weist Flügge an einem persönlichen Beispiel darauf hin, dass es oft auf den »Kairos« ankommt, damit die Botschaft ankommen kann. Das ist auch für das Vergebungsthema bedeutsam. Es mag sein, dass jemand über Jahre die Texte etwa der Bergpredigt gehört hat, dass sie aber erst zu ihm zu sprechen beginnen, wenn er mit einer Verletzung konfrontiert ist.
Flügge weist schließlich darauf hin, dass der Erfahrungsraum, den die Kirche in ihren Gemeinden bereitet, eine entscheidende Grundlage dafür bietet, ob sich die Botschaft entfalten kann oder nicht. Er differenziert zwischen einer »Sie«- und einer »Du«-Kirche. [145] Während die eine sich durch wahre, aber abstrakte Wahrheiten auszeichnet, ermöglicht die andere eine Form von Gemeinschaftserfahrung, wo die Botschaft im Alltag gelebt wird. Vielleicht ist diese Zweiteilung zu schematisch. Dennoch scheint mir daran etwas grundlegend Richtiges zu sein: Wo die Botschaft nicht im Alltag gelebt und als heilsam und lebensfreundlich erfahren wird, bleiben Worte oft Schall und Rauch, auch die Kernworte des Christentums von Erlösung, Gnade, Vergebung und Versöhnung. Spätestens jetzt wird bei der Lektüre des Buches von Erik Flügge deutlich, dass es um mehr als um eine schöne überzeugende Verpackung der Botschaft des Evangeliums gehen muss, wenn sie dem heutigen Menschen etwas sagen soll.
In einem Interview wurde Papst Benedikt XVI. einmal mit der Frage befasst, ob es die Schuld der Verkündigungssprache sei, dass die christlichen Kernthemen kaum noch bewegten, oder ob es an den Themen selbst liege:

> »Ist das ein Autoritätsproblem, weil sich eine liberalistische Gesellschaft nichts mehr sagen lassen will? Oder ist dies auch ein Kommunikationsproblem, weil sich die Kirche mit ihren überkommenen Werten, mit Begriffen wie Sünde, Reue und Umkehr nicht mehr mitteilen kann?«

Der Papst gibt folgende Antwort: »Es ist beides, würde ich sagen.« Und wenig später: »Wie gesagt, Religiosität muss sich neu regenerieren in diesem großen Kontext – und damit auch neue Ausdrucks- und Verste-

---

144 | Vgl. ebd. 70–73.
145 | Ebd. 122.

hensformen finden. Der Mensch von heute begreift nicht mehr so ohne Weiteres, dass das Blut Christi am Kreuz Sühne für seine Sünden ist. Das sind Formeln, die groß und wahr sind, die aber in unserem Denkgefüge und unserem Weltbild keinen Ort mehr haben, die übersetzt und neu begriffen werden müssen. (...) Das heißt, das wir wirklich in einem Zeitalter sind, in dem eine neue Evangelisierung nötig ist; in dem das eine Evangelium in seiner großen, bleibenden Rationalität und zugleich in seiner die Rationalität übersteigenden Macht verkündet werden muss, um neu in unser Denken und Verstehen zu kommen.« [146]

Der Papst sieht die Lösung in einer neuen vertieften rationalen und gläubigen Durchdringung der christlichen Botschaft, so dass die Begriffe neu zu sprechen beginnen. Allen Erfahrungen zufolge kann diese rationale Durchdringung nur die eine Seite sein. Die zweite scheint doch (neben einer überzeugenden Methode) die Offenheit des Adressaten, die nicht nur durch kirchliches Bemühen, sondern auch durch den Kairos der Situation bedingt sein kann. Kurzum: So wichtig die Hinweise Flügges sind, kann es dennoch sein, dass die Lebenssituation eines Menschen ihn gegenüber dem Evangelium öffnet oder verschließt. Wer die Erfahrung einer »Du-Kirche« machen kann, erlebt in einer entsprechenden Situation möglicherweise die Relevanz der christlichen Vergebungsbotschaft eher als jemand anderer. Bei allem Bemühen um eine relevante Form und Methode bleibt dies wohl die wichtigste Bedingung, damit das Evangelium zu leben beginnen kann.

Behält man dies im Gedächtnis, lohnt es sich dennoch, einige beispielhafte Verkündigungsangebote oder theologische Versuche einmal konkret in den Blick zu nehmen, die die christliche Erlösungsbotschaft thematisieren.

Der »Katechismus der Katholischen Kirche« (KKK) von 1993

Der sogenannte Weltkatechismus steht sicher wie sonst kein anderes Buch für die »Sie-Kirche«, wie Erik Flügge sie nennt. Wer wissen will, wie Katholiken glauben und zu handeln haben, findet dort gültige Aussagen, die in der Regel unabhängig vom kulturellen und gesellschaftlichen Kontext gelten. Als nach Jahren ohne einen gültigen Katechismus dieses Buch für die Weltkirche erschien, entzündete sich genau daran die

---

146 | Benedikt XVI., Licht der Welt. Der Papst, die Kirche und die Zeichen der Zeit. Ein Gespräch mit Peter Seewald, Freiburg – Basel – Wien 2010, 162–164.

kritische Diskussion: kann man nach dem II. Vatikanum, das zur Inkulturation von Glaube und Handeln aufruft, ein Glaubensbuch für die ganze Weltkirche herausgeben? Für den damaligen Kardinal Ratzinger war ein solches Werk schon lange davor ein notwendiges Desiderat, um die Individualisierung und damit die Auflösung einer verbindlichen Glaubens- und Handlungssystematik zu stoppen[147]. Für einen praktischen Theologen stellt sich eine Grundannahme problematisch dar, die für einen Systematiker wie Ratzinger eine Denkvoraussetzung ist. Joseph Ratzinger setzt voraus, dass sich christliches Handeln an der Offenbarung ausrichtet, wie sie in Schrift und Tradition festgeschrieben sind. Handeln folgt einer Lehre.

Der Praktiker muss sich jedoch der Tatsache stellen, dass das so einfach nicht funktioniert, ob ihm das gefällt oder nicht. Das gilt eben auch für das Vergebungs- und Versöhnungsverhalten von Menschen, auch von guten Christinnen und Christen. Dennoch gilt: wer wissen will, wie die Kirche zu Vergebung und vergebender Praxis steht, findet im Katechismus die gültige Lehre.

Gegenüber anderen Wesensaussagen über Gott spielen seine Gnade und Barmherzigkeit keine wahrnehmbar zentrale Rolle. anders als die trinitarischen Überlegungen, seine Allmacht und Schöpfermacht. Damit steht der Katechismus ganz in der Tradition der Gotteslehre vergangener Jahrhunderte, wie sie Kardinal Walter Kasper nachvollziehbar darlegt[148]. Insbesondere in der Hingabe des Sohnes zeigt sich seine Barmherzigkeit, will er doch den Menschen von seinen Sünden befreien. Der ja keineswegs unproblematische Gedanke, dass Gott ein Opfer brauche, um sich versöhnen zu lassen, wird nicht weiter begründet (KKK 606). Die Sünde ist ganz Ausdruck missbrauchter menschlicher Freiheit, während Christus, der neue Adam, durch seinen Gehorsam die Beziehung wieder herstellt. In der Kirche wird besonders in den Sakramenten der Taufe und der Buße der sündentilgende Charakter hervorgehoben (KKK 977). Zwar steht die göttliche Vergebungsbereitschaft stets im Hintergrund, damit sie wirksam werden kann, stellt der Katechismus überdeutlich die menschlichen Leistungen in den Vordergrund. Ohne Reue, Buße, Umkehr, Bekenntnis und Genugtuung erreicht Gott nichts. Die Notwen-

---

147 | Vgl. Joseph Ratzinger, Die Krise der Katechese und ihre Überwindung, 1983.
148 | Vgl. Kasper, Barmherzigkeit, 19–22.

digkeit für den Menschen, selbst zu vergeben, wird im Kontext der entsprechenden Vater-unser-Bitte betrachtet (KKK 2838–2845). Vergebungsbereitschaft wird dort als deutlichster Ausdruck der Nächstenliebe gesehen. Diese Vergebung wird gefordert »von ganzem Herzen«, »ohne Maß und Grenze«, bis hin zur Vergebung dem Feind gegenüber und bis zur Hingabe des Lebens. Die Vergebungsbereitschaft Gottes stellt den nicht zu hinterfragenden Maßstab für den glaubenden Menschen dar. Vergebung ist damit für den Katechismus eine unabdingbare Forderung, um als Christ leben zu können. Wer nicht vergeben kann, wird selbst auch nicht der göttlichen Liebe teilhaftig. Das ist schon eine beachtliche Erwartung und Drohkulisse. Ob dies eine überzeugende Grundlage für einen ehrlichen Versöhnungsprozess darstellt?

Der Katechismus trifft mit diesen Belegen eine Textauswahl, die alle denkbaren Schwierigkeiten in Vergebungs- und Versöhnungsprozessen ausklammert. In der Beziehung zwischen Gott und Mensch fallen die rechtlichen Denkkategorien auf. Während das Vergebungsverhalten zwischen Menschen durchaus davon geprägt ist, dass Opfer ihrem Verletzer vergeben ohne Gegenleistung, erwartet Gott in der Sicht des Katechismus zuerst immer ein aktives Entgegenkommen des Menschen. Das heißt, Gott ist fordernder im Versöhnungsprozess als mancher verletzte Mensch. Am Ende denkt die kirchliche Tradition kleinlicher und rechtlicher von Gott, als mancher Mensch zu handeln bereit ist. Das Thema der Hingabe des Sohnes zwecks Sündenvergebung ist sicher ein Kern der neutestamentlichen Christologie, im Sinne Flügges fehlt im KKK aber sowohl eine Vermittlung dieses schwer verständlichen Themas als auch eine moderne Verpackung, die es dem heutigen Menschen näher bringen kann. So läuft dieser zentrale Inhalt Gefahr, zu einem floskelhaften Bekenntnis zu verkümmern.

Daher darf man fragen: hilft die Ausgabe des KKK für die Jugend der Kirche, eine angemessenere und lebensnähere Form zu finden?

Der »Youcat«

Im Jahr 2010 erscheint der sogenannte Youcat, der die gesamte katholische Lehre, wie sie auch im KKK enthalten ist, in jugendlicher und zeitgemäßer Sprache darlegen will. Die Systematik des KKK wird dabei nicht verändert, es geht um Sprache und Form. Anders als der große Katechismus arbeitet der Youcat mit dem Frage-Antwort-Schema. Tatsächlich ist die Sprache insgesamt verständlicher, angereichert mit konkreten Beispielen, die das Gespräch über die Themen erleichtern. Manche Bildvergleiche wirken auf manchen wohl nicht überzeugend, wenn z. B. die Beichte mit einer Dusche, frischer Luft oder einem fröhlichen Aufwachen verglichen wird (239). Unter dem Thema Liebe finden sich Beispieltexte, die besonders den Schmerz betonen. Das Verständnis und die Einteilung von Sünde in Todsünden und leichte Sünden bleiben traditionell. Zur Vater-unser-Bitte »Vergib uns unsere Schuld, wie auch wir vergeben unseren Schuldigern«, wird immerhin mit der Einschätzung kommentiert, dass Vergebung oft schwer fällt: »Die tiefe Blockade der Unversöhntheit wird letztlich nur gelöst im Blick auf Gott, der uns angenommen hat(…)« (524). Gilt damit der Schluss, dass Menschen, die nicht auf diesen Gott schauen, zur echten tiefen Versöhnung nicht fähig sind? Oder: dass die Schwierigkeiten, vergeben zu können, durch einen nicht genügend tiefen Glauben bedingt sind? Es mag den Rahmen des Youcat sprengen, sich hiermit intensiver auseinanderzusetzen. Aber an diesem Beispiel zeigt sich das christliche Selbstverständnis oder Vorurteil: wir sind einfach besser im Vergeben, weil wir glauben. Dass das nicht so einfach ist, hat sich gezeigt.

Insgesamt gilt: trotz verständlicherer und bilderreicher Sprache bleibt der Youcat in den traditionellen Denkmustern. Das ist nicht unbedingt zu kritisieren, die Autoren benennen ihr Anliegen ausdrücklich. Die Lektüre wird aber durchgängig von der Vermutung begleitet, dass eine modernere Form und bemühte jugendgemäße Sprache die kirchlichen Lehren nicht zwangsläufig näher an die Wirklichkeit rücken oder durch korrektes Wissen zur Tat führen. Das gilt eben auch für das Versöhnungsthema.

Projekt: Valerie und der Priester

Im Jahr 2016 startet die Deutsche Bischofskonferenz zusammen mit dem Zentrum für Berufungspastoral das Projekt »Valerie und der Priester«. Ein Jahr lang begleitet die junge Berliner Journalistin Valerie Schönian, die religiös und kirchlich eher »unmusikalisch« ist, den Münsteraner Kaplan Franziskus von Boeselager. In Videos und Internetblogs beschreibt die junge Frau ihre Erfahrungen mit ihm, seinen Mitbrüdern und dem Leben in den Gemeinden, in denen der Kaplan tätig ist. In den einzelnen Beiträgen kann man sehen, was es bedeutet, wenn zwei Welten aufeinandertreffen. Zwar gehören beide Gesprächspartner derselben Generation an, sprechen dieselbe Muttersprache und dennoch bleiben sie sich über weite Teile der Begegnungen fremd, selbst wenn sie sich sympathisch finden.

Die junge Frau gibt zu, dass sie bezüglich der katholischen Kirche die üblichen Reizthemen im Kopf hatte: Missbrauch von Kindern und Jugendlichen, kein Sex vor der Ehe, Ablehnung homosexueller Partnerschaften und Amtsmissbrauch des damaligen Bischofs von Limburg. Sie ist zwar auf eine katholische Schule gegangen und evangelisch getauft und konfirmiert, hat aber nie eine positive Bindung an Glaube und Kirche aufgebaut[149]. Der Priester seinerseits gibt zu, dass es für ihn emotional nicht nachvollziehbar bleibt, dass jemand nicht zum Gottesglauben findet. Das bedeutet für die Begegnungen, dass es im Wesentlichen beim Austausch von Argumenten bleibt, die sich meistens auf einer Sachebene bewegen. Interessant, dass Valerie Schönian von Anfang an den Eindruck hat, sie begegne der Kirche und ihrem Repräsentanten nicht auf Augenhöhe, da ihr die Themen, die Rituale und die Argumentationen grundlegend fremd sind und weitgehend auch während des Jahres bleiben. Diese Fremdheit betrifft nicht nur die ausgiebig, emotional und immer wieder diskutierten Reizthemen, sondern auch die persönlichen Glaubensfragen an Franziskus. Mutig, dass er sehr persönlich Zeugnis über seinen Glauben ablegt. Das sind auch für die Leserinnen und Leser der Blogs die überzeugendsten Momente. Die reine Apologetik katholischer Themen überzeugt in der Regel nicht. Da möchte man mit dem Priester nicht tauschen.

Wie religiöse Kommunikation oft abläuft, zeigt ein kurzer Abschnitt aus der Kinderkatechese am Heiligen Abend 2016:

Franziskus: Mögt Ihr Geschenke?
Kinder: Ja.
Franziskus: Ich auch! Wisst Ihr welches Geschenk am längsten hält?
Kind: Liebe!
Franziskus: Jetzt hast du meine Predigt abgekürzt. Ich hatte erstmal mit einem Pferd gerechnet.

---

149 | www.valerieundderpriester.de (Abruf am 09.02.2017).

Der Kaplan reagiert humorvoll und souverän, dennoch ist die Predigt am Ende. Valerie Schönian referiert weiter und schildert die Erwachsenenpredigt aus der Nacht:

> »Franziskus spricht von »postfaktisch«, dem Wort des Jahres, und davon, dass einige Ereignisse im vergangenen Jahr wirklich Angst einjagen könnten—zum Beispiel der Anschlag am Breitscheidplatz in Berlin. Aber unsere Ängste und Sorgen würden nie ganz verschwinden, sie dürften jedoch nicht dazu führen, dass wir missgünstiger oder liebloser werden.
> »Ich glaube fest daran«, sagt er dann weiter. » dass Jesus uns aus den Wellen der Angst und Sorgen herausziehen möchte. Wir dürfen das alle glauben. Aber eben nur, wenn wir uns auch darauf einlassen.« Wir sollten auf Gott vertrauen, und darauf, dass wir nicht alles allein schaffen müssen und sollen. »Viele denken, Christsein bedeutet, dass wir niemandem etwas Böses tun und einigermaßen nett zueinander zu sind. Aber Christsein ist viel mehr. Christsein ist zuerst eine Beziehung, nämlich mit Christus. Christ sein steht für die wichtigste Beziehung in unserem Leben.«
> Franziskus' Predigt ist einerseits ein Appell, an die Liebe, von dem ich mich angesprochen fühle. Aber zuerst eben ein Appell an Gott—und dieser geht an mir vorbei. Was ich nicht schlimm finde, natürlich muss Franziskus hier von Gott reden. Und ich höre trotzdem gern zu. Es sieht schön aus, wie er da steht, der makellose weiße Talar vor den satten grünen Tannen mit den roten Adventssternen daneben.«

Die Kinder wissen genau, welche Antwort der Priester erwartet, auch die Erwachsenenpredigt, so zumindest der subjektive Eindruck der Journalistin, folgt klaren Aussagen, die einfach so kommen müssen. Sie fühlt sich mehr durch die Ästhetik als durch den Inhalt berührt. Dennoch bleibt sie im Laufe des Weihnachtsabends nicht unberührt vom liturgischen Geschehen: besonders beeindruckt sie die ansteckende Freude der Gottesdienstgemeinde, in der der Glaube der Menschen »anfassbar« werde. Sie ist berührt durch das Beten und Singen, das einem Höheren zukommt.
Nach Erik Flügge belegt diese Szene, dass der christliche Glaube erst dort zu einer persönlichen Berührung wird, wo er als gelebte Wirklichkeit erfahren wird. Die Predigt selbst bleibt abstrakt. Auch in den theologischen Diskussionen bleiben die Begriffe nichtssagend, während das persönliche Lebenszeugnis beschäftigt und zur Stellungnahme reizt. Erfahrungsge-

mäß kann die Predigt auf andere Besucherinnen und Besucher des Gottesdienstes ganz anders gewirkt haben, hier sollte man den Beziehungsaspekt zwischen Prediger und Gemeinde nicht unterschätzen.

Diese kurz skizzierten Eindrücke aus dem Projekt kann man wohl legitimerweise auch auf die Rede von Vergebung und Versöhnung übertragen. Es wird in der Verkündigung nicht genügen, immer wieder die richtige Theorie zu wiederholen. Für die Praxis bleibt dies in aller Regel ohne Wirkung. Was Christinnen und Christen glauben, wird erst dort zu einem existenziellen Thema, wo Menschen christliches Verhalten hautnah erleben. Wenn der Youcat postuliert, dass glaubende Menschen tiefer vergeben, dann stellt ein solches Vorurteil keine »Augenhöhe« her, die aber für eine gelingende Kommunikation entscheidend bleibt. Augenhöhe entsteht auch nicht durch moralische Forderungen und gute Argumente. Wenn die christliche Versöhnungsbotschaft berühren soll, muss der Gesprächspartner durch konkrete Erfahrungen hineingeholt werden in den Erfahrungsraum eines versöhnenden Lebensstils. Das kann so vielfältig sein, wie Menschen sind. Jeder/jede einzelne kann so zum Einfallstor einer berührenden Erfahrung werden. Erst dann beginnt das Evangelium zu sprechen.

Das »Gotteslob«

Im katholischen Gebet- und Gesangbuch »Gotteslob« taucht das Thema erwartungsgemäß an zahlreichen Stellen auf. Es führte zu weit, etwa all die Lieder zu beschreiben, die das christliche Kernthema besingen. Besonders die Lieder zur Fastenzeit bilden eine Fundgrube für das Versöhnungsthema. Natürlich ist es insgesamt Sinn und Zweck der österlichen Bußzeit, den Gläubigen für die Notwendigkeit der Bitte um Vergebung und der Barmherzigkeit gegenüber anderen zu sensibilisieren. Es ist eine sinnvolle Tradition, dieses Thema einzubetten in einen gesamten Lebensstil: Fasten als Verzicht soll nicht nur der geistlich-individuellen Erneuerung dienen, sondern auch die Sensibilität gegenüber dem Nächsten stärken. Das Gebet soll nicht nur die persönliche Gottesbeziehung fördern, sondern durch die Beziehung auch den Blick weiten für die Menschen, die auf eine versöhnende Geste warten. Das Almosen dient nicht der Beruhigung des Gewissens, sondern soll Ausdruck einer zuwendenden Aufmerksamkeit für den Armen sein. Vielleicht bietet eine bewusste Gestaltung dieser Kirchenjahreszeit die beste Möglichkeit, das

Vergebungsthema aus der abstrakten Theorie zu holen. Wer mit der Gemeinde diese Zeit aktiv lebt, lässt sich ja nicht nur theoretisch belehren, sondern wird buchstäblich leiblich-geistlich hineingeführt in einen neuen Lebensstil. Während traditionelle Fastenlieder eher die persönliche Buße, die eigene Sündhaftigkeit und Vergebungsbereitschaft Gottes in seinem leidenden Sohn betonen, tritt in neueren Liedern deutlicher der soziale Charakter in den Vordergrund. Auch in den traditionelleren Liedern war die Betrachtung des Leidens Christi natürlich kein Selbstzweck. Immer sollte das Singen und Beten für die Notleidenden sensibilisieren. Kombiniert man die Lieder mit der durchaus eindrucksvoll schlichten Liturgie der Fastenzeit, den biblischen Texten der Liturgie und den persönlichen Verzichtsleistungen der 40 Tage, hat das Vergebungsthema eine gute Chance, Realität zu werden.

Der rote Faden durch diese Wochen besteht in der Erfahrung, dass Gebet und Verzicht, Almosen und Vergebung eine überzeugende Einheit eingehen. Wer fastet, kann z. B. hautnah die Abhängigkeit erleben, die seinen Alltag ansonsten unreflektiert bestimmt. Wer nicht nur von oben herab Almosen verteilt, erfährt konkret die eigene Hilfsbedürftigkeit. Der aufmerksame Hörer der Verkündigung kann sich in den anschaulichen Texten gerade der Fastenzeit wiederfinden. Die oft gute Akzeptanz besonderer Gottesdienstformen wie Bußgottesdienste oder Kreuzwege belegt, dass die Themen durchaus Menschen berühren können.

Neben den Liedern finden sich Gebetstexte, die helfen sollen, die persönliche Lebenssituation anzuschauen (etwa GL 9,7). Im Fokus steht die ehrliche Selbsterkenntnis und der realistische und gleichzeitig hoffnungsvolle Blick auf die eigenen Schattenseiten. Es gibt dem Menschen Mut, dass Gott ihn trotz seiner Fehler annimmt und liebt.

Ein Gebet von Margerita Gröting ist ausdrücklich für eine Situation geschrieben, »von einem geliebten Menschen enttäuscht« (GL 16,2).

Gott, du weißt, warum er mir das angetan hat.
Warum hat er mich so behandelt?
Warum hat er mich so tiefst verletzt?
Er weiß doch genau, wie ich mich jetzt fühle.
Ich kann an gar nichts anderes mehr denken.
Ich bin zutiefst traurig und enttäuscht.
Und ich dachte immer,

wir wären durch so etwas wie
Freundschaft verbunden.
Das schlimmste ist, dass sich meine
Trauer und Enttäuschung
auch auf meine Mitmenschen auswirkt.
Gott, du bist ein Gott der Liebe und des Friedens.
Hilf uns beiden, dass wir wieder
aufeinander zugehen und miteinander reden,
dass wir wieder in Frieden und
Freundschaft miteinander umgehen können.
Zeige uns den Weg zu einem neuen Miteinander.
Du weißt, es liegt mir wirklich sehr viel daran.

Das Gebet beginnt mit einer Klage und Fragen, die das »Warum« ins Wort bringen. Dann werden die persönlichen Gefühle der Verletzung formuliert. Ehrlich wird auch benannt, welche Auswirkungen die Verletzungssituation für die Lebensfreude und das soziale Miteinander insgesamt hat. Am Ende steht die Hoffnung auf konkrete Schritte der Versöhnung: aufeinander zugehen, miteinander reden, der gemeinsame Umgang in Frieden und Freundschaft. So möge es zu einem neuen Miteinander kommen.

Das Gebet ist behutsam formuliert, benennt realistische und konkrete Schritte und bleibt nicht bei einem religiösen oder moralischen Impuls stehen.

Ein thematischer Schwerpunkt liegt in dem Kapitel des Gesangbuches, in dem das Sakrament der Buße und Versöhnung erklärt und vorgestellt wird (GL 593). Der einleitende Text beginnt mit einem kurzen biblischen Hinweis auf die Bedeutung der Vergebung, setzt danach an der menschlichen Erfahrung an. Schuld richtet Schaden an und zerstört Beziehung. Die Folgen von Schuld prägen den Alltag, niemand kann sich selbst vergeben. Allem menschlichen Willen zur Wiedergutmachung steht die Liebe Gottes voraus, der neues Leben und neue Beziehung ermöglichen möchte. Schuld wird dort zur Sünde, wo jemand in seinem Glauben auch die Beziehung zu Gott gestört sieht.

Nach dem theologischen Einstieg werden die Schritte: Gewissenserforschung, Reue und Vorsatz, Bekenntnis und Lossprechung/Vergebung erörtert. Ziel der Vergebung soll dabei immer auch die Aussöhnung mit den Menschen sein, denen der Betreffende geschadet hat. Konkrete Bußwerke sollen zu dem passen, was der Mensch in der Beichte bekannt hat und damit dem Neuanfang dienen. Die Texte sind verständlich, lebensnah und konkret. Es wird deutlich, wie die Kirche sich eine konkrete Hilfe durch Buße und Versöhnung vorstellt. Bevor Forderungen aufgestellt werden, betonen die Autoren das Zuvorkommen Gottes. Ein religiöser Perfektionismus wird durch die Formulierungen, Sach- und Gebetstexte nicht unterstützt.

Ergebnis

Am Beginn dieses Abschnitts stand die Frage, ob die christliche Botschaft überhaupt noch Thema unserer Zeit sei und woran es liege, wenn die Kommunikation nicht funktioniert. M.E. hat das Thema genauso starke Relevanz wie zu biblischen Zeiten. Es muss aber gelingen, das Thema der abstrakten theologischen Reflexion allein zu entziehen. Erst wenn Menschen Erfahrungen im Glauben machen können, beginnen die Themen zu leuchten und können selbst Menschen berühren, die zunächst neugierig von außen in den Glauben hineinschauen wollen. Wenn erfahren wird, wie Glaube Leben verändert, wie Gebet, Handeln und Reden eine Einheit werden, bekommt auch das Vergebungsthema Relevanz. Zumindest besteht die Chance dazu. Wenn die These Flügges zutrifft, dass die Kirche »verreckt«, dann nicht nur an der Sprache, d.h. an der Verpackung, sondern daran, dass Menschen immer weniger die Erfahrung einer Gemeinschaft machen können, in der jemand aufgehoben ist mit allen Licht- und Schattenseiten. Einem Priester, den man in einer seelsorglichen Beziehung so erlebt, verzeiht man auch eine langweilige Predigt, oder man erlebt sie gar nicht so, wie Flügge beschreibt, weil man sie ihm abnimmt. Theoretische Belehrung oder moralische Appelle, hier mag Erik Flügge Recht haben, verpuffen. Wo jemand persönlich Zeugnis ablegt von eigenen Lebens- und Glaubenserfahrungen, auch im Hinblick auf Vergebung und Versöhnung, besteht jedenfalls die Chance, dass Worte mehr sind als Schall und Rauch. Zu Recht lobt Flügge die sehr konkrete Sprache von Papst Franziskus, der narrativ die Themen immer wieder auf den Punkt bringt und damit den Bezug des Evangeliums zur Lebenswirklichkeit herzustellen vermag[150].

---

150 | Vgl. Flügge, Sprache, 13.

4.3 Beichte und neue (säkulare) Formen

Papst Johannes Paul II. fasst die lehramtlich-katholische Sichtweise der sakramentalen Beichte zusammen: »Das persönliche und vollständige Bekenntnis und die Absolution bilden den einzigen ordentlichen Weg, auf dem ein Gläubiger, der sich einer schweren Sünde bewusst ist, mit Gott und der Kirche versöhnt wird.« (Can 960 CIC 1983). Manche Menschen haben in der Beichte sicher die unendlich befreiende Erfahrung der Vergebung Gottes machen dürfen, der jede Schuld verzeihen kann. Dennoch steht das Sakrament in der Krise. Da wird es nicht helfen, die Notwendigkeit gesetzlich einzuschärfen.

Der Ablauf der Beichte liegt im katholischen Bereich fest: Reue, Bekenntnis, Vorsatz, Vergebung und Ableistung einer aufgetragenen Buße durch den Beichtvater bedingen die Versöhnung mit Gott und der Kirche.

Während besonders katholischerseits die Beichte, oder das »Sakrament der Versöhnung« oft als totes Sakrament erfahren wird, das nur noch wenige erreicht, stellt Johann Pock »Therapiecouch, Pilgerweg und Onlineportal« als »neue Orte der Vergebung« heraus[151]. Auch von evangelischer Seite werden seine Wahrnehmungen bestätigt[152]. Peter Zimmerling nennt zudem politische Rituale von Schuldbekenntnissen und öffentliche Bekenntnisse in Fernseh-Talkshows, wobei ansonsten der Umgang mit Schuld eher in den subjektiv-privaten Bereich abgewandert ist. Die Kirche hat in dem gesamten Themenbereich die Deutungs- und Ritenhoheit eingebüßt[153]. Dieses Phänomen hat Konsequenzen: neue Rituale ersetzen die bewährten kirchlichen Angebote, vielen Menschen fehlen Rituale und sinnvolle Formen, um mit der eigenen Schuld oder der Schuld anderer umzugehen. Fehlende Rituale und »Strategien« erschweren jedoch wie beschrieben einen wirksamen Versöhnungsprozess. Öffentliche Beichten im Fernsehen bedienen sich des Gewands »therapeutischer Paradigmen«[154] und aus religiösem Kontext entnommenen Ritualen und Sprachformen[155].

---

151 | Johann Pock, Therapiecouch, Pilgerweg und Onlineportal. Neue Orte der Vergebung, in: ThPQ 160 (2012) 40–48.
152 | Vgl. Peter Zimmerling, Studienbuch Beichte, Göttingen 2009, 9.
153 | Vgl. Pock, Neue Orte, 41.
154 | Vgl. Thomas Henke, Schuldbekenntnisse vor Millionen. Anmerkungen zum Talkshow-Phänomen (2002), in: Zimmerling, Beichte, 229–237, hier 233.
155 | Vgl. ebd. 230 f.

Therapiecouch als Ersatz für sakramentale Vergebung?
Dem evangelischen Theologen Peter Zimmerling ist der Hinweis zu verdanken, dass die Beichte kein spezifisch katholisches Angebot der Vergebung und Versöhnung war und ist, auch wenn dies vielen evangelischen Christen kaum noch bewusst sein wird. Er kann zahlreiche Belegtexte von Luther über Bonhoeffer bis zu heutigen Autoren zusammenstellen[156], die zeigen, dass hiermit ein wirklich ökumenisches Thema berührt ist.

Die Autoren sind sich darin einig, dass der Rückgang der kirchlichen Beichte kein Beleg für einen sog. Unschuldswahn sein muss[157]. Johann Pock resümiert: »Während immer weniger Christen den Beichtstuhl aufsuchen, scheinen die unterschiedlichsten Formen therapeutischer Begleitung zu boomen«[158]. Während es der bisherigen kirchlichen Praxis darum ging, in der Vollmacht Jesu Schuld zu vergeben, arbeiten die therapeutischen Angebote häufig daran, Schuld zu verstehen und Menschen von ihren Schuldgefühlen zu befreien. Darin verfolgen sie einen anderen Ansatz als das Sakrament. Demgegenüber wird aber auch von Ärzten und Therapeuten anerkannt, wie wichtig und heilsam die Erfahrung einer religiös bestimmten Vergebung für Menschen sein kann[159].

Konrad Stauss und die »Sieben Phasen spirituell-therapeutischer Vergebungs- und Versöhnungsarbeit«[160]
Der Psychiater, Dozent und Supervisor Konrad Stauss hat aufgrund seiner therapeutischen Erfahrung und seines christlichen Hintergrundes ein Versöhnungskonzept erarbeitet, welches in sieben vorgegebenen Schritten den Vergebungs- und Versöhnungsprozess anleiten und zum Abschluss bringen will. Bewusst möchte er Seelsorge und Psychotherapie zusammenbringen und er kritisiert therapeutische Ansätze, die den religiösen Bezug des Themas ausklammern. Damit habe sich ein »säkulares Copyright« [161]auf das Vergebungsthema ergeben.

Stauss setzt in jedem Fall voraus, dass sich im Falle einer Verletzung und einer sich anschließenden Versöhnung die transzendente Dimension

---

156 | Vgl. Zimmerling, Beichte, 43–206.
157 | Pock, Neue Orte, 40.
158 | Ebd. 44.
159 | Vgl. Fuchs, Sakramente, 105.
160 | Stauss, Die heilende Kraft der Vergebung.
161 | Ebd. 30.

berührt wird. D.h. dass Vergebung und Versöhnung nur dort »funktionieren« können, wo der Mensch sich der Gottesbeziehung stellt und diese im Prozess ebenfalls thematisiert und klärt. Anders als die Beichte, die ausschließlich Heilung für den Täter bedeutet, bringt der Versöhnungsprozess die Chance auf Heilung für beide. Therapie erhält damit quasi sakramentalen Charakter und ersetzt dann das klassisch kirchliche Angebot. Die Frage steht im Raum, ob Stauss nicht selbst damit die religiös-kirchliche Vergebungs- und Versöhnungspraxis säkularisiert, indem er sie aus der Gemeinde und ihrem kirchlich sakramentalen Kontext auf die Therapiecouch oder in den Seminarraum holt.

Tatsächlich begründet er die Notwendigkeit von Vergebung in der trinitarischen Dimension der menschlichen Existenz. Der Mensch ist auf Beziehung hin angelegt und so kann ein menschenwürdiges Leben nur in geheilten Beziehungen stattfinden. Im Zusammenhang einer Versöhnung muss daher aus der trinitarischen Logik heraus immer gleichermaßen die Ich-, die Du- und die Gottesbeziehung in den Blick genommen werden.

Konkret entwickelt er einen Prozess in sieben Phasen, die hier nur sehr grob skizziert werden sollen. Jede dieser Phasen wird methodisch aufbereitet. Die Erzählung vom »Verlorenen Sohn« aus Lk 15 bildet hierfür den roten Faden.

Im ersten Schritt stellt der Verletzte seine traumatische Erfahrung in den Raum und benennt die entscheidende Schlüsselszene.

Der zweite Schritt besteht in der »Heilung der Ich-Beziehung« (»Entgiftung«): Der Klient/Klientin soll alle Emotionen, Wünsche und Gedanken benennen, die ihn/sie bewegen.

Danach erfolgt die »Heilung der Du-Beziehung«: Durch einen bewusst gestalteten Perspektivenwechsel soll erreicht werden, den Täter verstehen zu lernen und seine Sicht der Geschehnisse zu formulieren.

Schließlich fehlt in dem Konzept die »Heilung der Beziehung zum ewigen Du«: Es soll gelingen, den Täter oder die Täterin mit den Augen der Barmherzigkeit Gottes sehen zu können. Das Opfer verfasst einen Brief des Täters an das Opfer.

Der 5. Schritt macht die Versöhnung fest: Ein Vergebungsritual drückt aus, dass die Vergebung nun verbindlich ausgesagt ist. Das Opfer stellt ein fest formuliertes Vergebungszertifikat aus.

Durch bestimmte Rituale wird in der vorletzten Phase die Vergebung gefestigt, und der letzte Schritt leitet die Versöhnung mit dem Täter/ Täterin für den Fall ein, dass sich der Partner/die Partnerin darauf einlässt und Erkenntnis, Reue und Bereitschaft zeigt.

Für den Theologen ist selbstverständlich vorstellbar, dass ein solcher Weg gute Ergebnisse und wertvolle Hilfen leistet, um mit Verletzungen abschließen zu können. Dennoch seien einige Anmerkungen aus theologischer Sicht gestattet. Dass ein bewusster Glaube an Gott den Vergebungs- und Versöhnungsprozess gleichsam notwendigerweise beflügelt, haben die Befragungen nicht bestätigt. Ich teile die Kritik an therapeutischen Angeboten, welche die religiöse Dimension von Schuld und Vergebung nicht zu respektieren vermögen. Man darf aber wohl auch nicht ins andere Extrem verfallen, dieses Thema in jedem Fall ausdrücklich theologisch zu färben. Das Reich Gottes als Raum der Erfahrung gelingender Beziehung, von dem Stauss überzeugt ist, ereignet sich ja gerade nicht nur dort, wo ausdrücklich von Gott geredet wird. Ein wenig hebelt Stauss seinen Ansatz dort aus, wo er einem Atheisten zugesteht, aus dem 4. Schritt eine Vertiefung der Empathie zu gestalten und auf den Gottesbezug zu verzichten[162].

In einem Punkt vermag der Theologe dem Psychiater nicht zu folgen. Konrad Stauss illustriert den siebenphasigen Weg am Beispiel eines Mannes, der als Kind von einem Ordensmann sexuell missbraucht wurde und nun im Erwachsenenalter mit dem längst verstorbenen Täter die Versöhnung sucht[163]. Dabei geht er die beschriebenen Schritt durch. Das vorgegebene Vergebungszertifikat[164] lautet folgendermaßen:

»Am 20.6.2009 habe ich mich entschlossen, Bruder Petrus für seine jahrelangen schändlichen und verbrecherischen Taten, seinen sexuellen und religiösen Missbrauch, der für mich großes Lied zur Folge hatte, zu vergeben.
Ich habe in meinem Leben mit meinen Taten ebenfalls großes Leid hervorgerufen. Ich habe dafür um Vergebung gebeten und werde dies bei denen, die ich bisher nicht um Vergebung gebeten habe, tun.
Jetzt erkläre ich durch dieses Zertifikat, dass ich Bruder Petrus vergebe und damit die Bürde der Nichtvergebung ablege, so gut ich kann.«

---

162 | Ebd. 158.
163 | Ebd. 153–199.
164 | Ebd. 184.

Das Beispiel zeigt m. E. eine schwierige Problematik. Bereits im fingierten Dialog zwischen Opfer und Täter benennt das Opfer eigene mögliche schuldhafte Verhaltensweisen, die es ihm unmöglich gemacht haben, den Täter zu verstehen oder anderen gerecht zu werden. Gerade die Erfahrung des Missbrauchs darf aus theologischer Sicht nicht mit eigener Schuld des Opfers verknüpft werden, auch wenn das Opfer selbstverständlich im eigenen Leben schuldig werden kann. Auch wenn die Methode von Stauss dies nicht intendiert, wird die schlimme Schuld des Täters am Ende relativiert, da doch alle Beteiligten irgendwie Sünder sind. In einem solchen Beispiel ist wohl auch die Grenze der Notwendigkeit von empathischer Einfühlung überschritten.

Eine theologisch entscheidende Frage bleibt für den Theologen stehen: wird ein Versöhnungsprozess im therapeutischen Kontext, gerade wenn er derart religiös gefärbt wird, nicht am Ende eine Form der Selbsterlösung? Das Opfer vergibt dem Täter und arbeitet seine Geschichte incl. zerstörerischer Emotionen und Schuldgefühle auf. Das ist legitim und gut. Insofern aber nun ein Therapeut in die priesterliche Rolle rückt, stößt er aus theologischer Sicht an die Grenze. Schuld vergeben kann und will er nicht. Daher betritt Stauss ein sensibles Terrain. Er will die religiöse Dimension des Themas bewahren, säkularisiert das Geschehen am Ende jedoch auch. Aus theologischer Sicht eine ähnlich kritische Grenzüberschreitung, als wenn der Beichtstuhl zum Ort der Therapie wird. Jedes Angebot hat seine eigene Chance, aber auch den eigenen Rahmen, dessen Grenzen respektiert werden müssen.

Theologen lernen von Konrad Stauss, dass eine rein individuelle Lossprechung des Täters im Beichtstuhl nicht zwangsläufig den Versöhnungsprozess befördert, indem sie ausschließlich den Täter rechtfertigt. Hier zeigt sich die Notwendigkeit eines Nachdenkens über eine neue soziale Ausrichtung auch des Sakraments der Versöhnung oder eine mögliche Chance einer Kooperation mit Beratungs- und Therapieangeboten.

Evangelisches Zentralinstitut für Familienberatung, Stufen des Prozesses der Verzeihung und Versöhnung (Achim Haid-Loh)
Im evangelischen Zentralinstitut für Familienberatung in Berlin suchen u. a. Paare nach einer Verletzung Hilfestellung für einen Neuanfang ihrer Paarbeziehung. Die Beraterinnen und Berater überlassen den Prozess nicht dem Zufall, sondern haben eine Abfolge sinnvoller Schritte entwi-

ckelt, um den Prozess anzuleiten. Es lohnt sich, hier die Schritte vorzustellen:

1. *Bereuen und Beichten:* Am Beginn des Prozesses stehen die Anerkennung der Verletzung, eine erkennbare Einsicht und Reue, und schließlich ein glaubwürdiger Ausdruck des Bedauerns und die Übernahme der Verantwortung durch den Verletzenden.

2. *Wiedergutmachung:* Beide Beteiligten formulieren einen Wunsch, bzw. ein Angebot einer möglichen Wiedergutmachung, mit dem Ziel des Ausgleichs und der Genugtuung.

3. *Neues Verhalten:* Der Verletzende muss sich in einem neuen alltäglichen Verhalten bewähren. Damit wird dann eine Ebenbürtigkeit beider wieder hergestellt.

4. *Verzeihung:* Beide bitten sich gegenseitig um Verzeihung. Angestrebt ist eine Aussöhnung mit sich selbst und dem anderen.

5. *Versöhnung und Neubeginn:* Hier steht die Entscheidung an, ob beide zusammenbleiben wollen oder sich trennen. Sollten sie sich für einen gemeinsamen weiteren Weg entscheiden, muss das Vertrauen wachsen können, insofern besonders der Partner, der die Verletzung ausgelöst hat, sich im Alltag bewährt und Vertrauen rechtfertigt.

Die Schritte entsprechen der kirchlichen Tradition eines Bußprozesses, und zwar weniger der klassischen Beichte als der frühchristlichen Bußpraxis. Dort musste sich der Sünder/Sünderin nach dem Bekenntnis erst einmal in einem neuen Lebensstil bewähren, Wiedergutmachung leisten und vor der Gemeinschaft seinen ernsthaften Willen unter Beweis stellen.

Der verletzte Partner/Partnerin übernimmt in diesem beraterischen/therapeutischen Kontext die Rolle des Beichtvaters. Die unterstützenden Rituale sind der christlichen Tradition entnommen. Hier geht es nicht nur um die Bewältigung von Schuldgefühlen. Vielmehr sollen auch Genugtuung, »Kontenausgleich« und Wiederherstellung einer ebenbürtigen Beziehung erreicht werden. Hierin begegnen Menschen einer säkularen Form von Beichte, die aber deswegen auch durch den Theologen keineswegs geringgeschätzt werden muss. Denn in der Aufarbeitung der Verletzung geschieht etwas, was auch für den Theologen einen absoluten Wert darstellt. Jemand stellt sich seiner Schuld und ist um Wiedergutmachung und Neuanfang bemüht. Diese Form muss keine Konkurrenz zur Beichte sein, sondern kann eine höchst sinnvolle Ergänzung sein, da hier Begegnungen und Prozesse in der Partnerschaft ausgelöst und begleitet werden, die eine Einzelbeichte nicht leisten kann. Für den glaubenden Menschen kann sie eine Stärkung und Motivation sein, sich auf einen solchen begleiteten Versöhnungsweg zu machen und sich dabei von Gott getragen zu wissen.

Wallfahrten und Pilgern als (neue) Wege zur Versöhnung

Wallfahrten und Pilgern boomen. Jakobspilgerwege werden wiederbelebt, und Menschen machen sich auf den Weg. Hape Kerkeling hat mit seinem Buch »Ich bin dann mal weg: meine Reise auf dem Jakobsweg« 2009 das Thema zusätzlich populär gemacht. Dass Menschen sich auf weite Wege begeben, dort nicht nur körperliche Strapazen erfahren, sondern die Einfachheit des Lebens schätzen lernen, Entschleunigung in einer Zeit finden, deren Signum die Beschleunigung ist und zunehmend bleiben wird[165], macht den Trend besser verständlich. Diesen Aspekt greift auch Hans-Joachim Höhn auf:

> *»Als Leitprinzip einer Kultur, die rund um die Uhr in Bewegung ist, lässt es sich nicht ohne die Nebenwirkung der Einebnung und Vergleichgültigung der ›Eigenzeiten‹ von Mensch und Natur und des Zwangs zur Pausenlosigkeit zur Geltung bringen.«*[166]

Es kann sein, dass ein Mensch auch in einer Partnerschaft oder Beziehung den Eindruck eines »rasenden Stillstands« [167]macht, dass jemandem die Situation über den Kopf wächst, die Gedanken an die belastende Situation ihn/sie umtreiben, und das Hamsterrad sich nicht zu drehen aufhört, so dass sich kein Ausweg zeigt. Oder im Bild von Hans-Joachim Höhn: Die Situation »gleicht einem Wasserwirbel in einem Flusslauf. Hier herrscht eine enorme Umlaufgeschwindigkeit, aber es kommt zu keinem Raumgewinn. Alles ist in Bewegung, aber es geht nicht vorwärts.«

---

165 | Vgl. Tobias Kläden, »Wer hat an der Uhr gedreht?«. Beschleunigung als zentrales Signum der Gegenwart, in: Corinna Baumhofer / Elisa Kröger (Hg.), Ach, du liebe Zeit. Temporalität als Herausforderung der Pastoral, Ostfildern 2013, 15–32.
166 | Hans-Joachim Höhn, Zeit-Diagnose. Theologische Orientierung im Zeitalter der Beschleunigung, Darmstadt 2006, 58.
167 | Ebd. 58.

Da kann ein Ausstieg helfen. Zwar hat nur eine Person im Rahmen der Befragungen das Pilgern als seinen Lösungsversuch genannt, aber der Wunsch, Abstand zur Situation zu bekommen, war für mehrere Menschen bedeutsam. Die Möglichkeit, auf einem (längeren) Weg den Gedanken nachzugehen, dabei auch räumlich Abstand zu bekommen, gleichzeitig vielleicht Menschen auf dem Weg zu begegnen, mit denen man über »Gott und die Welt« ins Gespräch kommt, kann helfen, diesen Abstand zu finden. Es muss nicht ausgeschlossen werden, dass für einen Menschen auch die ganz traditionelle Motivation der Wallfahrt oder des Pilgerns für seine Situation bedeutsam wird: Buße zu tun und durch die Klärung der Gottesbeziehung auch die menschlichen Beziehungen besser ordnen zu können. Buße hätte dann ein konkretes Ziel: die eigene Situation im Abstand besser zu sehen, eigene Schuldanteile zunehmend besser zu erkennen, Groll abzubauen und ggfls. aus dem Abstand neue Ziele zu formulieren. Räumlicher und zeitlicher Abstand würden helfen, eine neue Perspektive einzunehmen. Es fällt insgesamt auf, dass Pilgern heute keineswegs nur ein Angebot für die ganz Frommen zu sein scheint. Nicht nur der Weg, sondern auch das Pilgerziel kann Bedeutung erlangen. Dass jemand einen Weg geht, der zielgerichtet ist, stellt von der christlichen Grundidee des Pilgerns ja auch ein Bild der Hoffnung dar. Es gibt ein Ziel, das sich zu verfolgen lohnt. Am Ort selbst erleben Menschen eine Form der Gemeinschaft von Suchenden und Betenden, denen oft die Strapazen des Weges (des Lebens) anzusehen sind. Es kann vielleicht auch helfen, sich als Teil einer solchen Gemeinschaft zu erleben, wo jemand mit seinem Thema nicht mehr allein steht.

Johann Pock macht auf die Bedeutung der Wallfahrtsorte als auch heute noch beliebte Beichtorte aufmerksam[168]. Dazu gehören auch Events wie Weltjugendtage oder das Angebot von »Nightfever«, das sich in vielen Städten als regelmäßiges Ereignis etabliert hat. Die dortigen Beichtzahlen sprechen jedoch nicht für die Renaissance des klassischen Bußsakraments. Für viele Menschen wird die Erfahrung des Weges wichtig, und es kann sein, dass jemand den Weg auf sich nimmt, um Klarheit in einem Vergebungskontext zu finden. Begegnungen mit bisher Unbekannten, Stille, Landschaft und auch das Herantasten an persönliche Grenzen vermögen einem Menschen zu neuen Lebensperspektiven zu führen.

---

168 | Pock, Neue Orte, 46.

Neue Formen kirchlicher Versöhnungsfeiern

Papst Johannes Paul II fordert in seinem Apostolischen Schreiben »Misericordia Dei« von 2002 ausdrücklich zu einem phantasievollen Umgang mit dem Sakrament der Versöhnung auf[169]. Gleichzeitig beschneidet er die Spielräume und betont, wie oben angeführt, die Normalität der Einzelbeichte als ordentlicher Form zur Erlangung der Vergebung nach einer gravierenden Schuld. Auf diese Problematik macht Wolfgang Beck aufmerksam, bevor er sich der Darstellung einer besonders im Kontext der Jugendarbeit (aber auch für Erwachsene mögliche) praktizierten neuen Form eines Versöhnungsweges zuwendet[170]. Beck sieht die Kirche mit ihren teils »restriktiven Begrenzungen« in der Verantwortung, dass es keine sinnvolle Weiterentwicklung des Sakraments der Versöhnung gegeben habe[171]. Kirchliche Maßgaben zur Erneuerung des Sakraments sind in den vergangenen Jahrzehnten nicht oder nur zögerlich umgesetzt worden.

Soll es in der kirchlichen Buße um mehr gehen als eine gültige sakramentale Lossprechung, helfen die Methoden und Ziele der befragten Paare und Personen, um neben den kirchlichen Vorgaben auch auf die Erfahrungen betroffener Menschen zurückgreifen zu können. Versöhnungsprozesse sollen fördern, was zu einem neuen Miteinander zwischen Menschen führen kann: das Erkennen der eigenen Anteile, das Erfassen der realen Situation, Hilfen für eine klare Entscheidung, die Annahme der eigenen Schattenseiten, die Hoffnung auf einen neuen Anfang, die Förderung der Empathie, der Erneuerung von Gemeinschaft und Liebe und der Suche nach Formen von Gebet und Spiritualität, welche eine Religiosität fördern, die sich weder in bloßen Formeln noch in einem religiös bedingten Fatalismus erschöpft. Formen von religiösem Perfektionismus, Leistungsdenken und »destruktivem« Verhalten, wo es um Verdrängung und Verharren geht, sollen identifiziert und verändert werden können.

Wunibald Müller fasst einen solchen Prozess zusammen:
»Im Zugeständnis, mich schuldig gemacht zu haben, werde ich aktiv.(...) ich lasse nicht länger die Schuld einfach in mir und auf mir liegen wie

---

169 | Verlautbarungen des Apostolischen Stuhls 153, Bonn 2002, Abschnitt 4.
170 | Beichte und Gewissensbildung? Die Thinkabout-Tour als kreative Ermutigung, in: RU heute 1/2016 (hg. von der Abteilung Schule/Hochschule des Bistums Mainz) 35–37.
171 | Ebd. 35.

eine Last. Ich trete in eine Beziehung zu ihr.(...) Im Bedauern und Bereuen gehe ich weiter auf meinem Befreiungsweg. Ich komme dabei mit meiner Seele in Berührung.«[172] Paul Deselaers verknüpft daher die Feier der Versöhnung mit der geistlichen Begleitung[173]. Lebens- und Glaubensweg können in einer solchen seelsorglichen Beziehung zusammengesehen und gestaltet werden. Auch Exerzitien (im Alltag) können Hilfen zu einer neuen geistlichen Sicht auf die eigene Biographie sein[174], genauso wie punktuelle Begegnungen im Kontext der Citypastoral, die niedrigschwellige Begegnungen und Gespräche ermöglicht. Die Kirche steht mit kompetenten Ansprechpartnerinnen und -partnern zur Verfügung. Ottmar Fuchs macht darauf aufmerksam, dass besonders die anonymen Angebote der Citypastoral ausgebaut werden könnten, und es wäre zu fragen, »inwiefern anonymisierte Räume (....) nicht auch wieder verstärkt für die Bußpastoral, (...) wichtig sein könnten, so dass Menschen in kirchliche Bereiche kommen und sich darin verbergen und zugleich bergen können.«[175]

Bußpastoral wird hier in einem weiteren Sinn verstanden als allein die Suche nach einer sakramentalen Lossprechung durch einen Priester. Buße beinhaltet die Sehnsucht nach Segen, nach Schutz, Hilfestellung, Rat und die Zusage einer »guten Macht«[176].

Erinnern wir uns an das Seelsorgeverständnis, erinnert Paul Deselaers wohl zu Recht daran, dass Kompetenzen für eine Begleitung von Menschen, die sensibel für Brüche und Neuanfänge ist, nicht automatisch durch die Weihe übertragen werden, sondern professionelle Ausbildung und Schulung brauchen, um einen fruchtbaren Wandel von Menschen unterstützen zu können[177].

Liturgische Feiern und neue Formen wollen eine auf die rein individuelle Verfasstheit konzentrierte und im Letzten unbußfertige Beichtpraxis ergänzen und erneuern helfen. Es geht um mehr als um einen jenseitigen Ausgleich des persönlichen Schuldkontos.

Die gemeinschaftlichen Bußgottesdienste in den Gemeinden haben si-

---

172 | Wunibald Müller, Die Beichte als Chance für die Befreiung von Schuld, in: Anzeiger für die Seelsorge 3/2009, 5–8, 6f.
173 | Vgl. Paul Deselaers, Verpasste Chance? Von der mühseligen Arbeit an einer differenzierten Erneuerung der Beichte, in: Anzeiger für die Seelsorge 3/2009, 13–17.
174 | Vgl. ebd. 15f.
175 | Fuchs, Sakramente, 106.
176 | Vgl. ebd.
177 | Vgl. ebd. 16f.

cher den Vorzug, dass der gemeinschaftliche Charakter von Schuld, Buße und Vergebung sinnenfällig zum Ausdruck kommen. Auch die Gewissenserforschung kann dabei so gestaltet sein, dass es zu einer echten Auseinandersetzung mit der persönlichen Schuld kommen kann. Die Versuchung lässt sich wohl auch nicht leugnen, dass gerade in dieser Feierform eine »billige Gnade« gesucht wird, indem man sich nicht wirklich der persönlichen Schuld stellen muss sondern sich hinter einem allgemein formulierten Schuldbekenntnis versteckt. Verallgemeinern kann man diesen Verdacht sicher nicht.

In manchen Gemeinden sind Gottesdienstformen (Versöhnungsliturgien[178]) entwickelt worden, die dem Einzelnen freistellen, das Gespräch mit einem Priester zu suchen oder das allgemeine Schuldbekenntnis mitzusprechen und es dabei zu belassen. Bestimmte Rituale (beispielsweise Asperges-Besprengung mit dem Weihwasser als Tauferinnerung und -erneuerung) ergänzen das Wort. Durch Bibeltexte, Gebet und Gesänge wird die Gemeinde zusammengeführt, und für manche mögen diese Angebote genügen, um zur Ruhe und zur Erneuerung durch Christus zu finden. Und wer im Rahmen eines solchen Gottesdienstes beichtet, steht ebenfalls nicht isoliert da.[179] Daniela Mohr-Braun gibt wertvolle konkrete Hinweise zur Vorbereitung und Durchführung einer solchen Feier:

Die Einbettung in das Kirchenjahr, die Einbindung vieler in die Gestaltung, die lebensnahe gottesdienstliche Sprache, eine mögliche offene Gottesdienstform, die ein Kommen und Gehen ermöglicht, die Bedeutung eines großen und verwinkelten Raumes, um die Diskretion zu gewährleisten. Die Erfahrung zeigt, dass auch solche Gottesdienste nicht unbedingt die Massen anziehen, aber manche Unsicherheit gegenüber der Kirche und ihren Seelsorgern überwinden helfen.

Meditative Formen sind eine andere Möglichkeit, Menschen mit dem Thema der Vergebung zu konfrontieren und Gelegenheit zum Nachdenken zu schaffen.

Eine offene Kirche, in der verschiedene Stationen zu dem Thema gestaltet sind, biblische Texte, Symbole oder Gebete, Geschichten und Fragen zur Verfügung stehen, die mit Hilfe von Licht, Kerzen und Farben ein-

---

178 | Vgl. Daniela Mohr-Braun, Versöhnungspastoral und Gemeindeaufbau, in: RU heute 1/2016 (Bistum Mainz), 22–24.
179 | Vgl. ebd. 23.

lädt, kann eine eindrucksvolle Erfahrung für Menschen sein. Hilfreich ist es, wenn Gesprächspartner oder Beichtväter zur Verfügung stehen, die jemand unkompliziert kontaktieren kann[180].

Im Zentrum derartiger Angebote steht aber Jesus Christus, sein Evangelium und seine Heilszusage, damit deutlich wird, dass es um mehr als um die Bewältigung von Schuldgefühlen geht: Der Mensch ist vielmehr angenommen trotz der Schuld, er soll in der Begegnung mit Christus neu und heil werden.

Weniger um Sündenvergebung als um Gewissensbildung und »kreative Ermutigung« geht es bei den »Thinkabout-Touren«, die meist im Rahmen der Schul-, Jugend- und Firmpastoral angeboten werden[181]. Beichte wird hier im Rahmen der Sakramentenvorbereitung nicht mehr in erster Linie als Zulassungsbedingung und -maßnahme verstanden. Wolfgang Beck fasst sieben zentrale Anliegen zusammen:

Dem/der Jugendlichen soll eine individuelle Begegnung mit dem Evangelium ermöglicht werden; Liturgie und Gewissenserforschung werden so individuell gestaltet, dass nicht alle gleich lange in einer Kirchenbank sitzen müssen; die Verschiedenheit der Jugendlichen wird ernst genommen; jeder/jede darf eigene Themenschwerpunkte setzen; niemand wird in eine peinliche Situation gebracht; es geht um eine Hilfestellung für eine persönliche Reflexion; auch die methodische Vielfalt soll der Pluralität der teilnehmenden Personen gerecht werden.

Die Teilnehmenden werden nun auf einen Weg geschickt und treffen auf dem Weg auf verschiedene Stationen. Sie gehen in Stille und sollen an den einzelnen Stationen unterschiedlichen Themen begegnen. An der einzelnen Stelle liegt eine zentrale Bibelstelle, begegnen Fragen, die die Hl. Schrift mit dem Leben verknüpfen und der Auftrag, ein Symbol zu finden, das an eine Kordel geknotet wird. So entsteht im Laufe des Weges eine Sammlung lebensrelevanter Symbole und Texte. Das anschließende Gespräch ist dann weniger defizit- oder schuldorientiert, es wird sich eher an den gewählten Symbolen entzünden.

Mit dieser Form sind sehr persönliche existenzielle Erfahrungen möglich. Aus eigener regelmäßiger Erfahrung mit dieser Form darf ich jedoch

---

180 | Konkrete Ideen auch bei Rainer Braun, Erneuerung der Beichte durch meditative Formen (2206), in: Zimmerling, Studienbuch Beichte, 314–328.
181 | Vgl. zum Folgenden Wolfgang Beck, Beichte und Gewissensbildung? Die Thinkabout-Tour als kreative Ermutigung; in: RU heute 1/2016 (Bistum Mainz) 35–37.

meine Wahrnehmung beitragen, dass die Beichte, d. h. das Nachdenken über Schuld und Verantwortung in der Regel nicht mehr im Zentrum steht. Der Vergebungs- und Versöhnungsaspekt geht zumeist unter. Die Bitte um eine Vergebung durch Gott spielt keine nennenswerte Rolle mehr. Der zentrale Schuld- und Vergebungsgedanke, aus dem sich die Notwendigkeit eines versöhnten Lebens ergeben können, gerät in die Peripherie, wenn er überhaupt noch eine Bedeutung hat. Will man die klassische Beichte retten, ist dieser Weg sicher nur insofern eine Hinführung, als er die Scheu vor dem Einzelgespräch mit einem Seelsorger nehmen kann. Ein etwas fader Beigeschmack bleibt: nach Jahrhunderten der Überbetonung von Schuld und Sünde und der Erlösungsbedürftigkeit des Menschen bleibt die Ressourcenorientierung. Was dann Erlösung bedeutet, muss neu buchstabiert werden. Die Jugendlichen sind größtenteils nicht auf der Suche nach einem gnädigen und liebenden Gott, sondern entdecken ihre Begabungen und Fragen. Es ist dann die Kunst der Gesprächsführung, den Blick auf andere und die Verantwortung ihnen gegenüber zu weiten. Dennoch sind die gemachten Erfahrungen selbstverständlich wertvoll.

4.4 Religionspädagogische und pastorale Perspektiven für die »Lernorte« des Glaubens

Lernort Familie

Die Kirchen betonen aus ihrem Menschenbild heraus die Bedeutung von Ehe und Familie für die Erziehung der Kinder und die Weitergabe des Glaubens. Die Familie stellt den ersten und wichtigsten Lernort des Glaubens dar. Gerne wird sie als »Hauskirche« tituliert und damit ihre enge Verbindung zur Kirche und ihrem Auftrag zum Ausdruck gebracht. Sicher wird niemand, der in der Kirche Verantwortung trägt, dieses hohe Ansehen der Familie in Frage stellen, und alle würden betonen, wie wichtig dann die Sorge der Kirche um die Familien sei und wie bedeutsam die pastorale Begleitung von Eltern und Kindern in dem Bemühen, ein lebensfreundliches und für Gott offenes Umfeld zu schaffen. Eine ernüchternde Bestandsaufnahme entstand 2013 durch die Fragen, die Papst Franziskus an die Diözesen der Weltkirche geschickt hatte, um die Situation, die Chancen und Probleme von (Ehe-)Partnern und Kindern weltweit anschauen zu können. Die sich anschließende Bischofssynode zu Ehe und Familie sollte an der Realität anknüpfen können. Die Bistümer in Deutschland haben sich unterschiedlich engagiert an der Beantwortung der päpstlichen Fragen beteiligt, vielleicht auch wegen der Kompliziertheit der Sprache und der Themen. Das Erzbistum Köln hat im Dezember 2013 auf seiner Homepage[182] Ergebnisse aus unterschiedlichen Stadt- und Kreisdekanaten bekannt gemacht, die zugegebenermaßen nicht repräsentativ, aber doch von einer gewissen Aussagekraft sein dürften.

Die kirchliche Lehre zu Ehe und Familie ist demnach weitgehend unbekannt, sieht man von wenigen Grundaussagen zur Unauflöslichkeit der Ehe und zur Familienplanung ab. Auch katholische Familien richten sich nach diesem Befund nur selten an den Normen des Lehramts aus, jedoch nicht nur aus Unkenntnis, sondern auch, weil große Teile der kirchlichen Lehre dem Zeitgeschmack widersprechen, der Partnerschaft, Ehe und Familienplanung als privates Lebensprojekt einordnet. Viele der Antwortenden beurteilen die kirchlichen Aussagen zu Sexualität, Partnerschaft und Familie als lebensfremd und wenig alltagstauglich. Naturrechtliche Begründungen werden weder verstanden noch akzeptiert. Wenn hier von Familie gesprochen wird, muss auch die Kirche zur Kenntnis nehmen, dass das Familienverständnis heute vielfältig ist und nicht immer mit dem kirchlichen korrespondiert[183]. Für das Vergebungsthema ist dies unerheblich.

Bei aller Buntheit der Situationen: Interessanterweise teilen viele Menschen jedoch das kirchliche Anliegen von Treue und Liebe in der Partnerschaft, und bejahen so das kirchliche Ideal der dauerhaften Ehe. Auch Jugendstudien der vergangenen Jahre bestätigen diesen Eindruck aus dem Erzbistum Köln. Bereits die Shell-Studie 2010 nimmt eine steigende Bedeutung der Familie für die befragten Jugendlichen wahr. 76 % sehen in der Familie eine wichtige Grundlage für das persönliche Lebensglück. Durch die eigene Herkunftsfamilie und auch die Gründung einer eigenen Familie erwarten sie eine emotionale Unterstützung auf dem Lebensweg. Die Shellstudie 2015 gebraucht das Bild vom »Heimathafen« Familie. Das Erziehungsverhalten der eigenen Eltern wird größtenteils positiv

---

182 | Abruf am 18.12.2013.
183 | Vgl. Andreas Rödder, 21.0. Eine kurze Geschichte der Gegenwart, München ⁴2016, 183–201.

bewertet. Ähnliche Ergebnisse bringt die letzte Sinusjugendstudie hervor. Die Kirche spielt in diesen Fragen jedoch keine nennenswerte Rolle. Die vom Erzbistum Köln veröffentlichten Ergebnisse erkennen an, dass es Angebote für die Ehebegleitung und Familienpastoral gibt, die allerdings nur das sog. Bildungsbürgertum erreichen und dann auch nur von zahlenmäßig wenigen in Anspruch genommen werden. Die Menschen nehmen dabei nicht wahr, dass die Angebote dem Evangelisierungsauftrag der Kirche dienen.

Gerne überlassen Eltern die eigentliche religiöse Erziehung und Praxis den »Spezialisten«, nur selten werden gemeindliche Angebote als relevant erfahren. Wenn es gelingt, den Glauben an die Kinder weiterzugeben, liegt es aber doch zu 50% an den Eltern, so dass Familien zunehmend selbst Subjekte der Pastoral und der religiösen Praxis werden, wenn eine Nachhaltigkeit erreicht werden soll.

Es ehrt die Verantwortlichen des Erzbistums, diese Ergebnisse der Öffentlichkeit preisgegeben zu haben, zeigen sie doch deutlich die Grenzen kirchlichen Handelns, daneben aber auch die Bedeutung der Familie für die religiöse Erziehung.

Obwohl am christlich-katholischen Familien- und Eheideal nicht gerüttelt wird, ist den Bischöfen bis hin zu Papst Franziskus selbstverständlich klar, dass Familie in der heutigen Zeit vielfältiger erlebt wird. Nicht umsonst spricht Papst Franziskus in Amoris Laetitia von der Familie als Collage und fordert auf, die Realität vor lauter Idealismus nicht aus dem Blick zu verlieren. Das wird den in den Studien befragten Jugendlichen gerecht, die ebenfalls ein Ideal suchen, dann aber auch mit der Realität ihrer oft collagierten Familien leben müssen.

Unter anderen hat sich der Religionspädagoge Albert Biesinger immer wieder über die Notwendigkeit ausgesprochen, die Familienpastoral auszubauen, um Eltern und Familien in ihren alltäglichen Herausforderungen zu unterstützen. Seine Forschungen und Veröffentlichungen stellen die Bedeutung der Familie und auch der kirchlich-gebundenen Praxis für die Entwicklung der Kinder und Jugendlichen heraus:

»Für Mütter und Väter dürfte interessant sein, dass kirchlich engagierte Jugendliche eine engere Familienbindung haben und sich im Vergleich zu anderen Jugendlichen erst spät von zu Hause ablösen. Sie haben ein intensiveres Verhältnis zur Natur, sind weniger selbstständig und setzen sich auffällig stark

für Umweltschutz ein. Diese Merkmale sind Kennzeichen einer ›verlangsamten Modernität‹. Die Kirche wird sehr familienzentriert erlebt.«[184]

Eltern werden eingeladen, Kindern und Jugendlichen auf der individuell oft schwierigen Suche nach tragfähigen Sinnantworten persönlich glaubwürdige Hilfestellung zu geben. Biesinger reagiert auf die Erkenntnis, dass Glaube nicht automatisch über die älteren Generationen weitergegeben wird, im Kontext der Erstkommunionvorbereitung mit einem familienkatechetischen Konzept. Eltern werden hier als Katechetinnen und Katecheten ihrer Kinder in Anspruch genommen, alle lernen voneinander. Kinder setzen sich nur dann mit dem Glauben auseinander, wenn sie merken, dass dieser auch Thema der Eltern ist und keine reine Kinderangelegenheit[185]. Albert Biesingers Anliegen besteht darin, nicht nur bedeutsame oder strukturierte Inhalte weiterzugeben, sondern die Familie zu »evangelisieren«.

Es lohnt sich, dieses Ziel etwas näher zu bestimmen:

»*Das Wort Evangelisierung hat eine überaus reichhaltige Bedeutung. In einem weiteren Sinn fasst es die gesamte Sendung der Kirche zusammen: Ihr ganzes Leben besteht ja in der Verwirklichung der traditio Evangelii, der Verkündigung und Weitergabe des Evangeliums, das »eine Kraft Gottes [ist], die jeden rettet, der glaubt« (Röm 1,16), und letztlich mit Jesus Christus identisch ist (vgl. 1 Kor 1,24). Deshalb richtet sich die so verstandene Evangelisierung an die ganze Menschheit. Evangelisieren bedeutet in jedem Fall nicht nur eine Lehre unterrichten, sondern den Herrn Jesus in Wort und Tat verkünden, also Werkzeug seiner Gegenwart und Wirksamkeit in der Welt werden.*«[186]

Familien zu evangelisieren hieße dann, die gesamte Familienkultur im Geist des Evangeliums zu prägen, dass der Umgang untereinander aus dem Evangelium heraus gestaltet wird.

Es versteht sich von selbst, dass Biesinger zufolge diese Lebenskultur nicht erst mit der Erstkommunionvorbereitung beginnen darf, sondern Grundlage jeder religiösen Erziehung sein muss. Erst wenn das Mitein-

---

184 | Biesinger, Kinder nicht um Gott betrügen, 25.
185 | ???
186 | Kongregation für die Glaubenslehre, Lehrmäßige Note zu einigen Aspekten der Evangelisierung (2007), 3 f.

ander dem Menschenbild des Evangeliums entspricht, respektvoll, versöhnlich, aufmerksam und solidarisch ist, kann religiöses Wissen zum Lebenswissen werden. Religiöses Lernen, Aufwachsen im Glauben zeigt sich nicht nur im Kennenlernen der christlichen Themen, sondern in der Verwirklichung des Reiches Gottes im alltäglichen Miteinander. Erst so wird Familie zu einer Schule des Lebens, wie Papst Franziskus fordert. Das gelebte Evangelium führt dann zur Reifung des eigenen Ich[187].
Eltern und Familien pastoral zu begleiten, ihnen Hilfen auch in Krisen und Verletzungssituationen anzubieten, wird auf diese Weise zu einer zentralen Grundlage von Glaubenserfahrung und Glaubensweitergabe. Inhalte müssen eine Rolle spielen, sie sind allein aber noch nicht die Lösung. Das gelebte Evangelium bildet den Humus für die junge Generation, sich selbst einen Ort im Glauben zu suchen, wenn sie denn wollen. Sowohl bei Papst Franziskus als auch in den Ausführungen des Religionspädagogen Biesinger (andere Beispiele ließen sich anführen) zeigt sich, dass die empfundene Lebensferne der christlichen Botschaft kein blindes Schicksal sein muss. Kirche und die ihnen anvertrauten Menschen leben vielfach mit denselben Sehnsüchten und Glückserwartungen. Die Hoffnung, dass die Kluft zwischen dem Evangelium und der menschlichen Kultur überbrückt werden kann, sollte man nicht zu schnell aufgeben. Wenn Papst Franziskus mit seinen Fragen einen Weg eingeschlagen hat, die Themen, Sorgen, Freuden und Nöte der Familien und Paare wahrzunehmen, ist das seitens der Kirche ein entscheidender Schritt, die Kluft zu verringern.

Lernen durch Nachahmung und Mitvollzug
»Kinder lernen in allen Bereichen zunächst durch Nachahmung und Mitvollzug«[188]. Erleben kleine Kinder, dass die Eltern eine frohmachende religiöse Praxis üben, die im besten Sinne alltäglich ist, und haben Eltern zu ihren Kindern eine bergende, wärmende Beziehung, werden Kinder in diesem Glauben eine eigene Beheimatung finden können. Gelebte Praxis, das Gebet, die Gestaltung des Kirchenjahres kommen dann hinzu und machen dem Kind den christlichen Glauben zu einem lebensrelevanten Lernfeld[189]. So lernen Kinder durch das Vorbild der Eltern. Hinzu-

---

187 | Vgl. Biesinger, Kinder nicht um Gott betrügen, 27.
188 | Ebd. 40.
189 | Vgl. ebd. 41 f.

kommt die Erfahrung in der christlichen Gemeinde. Erlebt ein Kind, dass viele auf diesem Weg unterwegs sind, bekommt der Glaube eine noch höhere Plausibilität.

Papst Franziskus beschreibt in Amoris Laetitia Erziehungsziele einer Familie als Verwirklichungsort des Reiches Gottes: Kinder sollten gute Gewohnheiten lernen (durch Vorbilder), das Zuhören und die Empathie, sie sollten ihr Gewissen ausbilden können, wobei ihnen Eltern und der christliche Glaube weniger Normen als vielmehr Werte zur Verfügung stellten[190]. Auch die Werte werden vom ihm konkretisiert. Im letzten geht es um das Erlernen der Anerkennung der Würde des anderen und die Suche nach seinem Wohl. Lernfelder der Familie sind die Solidarität, die Sorge um die Alten und Kranken. Hiermit sind wir mitten im Vergebungs- und Versöhnungsthema. Es wurde an anderem Ort beschrieben, wie realistisch der Papst die Situation der Familie einschätzt. Sie ist nie im Idealzustand, sondern Reich Gottes im Prozess. Wenn Kinder erleben, dass sich Eltern und auch andere Familienmitglieder im Geist des Evangeliums (nicht konfliktscheu, aber versöhnlich und eingedenk der Würde des anderen!) auf diesen Prozess einlassen, machen sie hierin unverzichtbare Erfahrungen eines Glaubens, der Lebensschule sein kann.

Albert Biesinger wird noch konkreter: Kinder müssten die Erfahrung machen, dass es keine heilen Familien gibt[191]. Allein das tägliche Bemühen um Grenzen, um die Balance zwischen Nähe und Distanz bringen Unruhe in den familiären Alltag:

> »In den Familien, in denen mehr Freude als Streit den Ton angibt, werden in der Regel Konflikte offen gelöst, versuchen Eltern und Kinder darauf zu achten, dass jeder und jede zu seinen bzw. ihren eignen Lebensmöglichkeiten durchfinden kann, und dabei gibt es so weit wie möglich Unterstützung füreinander.«[192]

Da ein solcher Umgang leichter in finanziell abgesicherten Verhältnissen in der Familie zu verwirklichen ist, besteht eine hilfreiche Familienpas-

---

190 | So formuliert bereitgestelltes Material zu AL auf der Homepage des Bistums Mainz: http://erwachsenenseelsorge.bistummainz.de/material (Abruf am 10.1.2017).
191 | Vgl. Biesinger, Kinder nicht um Gott betrügen, 69 f.
192 | Ebd. 69.

toral immer auch in der Sorge um diejenigen, die in Armut oder Armutsgefährdung leben. Familienpastoral ist nicht nur für das mittlere Bürgertum gedacht.
Biesinger stellt einige Fragen zusammen, die sich Menschen in einer Familie oder Partnerschaft immer wieder konkret stellen müssten:
Was motiviert Menschen, ehrlich und verlässlich zu sein; wie löst jemand qualitativ Konflikte und wie garantiert jemand die Würde des Gegners; wie werden in der Familie Nähe und Distanz, Solidarität und Rücksichtnahme gelebt; wie sehr prägen Einfühlung und Liebe die erotische Beziehung; wie gestaltet jemand Selbsterkenntnis und neue Anfänge (auch durch Wiedergutmachung und ehrliche Reue)? Auch andere Fragen führt er an, diese berühren ebenfalls den Vergebungskontext. Biesinger stellt somit ein versöhntes Miteinander als Ergebnis einer bewussten Motivation und einer ehrlichen regelmäßigen Gewissensprüfung vor, die Konsequenzen für das alltägliche Miteinander zeigen müssen. Erleben Kinder und Jugendliche, dass Erwachsene so auf dem Weg sind, erfahren sie diese Themen nicht nur als für Kinder bedeutsam, sondern lernen am Vorbild und am täglichen gemeinsamen Ringen um die entscheidenden Fragen in der Familie. Vergeben, Verzeihen und Versöhnen sind dann nicht Normerfüllung, sondern Entfaltung einer selbstreflektierenden Person und einer reifenden Persönlichkeit.
Konflikte mit ins Gebet zu nehmen und offene Gespräche in der Familie können wirksam helfen, Schwierigkeiten zu benennen oder gar Regeln für den gemeinsamen Umgang und die Bewältigung eines Konflikts gemeinsam zu entwickeln[193].
Für den innerfamiliären Umgang geben die befragten Paare wichtige Erfahrungen mit. Destruktive Verhaltensweisen wie Verschweigen, Machtausübung, Lieblosigkeiten, fehlende Empathie sind Gegenstand der Selbstkritik. Vergebung ist auch hier oft Ergebnis zielgerichteten Handelns. Gespräch, sich Zeit nehmen, Einsicht mitbringen, Prozesse zulassen, um Entschuldigung bitten, Wiedergutmachen, die Wirklichkeit nicht verdrängen, Erwartungen klären und andere »Strategien« sind für viele Menschen nützliche Hinweise, die den Versöhnungsprozess und das Miteinander nicht dem Zufall oder dem Nachgeben eines Beteiligten überlassen. Und warum sollte man in einer christlichen Familie nicht

---

193 | Vgl. ebd. 91.

auch einmal miteinander im Konfliktfall beten, ohne das Problem religiös zu übertünchen, oder eine gelungene Versöhnung im Gebet oder einem anderen gemeinsamen Ritual dankbar feiern?

Das Wort der deutschen Bischöfe zu Amoris Laetitia vom 1. Februar 2017
Noch ist der Richtungs- und Deutungsstreit zwischen unterschiedlichen Parteien in der Kirche nicht gelöst, haben die deutschen katholischen Bischöfe erste Überlegungen zur Relevanz von Amoris Laetitia für eine zeitgemäße Familienpastoral veröffentlicht[194]. Zunächst versuchen sie, die Familie derart als Hauskirche zu würdigen, dass sich die sakramentale Dimension einer christlichen Ehe im alltäglichen Miteinander bewahrheiten muss. Paare, die sich um ein treues, liebevolles Miteinander bemühten, leisteten einen unverzichtbaren Beitrag für die Gesellschaft insgesamt. Die Kirche möchte diese Menschen als Familien auf dem Weg unterstützen. Nach einem Wort zur Ehevorbereitung finden sich auch einige Gedanken zur Ehebegleitung, die wie gezeigt, noch nicht optimal aufgestellt ist.

Die Bischöfe möchten nicht erst dann aktiv werden, wenn es kriselt, sondern das Positive in den Partnerschaften und Familien fördern. Dafür legen sie Vorschläge vor: besondere Feste und Gottesdienste, Ehejubiläen feierlich gestalten. In der Verkündigung soll die Motivation besonders für junge Menschen immer wieder gestärkt und erklärt werden, sich auf einen Weg in die christliche Ehe zu wagen. In den Pfarreien, Verbänden und geistlichen Gemeinschaften sollen Familien- und Ehekreise offene Angebote werden. Eheleute sollen spirituell begleitet und gefördert werden.

Schließlich muss es wirksame Unterstützung in Krisen und Problemen geben. Dazu muss die Kirche (vor Ort) die Situation der einzelnen Familie wirklich kennen und zu ihrem Thema machen. Neben professionellen Angeboten bleibt es Pflicht des einzelnen Seelsorgers, der einzelnen Seelsorgerin, sich dem Gespräch und der Hilfestellung nicht zu entziehen.

Zu den kirchlichen Hilfen gehört auch, die Familie als Lernort des Glaubens stark zu machen. Familienrituale, Gebete, eine christliche Sonntagskultur, alltägliche religiöse Praxis sollen Glauben und Leben verbinden.

---

194 | »Die Freude der Liebe, die in den Familien gelebt wird, ist auch die Freude der Kirche.« Einladung zu einer erneuerten Ehe- und Familienpastoral im Licht von Amoris Laetitia.

Damit es nicht bei Worten bleibt, muss sich dieses Anliegen jeder/jede in der Kirche zu Eigen machen. Eine wichtige Grundvoraussetzung wird darin bestehen, Menschen in Schwierigkeiten nicht mit normativen Vorbehalten, sondern mit Aufmerksamkeit und Wertschätzung zu begegnen. Hier ist noch manches Vorurteil von beiden Seiten abzubauen. Es wird sich erweisen, wie gut das gelingen kann. Die Möglichkeiten der Kirche dürfen hier aber auch nicht unterschätzt werden, bedenkt man, an wie vielen Orten Kirche heute auch noch Familien, Eltern, Großeltern und Kindern begegnet.

Begleiten, Unterscheiden, Eingliedern (AL): Menschen in neuen Beziehungen nach einer gescheiterten Partnerschaft

Der kirchliche Umgang mit den Menschen, die nach einer staatlich geschiedenen, aber als kirchlich gültig betrachteten Ehe erneut zivilrechtlich heiraten, wird seit Jahren heftig diskutiert. Das Thema ist in der letzten Zeit so in das Zentrum der Auseinandersetzung geraten, dass man meinen könne, der Kern der christlichen Botschaft bestehe in Regeln bzgl. der Gestaltung menschlicher Sexualität. Allerdings werden tatsächlich Kernthemen berührt: die Frage nach der Gültigkeit des Jesuswortes von der Unauflöslichkeit der Ehe, die Notwendigkeit der Umkehr und die Rolle und das Verständnis von Barmherzigkeit, wenn eine Situation des Scheiterns endgültig geworden ist, und schließlich auch, dass Fakten zwar nicht gutgeheißen, aber irgendwann auch seitens der Kirche akzeptiert werden müssten. Die unterschiedlichen Situationen müssen auch von erfahrenen Seelsorgern unterschiedlich behandelt werden. Im letzten geht es um eine »therapeutische Pastoral« für die der Kirche anvertrauten Menschen[195].

Die bisherige Praxis der Kirche hat bei vielen Unbehagen ausgelöst, wurde sie doch als rigoros und unbarmherzig empfunden. Die betroffenen Menschen waren und sind vom Empfang der Sakramente ausgeschlossen, wobei immer wieder betont wurde, dass diese Sanktionierung keine Exkommunikation bedeute. Nachvollziehbar ist dieses Argument für zahlreiche Menschen nicht. Andere halten die konsequente Haltung der Kirche trotz der Widerstände als Ausdruck der Treue zum unbestrittenen Jesuswort. Mit den Themen der Bedeutung einer eindeutigen Wei-

---

195 | Vgl. Paul M. Zulehner, Vom Gesetz zum Gesicht. Ein neuer Ton in der Kirche: Papst Franziskus zu Ehe und Familie AMORIS LAETITIA, Ostfildern 2016, 106 f.

sung Jesu, dem Ringen um Barmherzigkeit und Umkehr sind wir nun doch in die Mitte des Evangeliums und seines rechten Verständnisses eingedrungen.

Einen entscheidenden und prägenden Text zu dem Thema hatte 1981 Papst Johannes Paul II mit seinem Apostolischen Schreiben »Familiaris Consortio« vorgelegt. Darin findet sich die für das Thema maßgebliche Textpassage:

> »Die Kirche, die dazu gesandt ist, um alle Menschen und insbesondere die Getauften zum Heil zu führen, kann diejenigen nicht sich selbst überlassen, die eine neue Verbindung gesucht haben, obwohl sie durch das sakramentale Eheband schon mit einem Partner verbunden sind. Darum wird sie unablässig bemüht sein, **solchen Menschen ihre Heilsmittel** anzubieten.
>
> Die Hirten mögen beherzigen, daß sie um der Liebe willen zur Wahrheit verpflichtet sind, die **verschiedenen Situationen gut zu unterscheiden.** Es ist ein Unterschied, ob jemand trotz aufrichtigen Bemühens, die frühere Ehe zu retten, völlig zu Unrecht verlassen wurde oder ob jemand eine kirchlich gültige Ehe durch eigene schwere Schuld zerstört hat. Wieder andere sind eine neue Verbindung eingegangen im Hinblick auf die Erziehung der Kinder und haben manchmal die subjektive Gewissensüberzeugung, daß die frühere, unheilbar zerstörte Ehe niemals gültig war.
>
> Zusammen mit der Synode möchte ich die Hirten und die ganze Gemeinschaft der Gläubigen herzlich ermahnen, den Geschiedenen in fürsorgender Liebe beizustehen, damit sie sich nicht als von der Kirche getrennt betrachten, da sie als Getaufte an ihrem Leben teilnehmen können, ja dazu verpflichtet sind. Sie sollen ermahnt werden, das Wort Gottes zu hören, am heiligen Meßopfer teilzunehmen, regelmäßig zu beten, die Gemeinde in ihren Werken der Nächstenliebe und Initiativen zur Förderung der Gerechtigkeit zu unterstützen, die Kinder im christlichen Glauben zu erziehen und den Geist und die Werke der Buße zu pflegen, um so von Tag zu Tag die Gnade Gottes auf sich herabzurufen. Die Kirche soll für sie beten, ihnen Mut machen, sich ihnen als barmherzige Mutter erweisen und sie so im Glauben und in der Hoffnung stärken.
>
> Die Kirche bekräftigt jedoch ihre auf die Heilige Schrift gestützte Praxis, wiederverheiratete Geschiedene nicht zum eucharistischen Mahl zuzulassen.«[196]

---

196 | Familiaris Consortio 83.

So rigide der letzte Satz klingen mag, legt der Papst hier die Grundlagen für eine durchaus differenzierte Bewertung der unterschiedlichen Situationen. Und im folgenden Abschnitt thematisiert der Papst die eine offene Tür, die bleibt, um an den Sakramenten teilnehmen zu können:

> »Die Wiederversöhnung im Sakrament der Buße, das den Weg zum Sakrament der Eucharistie öffnet, kann nur denen gewährt werden, welche die Verletzung des Zeichens des Bundes mit Christus und der Treue zu ihm bereut und die aufrichtige Bereitschaft zu einem Leben haben, das nicht mehr im Widerspruch zur Unauflöslichkeit der Ehe steht. Das heißt konkret, daß, wenn die beiden Partner aus ernsthaften Gründen – zum Beispiel wegen der Erziehung der Kinder – der Verpflichtung zur Trennung nicht nachkommen können, sie sich verpflichten, völlig enthaltsam zu leben, das heißt, sich der Akte zu enthalten, welche Eheleuten vorbehalten sind«.

Wer also ohne sexuellen Verkehr mit dem neuen Partner wegen ernsthafter Gründe zusammenbleibt, kann sich nach einer Beichte wieder als versöhnt betrachten, auch wenn die Beziehung als schwere Sünde zu sehen ist.
Es ist natürlich nicht auszuschließen, dass Menschen mit starker kirchlicher Bindung einen solchen Lebensweg der sexuellen Enthaltsamkeit in der neuen Partnerschaft geführt haben und damit ihren Frieden mit der Situation und der Kirche gemacht haben.
Es gilt aber auch zu fragen, wie realistisch eine solche Forderung besonders für junge Menschen ist, die in eine solche Situation aus unterschiedlichen Gründen geraten sind. Nicht immer ist die Eheannulierung, die der Papst anspricht, ein gangbarer Weg. Und die Reduzierung der schweren Sünde auf den Geschlechtsakt wird der Lebenssituation der betroffenen Menschen kaum gerecht[197].
In den Folgejahren sind immer wieder Lösungen diskutiert worden, die eine differenzierte Sakramentenpraxis hätten ermöglichen können. Keine hat sich durchsetzen können, weil stets das Argument im Raum stand, die Lebenssituation sei schwere Sünde und aus einer solchen Situation könne sich keine gute Konsequenz oder eine Abschwächung der negativen Einschätzung ergeben. Die pastoralen Themen liegen auf der

---

197 | Vgl. dazu Udo Schmälzle, Gibt es einen Wandel? Die Sexualmoral im Spiegel einschlägiger Hirtenbriefe deutscher Bischöfe, in: HK Spezial 2/2014, 29–34.

Hand: für die betreffenden Partner bedeutete dies, sollten sie den Kontakt mit einem Beichtvater suchen, dass er ihnen nur die sexuelle Enthaltsamkeit raten konnte oder eine nicht zufriedenstellende »pastorale« Lösung anbieten konnte, etwa dort zur Eucharistie zu gehen, wo man unbekannt sei. Nicht selten ist diese Lösung als Doppelmoral gebrandmarkt worden – eine wirkliche pastorale Begleitung der Lebenssituation war es jedenfalls wirklich nicht. Die Kinder einer solchen Beziehung bedeutete dies wahrzunehmen, dass die Kirche ihr Elternhaus negativ bewertet und die Eltern selbst nicht zu den Sakramenten gehen durften, für deren Empfang sie als Kinder herzlich eingeladen wurden. Angesichts wachsender Zahlen solcher Collage-Familien auch im Kontext der Sakramentenvorbereitung eine belastende Situation, gerade für die Kinder, die es in bestimmten Familienkonstellationen schon schwer genug haben.

Als Papst Franziskus die Vorbereitungen für die Familiensynoden 2013 anlaufen ließ, entzündete sich bald genau an diesem Thema die Kontroverse. Sollte der Papst die Zulassung zu den Sakramenten erleichtern, stellten manche seine Katholizität in Frage, sollte sich nichts ändern, habe man falsche Hoffnungen auf ihn gesetzt und seine Rede von Barmherzigkeit sei nichts anderes als schönes Wortgeklingel.

So erwarteten Freunde, Gegner und Skeptiker mit Spannung das nachsynodale Schreiben. Ohne an der Unauflöslichkeit der Ehe zu rütteln, führte der Papst die Differenzierungen aus Familiaris Consortio in konkrete Schritte über. Sein Anliegen ist ein dezidiert pastorales, indem er betroffenen Menschen Nähe und Zuwendung ermöglicht, ohne ihre Lebenssituation einfach nur anhand ewig gültiger Normen zu beurteilen. Schon die veränderte Sprache zeigt dies, wenn er von den Leiden der betroffenen Menschen spricht, ohne ihnen grundsätzlich zu unterstellen, sie blieben aus Unbußfertigkeit der sündhaften Situation verhaftet. Auch aus Unvollkommenem kann viel Gutes erwachsen. Menschen in solchen »irregulären« Beziehungen dürften in den Folgen ihres Tuns nicht ein Leben lang gefangen bleiben. Sakramente versteht der Papst lieber als Heilmittel für die Sünder denn als Belohnung für die Vollkommenen.

Dennoch predigt er kein Laissez-faire. Die Gleichgültigen suchen so oder so kein Gespräch mit dem Seelsorger, es geht um die Menschen, die ihren Glauben und ihre Kirchlichkeit ernst nehmen. Dem Papst geht es nicht um eine wahllose unreflektierte Teilnahme an den Sakramenten, sondern um einen geistlichen, begleiteten Prozess, an dessen Ende die Frage steht, wie denn aus einer solchen Situation heraus eine größere Liebe und ein neuer Lebensstil im Sinne des Evangeliums erwachsen könne.

Um zu einer eigenen fundierten Gewissensentscheidung des Einzelnen hinzuführen, fordert der Papst einen Beratungs- und Begleitungsprozess, der vom einzelnen Seelsorger starke Kompetenzen erfordert. Mit einem oder wenigen Gesprächen wird es nicht getan sein, erwartet der Papst doch einen Prozess unter dem Dreischritt: Begleiten – Unterscheiden – Eingliedern.

Obwohl manche dem Papst vorwerfen, damit der Willkür im Umgang mit den Sakramenten die Tür geöffnet zu haben, muss man doch feststellen, dass es sich hier im Gegenteil um einen sehr anspruchsvollen Weg handelt, an dessen Ende die sakramentale Lossprechung von Schuld stehen kann, diese jedoch durch eine längere intensive Beschäftigung mit der Geschichte vorbereitet wird. Beichte wäre dann sinnvoll eingebettet in eine persönliche geistliche Auseinandersetzung.

Auch wenn der Priester an dem Prozess aktiv begleitend beteiligt ist, bleibt es im letzten die Gewissensentscheidung der einzelnen betroffenen Person. Weder wird Schuld geleugnet noch werden pauschale Lösungen angeboten, die es Papst Franziskus zufolge nicht geben kann. Es geht um »Discretio«, die Gabe der Unterscheidung. Dafür ist die Gewissensbildung unerlässlich. Die deutschen Bischöfe haben noch keine Richtlinien für die Begleitung dieser Menschen herausgegeben.

Aus den Befragungen der Paare könnten folgende Elemente zu einem derartigen Begleitungsgeschehen gehören[198]:

• *Eine Grundentscheidung für Vergebung und Versöhnung mit dem anderen Menschen treffen*
Ich möchte mich versöhnend mit meiner Vergangenheit auseinandersetzen, nicht weil ich soll, sondern weil ich es will. Zunächst muss sich jeder der Realität seines Lebens stellen. Ich darf meine Geschichte des Scheiterns offen erzählen. Dazu kann gehören, eigene Schuldanteile am Scheitern der ersten Ehe anzuerkennen und bewusst dafür Verantwortung zu übernehmen. Ferner prüfe ich, wo ich meiner Verantwortung für

---

198 | Vgl. Zulehner, Vom Gesetz zum Gesicht, 62–67.

Menschen aus der früheren Beziehung nicht gerecht werde. Dazu gehören natürlich in erster Linie auch Verpflichtungen gegenüber den Kindern. Entschuldigungsmechanismen werden entlarvt. Dieser Schritt mag für manche Menschen schmerzhaft sein, weil er vielleicht auch eigenen Hochmut und Unversöhnlichkeit herausstellt.

Gefühle dürfen anerkannt und ausgesprochen werden, auch Hass und Groll gegenüber dem ersten Partner.

• Öffnen des Herzens
Sollte persönliche Schuld eine Rolle spielen, können Schritte der konkreten Wiedergutmachung und Zeichen der Reue überlegt werden, die in einem neuen Lebensstil fruchtbar werden sollen.

»Bußwerke« wie bestimmte Zeichen solidarischen Handelns können die Ernsthaftigkeit belegen. Gebet und Werke der Barmherzigkeit unterstützen den Prozess als geistliches Geschehen.

• Überwinden von Feindschaft
So ehrlich die Gefühle gezeigt werden dürfen, ist es im Eigeninteresse, Hass zu überwinden und Rachegefühle nicht mehr das Leben bestimmen zu lassen. Damit tritt jemand aus einer (vermeintlichen) Opferrolle heraus.

• *Akzeptanz der Würde des Anderen*
Egal, ob sich jemand als Verletzender oder Verletzter erfährt, ist es ein wichtiger Schritt, den anderen als anderen respektieren zu lernen. Dem anderen darf »meine« Wahrheit zugemutet werden, auch mir die Wahrheit des anderen. So lernt jemand, die Sichtweisen des Partners/der Partnerin einnehmen zu können und besser zu verstehen.

Auch wenn ich den anderen nicht mag, spreche ich ihm nicht seine Würde ab. Vielleicht schaffe ich es sogar, für ihn zu beten.

• *Blick auf eigene Ressourcen*
Vielleicht schaffe ich es, zu einer »versöhnten Erinnerung«[199] zu kommen, und kann mit Gottes Gnade eine neue Geschichte schreiben. Sak-

---

199 | So eine Formulierung zum Reformationsjubiläum 2017.

ramente können dabei eine Unterstützung sein, das Bußsakrament den Versöhnungsweg bündeln und beenden.

Wenn sich jemand auf einen solchen längeren Prozess einlassen will, zeigt sich, dass die Gleichsetzung von schwerer Sünde mit der ausgelebten Geschlechtlichkeit eine nicht genügende Sichtweise auf die (frühere und heutige) Partnerschaft darstellt. Vielleicht entsteht mit Gottes Hilfe tatsächlich eine Art Neuschöpfung in der Lebensgeschichte eines Menschen.

An diesem Punkt zeigt sich die Nähe zwischen Begleitung, Beratung und Seelsorge. Wer sich im Sinne des Papstes für derartige Versöhnungsprozesse engagieren will, braucht psychologisches und theologisches Fingerspitzengefühl gleichermaßen. Er darf sich nicht nur als Sakramentenverwalter verstehen, sondern zugleich als professioneller Begleiter. Ob das jeder Priester kann und will, wird sich erweisen. Dass Aus- oder Weiterbildung für die Seelsorger notwendig wird, liegt auf der Hand.

Die Kita wird zum Familienzentrum
Im Hinblick auf die ausdrücklich religiöse Erziehung und Praxis setzen nicht wenige Eltern auf die Kita oder den Kindergarten, sofern sie in kirchlicher Trägerschaft stehen. Auch die Kirchen bauen die Angebote für Kinder und Familien in den letzten Jahren deutlich wahrnehmbar aus. Aus Kindereinrichtungen werden gut vernetzte Familienzentren. Die Erziehung kann zwar die Erfahrung im Elternhaus nicht ersetzen, aber sinnvoll ergänzen. Angesichts der sich verändernden Berufs- und Familienlandschaft wird die Bedeutung dieser pastoralen Angebote weiter zunehmen. Das ist nicht nur eine Herausforderung, sondern birgt erhebliche religionspädagogische Chancen. Bald steht die Frage im Raum, welche Argumente die Kirche den suchenden Eltern anbieten könnte, dass sie ihre Kinder ausgerechnet bei einer christlichen Einrichtung anmelden sollten. Dazu gibt es aus einzelnen Diözesen mittlerweile hilfreiche Texte, von denen selbstverständlich zu hoffen ist, dass die Gedanken nicht nur bedrucktes Papier bleiben.

Beispielhaft sollen die pastoralen Richtlinien (PR) des Bistums Mainz herangezogen werden, die im März 2016 verabschiedet wurden. Zusätzlich gab es ein etwas älteres Dokument der katholischen Bistümer im Land Hessen (LH), das ergänzende Texte enthält. Der Ansatz wird weitgehend den Bemühungen anderer Diözesen in Deutschland entsprechen, so die Vermutung.

Die Einrichtungen verstehen sich als pastorale Orte der »Begegnung, Beratung, Betreuung, Begleitung, Beteiligung und Bildung für die ganze Familie« (PR 9). Durch die ganzheitliche Arbeit mit allen Familienmitgliedern möchte sie auch die Familien selbst stärken und jede/jeden einzelnen unterstützen.

Besonderes Augenmerk gilt den Kindern, deren Persönlichkeitsentwicklung im Geist des Evangeliums gefördert werden soll. Grundlage ist das christliche Menschenbild, das jeden Menschen als Ebenbild Gottes sieht und behandelt. Nicht nur die Individualität soll gefördert werden, sondern als Kehrseite der Medaille auch das soziale Verhalten, und der Transzendenzbezug des Kindes steht im Blick.

Erziehung möchte die Eigentätigkeit des kleinen Menschen fördern, den Sinn für soziale Gerechtigkeit und das Bemühen um einen friedvollen Umgang wecken.

Die Einrichtungen treffen eine bewusste »Option für die Armen«, indem sie besonders benachteiligten Kindern und Familien Unterstützung anbieten. Kinder sollen durch das vorbildhafte Verhalten der Mitarbeiterinnen und Mitarbeiter auch den anderen Menschen in seiner Würde sehen, ihnen soll geholfen werden, lieben, hoffen und anderen vertrauen zu können.

Der christliche Glaube, auch die Botschaft von Vergeben und Gemeinschaft, sollen Bestandteil der alltäglichen Erfahrung im Umgang miteinander sein und so den Boden für das eigene bewusste Verhalten bereiten. Die Alltagsnähe der christlichen Botschaft ist den Autoren ein besonders dringliches Anliegen, und der Versöhnungsdienst ist alltäglicher zentraler Bestandteil der pädagogischen Arbeit mit Kindern und Eltern:

> *»Religion, christliche Werte des Zusammenlebens und religiöse Bildung und Erziehung durchziehen die Alltagskultur, die Gestaltung der Räume, der Beziehungen und der Zeiten. Im täglichen Miteinander, besonders in der Gestaltung von Beziehungen, erfahren Kinder und ihre Familien Werte, die im Glauben wurzeln. Religiös motiviert sind beispielsweise eine **Kultur des Verzeihens und Versöhnens**, der Umgang mit Fehlern und Schwächen und die Solidarität mit Schwächeren.«* (PR 36).

Für von Krisen betroffene Familien werden ausdrücklich Beratungsangebote bereit gestellt.
Die alltägliche Grundlage für eine Sozial- und Versöhnungskultur bildet der Umgang aller miteinander:
Es geht um eine Haltung, »die sich in der respektvollen, wertschätzenden, achtsamen und liebevollen Interaktion mit Kindern und Familienmitgliedern sowie im Team der Mitarbeiterinnen und Mitarbeiter konkret ausdrückt. Kinder und ihre Familienangehörigen erfahren im täglichen Umgang christliche Werte, Orientierung und Sinn ...« (PR 37 f.). Die Bistumsverantwortlichen werden ausdrücklich konkret in die Pflicht genommen, dieses christliche Profil zu stärken und Mitarbeiterinnen und Mitarbeiter dementsprechend zu schulen und zu unterstützen.
Die Bistümer im Bundesland Hessen werden etwas konkreter (LH 6): Im respektvollen Umgang mit dem Kind lernt es eindringlich den Wert eines solchen Verhaltens kennen. Wichtig sind verlässliche Beziehungen, die verdeutlichen, dass das Kind nicht nur Betreuungsobjekt ist. Die Stärken und Ressourcen des Kindes stehen im Interesse. Ganzheitliche Bildung nimmt die Emotionalität und die Vernunft ernst und trägt zu einer wertorientierten und erfahrungsbasierten Gewissensbildung des Kindes bei. Das Verhalten im Konfliktfall zeigt besonders deutlich, wie das Christentum Nächstenliebe versteht und praktiziert. Daher werden Konflikte nicht ausgeblendet, sondern bewusst gestaltet und nach zufriedenstellenden Lösungen gesucht.
In einem Themenheft der Caritas Mainz (Familie im Mittelpunkt[200]) wird exemplarisch eine Einrichtung, die Kita St. Michael in Münster, unter dem Stichwort »Kita als Familienzentrum« vorgestellt:

»So wurde aus der Kita eine wichtige Anlaufstelle für die ganze Familie. Flexible Betreuungszeiten, offene Sprechstunden der psychologischen Erziehungsberatung, Sprachförderung, Elterncafé, Entspannungsangebote, wöchentliche Beratungsgespräche, pädagogische Elternabende und Vater-Kind-Aktionen sind nur einige Beispiele für die regelmäßigen Angebote, welche auf die Bedürfnisse der Familien abgestimmt sind.«

200 | März 2016, S. 7.

Es ist zu wünschen, dass in die Beratungsangebote auch gezielt die Begleitung von krisengefährdeten Eltern in den Fokus kommt. Den Erzieherinnen und Erziehern werden in der Regel schnell Verhaltensweisen der Kinder auffallen, die auf häusliche Probleme hindeuten.

Werden in einer solchen Einrichtung Feste und Rituale des Kirchenjahres bewusst gestaltet und mitgefeiert, ergibt sich für die Kinder und ihre Familien im Idealfall ein Raum der Erfahrung, wie Glaube und Leben zusammenkommen können. Wenn das Erziehungsziel gelingen sollte, Kinder zu starken Persönlichkeiten mit eigenem Gewissen und einem starken Gespür für die soziale Verantwortung entwickeln zu helfen, dient diese Erziehung dem Anliegen, Versöhnungsbereitschaft und -kompetenzen zu ermöglichen. Dazu müssen Schritte und Verhaltenseisen mit den Kindern auch gezielt eingeübt werden. Wenn den Diözesen dieses Anliegen wichtig ist, und zur Stärkung der Familien in Gegenwart und Zukunft scheint dies unverzichtbar, dürfen dann die Kompetenzen, die von den Erzieherinnen und Erziehern verlangt werden, nicht dem Zufall überlassen werden. Methoden- und eigene Sozialkompetenz, die in Weiterbildungsangeboten, Evaluationen und Teambegleitung, in Gruppen- und Einzelsupervision gestärkt werden, wären in dem Fall ein wichtiges Spezifikum kirchlicher Angebote.

Lernort Schule

Religionsunterricht – mehr als nur neutrale Information
Der konfessionelle Religionsunterricht wird vom Grundgesetz Art. 7 geschützt und garantiert. Die meisten Kinder und Jugendlichen werden über ihn mit dem christlichen Glauben in Berührung gebracht, und entgegen manchem Vorurteil erfreut er sich bei den meisten Kindern und Jugendlichen recht hoher Wertschätzung. Dass auch der Staat an einem solchen Unterricht Interesse hat, liegt nicht nur an den vermittelten Sachinhalten, sondern in der Werteorientierung des Religionsunterrichts. Die verantwortlichen Kirchen sind nüchtern genug zu wissen, dass der schulische Unterricht allein nicht das ersetzen kann, was an religiöser Orientierung in Familie und Gemeinde nicht mehr vermittelt wird, insofern darf man die Erwartungen nicht zu hoch schrauben, allerdings steigt seine Bedeutung durch das Faktum, dass er für viele Adressaten der einziger Ort der Begegnung mit der Kirche und dem Evangelium sein dürfte.

Bereits die Würzburger Synode hat dementsprechend verschiedene Ziele formuliert, die den Charakter des Religionsunterrichts prägen sollen. Neben der Wissensvermittlung steht der Anspruch, religiöse Praxis einzuüben, moralische Gesinnungen und Gewissensentwicklung mit prägen zu helfen, um so die Kinder und Jugendlichen zu einem engagierten Einsatz in der Welt anzuleiten.

So möchten die Kirchen, und nicht zuletzt auch der Staat, Verhalten und Haltungen auszubilden unterstützen, die zu einer entsprechend reflektierten Lebenspraxis hinführen.

Dahinter steht ein Bildungskonzept, das den Menschen nicht nur auf Sachwissen reduziert, sondern ihn wirklich »erziehen« möchte zu einer reflektierten, starken Persönlichkeit.

Die Konfessionalität ist dabei keine Nebensache. Der Lehrer/die Lehrerin informiert nicht nur, sondern soll durch die Vermittlung konkreter Glaubenspraxis zu einem solchen wertorientierten Leben einladen. Dazu vermittelt er nicht nur das christliche Gottesbild, sondern auch Zeugnisse davon, wie Menschen in Geschichte und Gegenwart ihr Leben aus dem Evangelium heraus gestaltet haben. Der Unterricht ist in den meisten Fällen ein ordentlicher Schulunterricht, dessen Leistungen auch benotet werden. Die Haltungen, die sich auch aus der Beschäftigung mit dem konkreten Glauben ableiten lassen, entziehen sich dann aber der schulischen Bewertung. Wie nachhaltig auch der beste Unterricht wirkt, lässt sich wohl statistisch nicht erfassen. Ist jedoch das Bemühen um Vergebung im Leben eines Menschen auch eine bewusst kognitive Entscheidung, kann religiöses Wissen, das als lebensnah und relevant erfahren wird, ein Bemühen um eine solche Entscheidung für Vergebung spürbar unterstützen: »Einstellungen erfordern Einsicht.«[201] Eine Garantie gibt es natürlich dafür nicht.

Wenn heute auch der Religionsunterricht kompetenzorientiert unterrichtet, entspricht dieser Ansatz dem Anliegen, der hier kurz skizziert worden ist. Neben der Sachkompetenz soll die Schule insgesamt auch Methoden-, Personal- und Sozialkompetenz ausbilden helfen. Sie soll Wissen, Fähigkeiten, Eistellungen und Haltungen vermitteln. Die bayri-

---

201 | Kirchliche Richtlinien zu Bildungsstandards für den katholischen Religionsunterricht in den Jahrgangsstufen 5–10/Sekundarstufe I (Mittlerer Schulabschluss) = Die deutschen Bischöfe 78, Bonn 2004, 10.

sche Kompetenzdefinition bringt das Bemühen schulischer Bildung auf den Punkt:

»Kompetent ist eine Person, wenn sie bereit ist, neue Aufgaben- und Problemstellungen zu lösen, und dieses auch kann. Hierbei muss sie Wissen bzw. Fähigkeiten erfolgreich abrufen, vor dem Hintergrund von Werthaltungen reflektieren sowie verantwortlich einsetzen«.

Die deutschen Bischöfe haben in ihren geforderten Bildungsstandards[202] auch dem Vergebungsthema einen wahrnehmbaren Raum zugewiesen. Im ersten inhaltlichen Schwerpunkt »Mensch und Welt« finden sich folgende Sätze über die inhaltlichen Kompetenzen im Hinblick auf unser Thema:

> »Die Schülerinnen und Schüler können an Beispielen darstellen, dass Vergebung die christliche Antwort auf Erfahrungen von Schuld und Sünde ist.
> Die Schülerinnen und Schüler
> — kennen die biblische Sicht von Schuld und Vergebung (z. B. 2 Sam 11 f., Ez 18, Lk 7,36–50, Lk 15,11–32);
> — wenden die biblische Sicht von Schuld und Vergebung auf Alltagserfahrungen an;
> — stellen an Beispielen dar, dass der Mensch oft Böses tut, obwohl er das Gute tun will;
> — stellen an Beispielen dar, wie Vergebung einen Neuanfang im Leben ermöglicht;
> — erläutern an Beispielen, dass Vergebung eine zentrale Aufgabe der Kirche ist [⇨ Gegenstandsbereich »Kirche«];
> — stellen die Bedeutung des Bußsakramentes dar.«

Auffallend ist dabei das Bemühen, dieses Thema lebensnah, beispielhaft und lösungsorientiert nahezubringen. Viele der am Unterricht beteiligten Kinder und Jugendlichen dürften familiäre Erfahrungen mit Versöhnung oder auch Unversöhnlichkeit gemacht haben oder davon aktuell betroffen sein. Deswegen wird es teilweise nicht schwer sein, Interesse an dem Thema zu wecken. Allerdings bedarf es des Fingerspitzengefühls des Lehrers/der Lehrerin, weil es teilweise um sehr intime und auch schmerzhafte Erfahrungen der Kinder und Jugendlichen gehen kann. Es

[202] Ebd.

stellt einen Glücksfall dar, wenn in der Lerngruppe eine Atmosphäre herrscht, in der Gespräche über derartige lebensnahe Themen möglich sind.
Wenn die Befragungen der Paare einen Beitrag zu diesem Thema leisten können, dann eine bewusste Hinführung der Jugendlichen zu einem reflektierten Verhalten in Krisen- und Konfliktsituationen. Hier kann es helfen, hilfreiche Strategien kennen zu lernen und destruktive Verhaltensweisen zu entlarven. Die Erfahrungen aus den Familien und Beziehungen konkretisieren die oben angeführten Anforderungen der Bischöfe an den Bildungsstandard des Religionsunterrichts. In der Erstellung der Unterrichtsmaterialien muss man sich jedoch davor hüten, zu einfache Schlüsse aus einer religiösen Begründung der Vergebung zu ziehen, zu heldenhafte Beispiele anzuführen oder die verschiedenen Problematiken einer zu einfachen und nicht ehrlichen Vergebung zu verschweigen. Da sind der Kreativität keine Grenzen gesetzt. Mit dem Kennenlernen von biblischen Texten allein dürfte es nicht genug sein.
Immer besteht gerade hinsichtlich des Religionsunterrichts die Gefahr eines »Religionsstunden-Ich«, das der Schüler/die Schülerin ausschließlich in diesem Kontext einnimmt, so dass die Beschäftigung mit Religion auch in der Schule einen Sonderbereich bildet, der sich vom normalen Leben der Schüler erheblich unterscheidet.
Allerdings bietet gerade der Themenkomplex Vergebung/Versöhnung die große Chance einer echten Korrelation, in der zentrale christliche Themen (Schuld, Sünde, Gnade ...) mit Leben gefüllt werden können.

Schulpastoral

Manchenorts bieten Schulen (oder die Kirche in der Schule) die Möglichkeit einer Schulpastoral, übrigens nicht nur in Schulen in kirchlicher Trägerschaft. Die verschiedenen Felder bieten über den Unterricht hinaus die große Chance, Themen des Lebens und des Glaubens nicht nur kognitiv zu erarbeiten, sondern Lern- und Tätigkeitsfelder zu erschließen, die Erfahrungen mit dem Glauben und der Gemeinschaft ermöglichen.
Wo es eine Schulpastoral gibt, bestehen gute Möglichkeiten, dem Thema Vergeben/Versöhnen einen alltäglichen Erfahrungsraum zu geben.
Zunächst soll hier das Selbstverständnis von Schulpastoral heute kurz erläutert werden. Nachdem die Kirche bereits in den 1950er Jahren fest-

stellen musste, dass Familie und Kirchengemeinde die christliche Sozialisation der nachwachsenden Generation nicht mehr sichern konnten, sollte eine stärkere seelsorgliche Präsenz in den Schulen die kirchliche Bindung der Kinder und Jugendlichen unterstützen[203]. Nach und nach spüren die Verantwortlichen, dass eine solche »integralistische« Schulpastoral nicht zukunftsträchtig sein dürfte. Man begann, mehr von den Bedürfnissen der Schülerinnen und Schüler her die Seelsorge zu konzipieren. In den 70er Jahren wurde der Fokus der Seelsorge nicht mehr allein auf die Kinder und Jugendlichen gerichtet, sondern auf alle, die sich im Feld der Schule bewegten, Schülerinne, Schüler, Eltern und Lehrer. Aus der Schülerseelsorge entwickelte sich die Schulpastoral. Diese Begriffserweiterung ist daher bemerkenswert, als dass Pastoral ein weiteres Handeln abdeckt als das klassische Verständnis von Seelsorge. Die sich entfaltenden verschiedenen Schulpastoralkonzepte zeigen, wie unterschiedlich das kirchliche Handeln in der Schule verstanden werden konnte und bis heute kann. Je nach Vorliebe des Verantwortlichen oder nach Situation, nach Vorgaben des Bischofs oder der Schulleitung ergaben sich Konzepte, die die Vielfalt kirchlichen Handelns belegen. Gottfried Bitter nennt die wesentlichen Beispiele:

- eine mystagogische Konzeption möchte Religion erfahrbar machen, Religion soll als gelebter Glaube den Schüler/die Schülerin erreichen.
- ein im Wesentlichen kommunikativer Ansatz stärkt die Beziehungen in der Schule durch gemeinsame Freizeiten, Gruppen- und Selbsterfahrung, durch soziale und ökologische Aktionen.
- die diakonische Konzeption sieht ihren Auftrag darin, die Schulkultur positiv zu prägen, ein gemeinsames Ethos zu entwickeln, durch Gesprächskultur das soziale Klima zu verändern, und so Wohlbefinden, Lebens- und Lernfreude zu stärken.
- ein caritativer Ansatz verbindet sich stark mit der Schulsozialarbeit.
- eine personenzentrierte Schulpastoral bietet vor allem Gesprächsmöglichkeiten, schenkt dem Schüler/der Schülerin Akzeptanz und Empathie in Lebensfragen.

Die verschiedenen Modelle schließen einander nicht aus, sondern setzen Schwerpunkte, die durch andere Angebote ergänzt werden können.

---

203 | Vgl. Gottfried Bitter, Schulseelsorge. Unterschiedliche Konzeptionen, in: LS 54 (2003) 70–77.

Schwerpunktmäßig finden sich heute in den Diözesen diakonische Begründungen, die aber alle kirchlichen Grundvollzüge (Liturgie, Martyrie, Diakonie) als Hilfen für eine christliche Schulkultur verstehen.
Ein Aspekt des Dienstes an der Schulkultur besteht in der Art und Weise des Umgangs aller in der Schule miteinander[204]:

»Wie Lehrer/innen und Schüler/innen miteinander umgehen, worin sich das Schulklima, das Lehrerethos, das Wert- und Normengefüge der Lehrer/innen, der Schüler/innen und Eltern äußert, das gilt als Soziokultur einer Schule. Auch die Mikropolitik einer Schule, die Formen des Aushandelns von Ordnungen und Strukturen, das Verhandeln von Konflikten, sind schulkulturelle Praxis des Miteinander-Umgehens.«

Wenn diese Bemühungen in einer Schule gelingen, steigt die Akzeptanz und die Identifikation von Schülern, Lehrern und Eltern mit der Schule. Die gesamte Pädagogik muss für diesen Zweck an einem Strang ziehen. Das fängt im unterrichtlichen Umgang an, setzt sich zwischen Eltern und Lehrer fort, muss sich im Kollegium als Alltag erweisen und wird so auch für die Schülerinnen und Schüler zur Motivation.
Damit es in diesem Bemühen nicht bei gutgemeinten Absichtserklärungen bleibt, kann Schulpastoral verschiedene Angebote machen, die die Schulkultur in dem genannten Sinne beeinflussen können.
Natürlich helfen gute Gottesdienste, spirituelle Angebote und Gesprächsmöglichkeiten, den Lebensraum Schule als Gemeinschaft erfahrbar zu machen und damit die Freude und Solidarität zu befördern.
Angebote für das Kollegium[205] können die Gemeinsamkeiten stärken und gute Verhaltensweisen einüben. Wenn es stimmt, dass viele Lehrerinnen und Lehrer nur ungenügende Bewältigungsstrategien im Hinblick auf Konflikte mitbringen, berühren wir spätestens hier das Thema von Vergeben und Versöhnen. Sowohl Konflikte im Kollegium, zwischen Lehrer/Lehrerin und Eltern als auch gegenüber der Klasse oder innerhalb einer Lerngruppe können nicht dem Zufall überlassen werden. Neben spiritueller Begleitung hat Schulpastoral hierfür durchaus gezielte

---

204 | Vgl. Dietlind Fischer, Schulpastoral als eine Dimension der Schulkultur, in: Ludwig Rendle (Hg.), Ganzheitliche Methoden in der Schulpastoral, München 2013, 45–54, bes. 50 f.
205 | Vgl. Michael Wedding, Lehrerinnen und Lehrer begleiten und stärken, in: Rendle (Hg.), Ganzheitliche Methoden in der Schulpastoral, 55–65.

Angebote im Gepäck: Supervision, Fortbildung über eigene Werthaltungen und Motivation, Fallberatung, Vermittlungsgespräche, Begleitung in Krisen, Angebote von Auszeiten und Unterbrechungen des Alltags und schließlich auch die Sorge um das Wohlbefinden und die Gesundheit der Lehrperson. Sollte es gezielt um Versöhnungsgeschehen gehen, müssten dem Seelsorger/der Seelsorgerin Hilfen an die Hand gegeben werden, einen derartigen Prozess professionell zu begleiten und zu unterstützen. Mit moralischen Appellen und frommen Wünschen ist es erfahrungsgemäß nicht getan.

Im Hinblick auf die Arbeit mit den Eltern sind die Möglichkeiten demgegenüber eher begrenzt[206]. Grundsätzlich stimmt es, dass Eltern die Schule eher nicht als Ort der Bewältigung eigener Lebensfragen ansehen. Ihnen geht es eher um die Interessen ihrer Kinder, als um die Suche nach einer Begleitung für sich. Dennoch wird es nicht ausbleiben, dass Eltern Versöhnungsthematiken in die Schule bringen, seien es Familienkonflikte, Schwierigkeiten mit den Kindern, Konflikte mit dem Lehrer. Trotz der Problematik kann die Schule, und in ihr die Schulpastoral, eine Erziehungspartnerschaft anbieten, so dass sich Eltern und Schule nicht mehr als Konkurrenten, sondern als Interessengemeinschaft erleben können. Gemeinsame Gottesdienste, Begegnungen, Gesprächsmöglichkeiten stärken die Nähe der Eltern zu den Anliegen der Schule. Gerade die Schulpastoral hat erfahrungsgemäß die große Chance, im Konfliktfall Vermittlerin zwischen Schule und Elternhaus zu sein. Dafür bedarf es guter Beziehungen zu beiden Seiten, die vertrauensvoll aufgebaut werden müssen. Echtes Interesse an den Themen von Schule, Eltern und Kindern, professionelle Nähe und Glaubwürdigkeit erhöhen die Wahrscheinlichkeit, dass sich die Beteiligten etwas sagen lassen oder sich auf seelsorgliche Begleitung einlassen. Professionelle Kenntnisse helfen im Konfliktfall, das A und O wird jedoch die persönliche Beziehung und die Präsenz zu sein, die Grundlage für die Akzeptanz von Pastoral schafft.

Für die Schülerinnen und Schüler gibt es Ideen aus allen kirchlichen Grundvollzügen. Was Vergebung angeht, müsste doch gelten: mit wem ich bete, den kann ich nicht mobben oder schlagen. Natürlich bleibt das graue Theorie, wenn es beim liturgischen Geschehen oder beim Schulgebet bleibt. Greift man Stimmungen dabei auf, kann ein gut und persön-

---

206 | Vgl. Michael Sandkamp, Elternpastoral in der Schule, in: Rendle (Hg.), Ganzheitliche Methoden in der Schulpastoral, 66–78.

lich gestalteter Gottesdienst positive Motivationen zu einem guten Miteinander fördern, genau wie gemeinsame diakonische Projekte oder andere außerunterrichtliche Aktionen, die nicht benotet oder schulisch bewertet werden.

Tage der Orientierung
Eine besonders qualifizierte Möglichkeit, Gemeinschaft und Individuum zu stärken, sind die »Tage religiöser Orientierung« oder »Tage der Orientierung« im Rahmen von Schulpastoral. Die Gruppen von Jugendlichen fahren über mehrere Tage weg und stellen sich meist selbstgewählten Themen. Es geht um Begegnung, Stärkung, Unterbrechung, und die Erfahrung, dass Glaube und Leben sich sinnvoll begegnen können. In verschiedenen Übungen soll der Jugendliche Aspekte seines Lebens, seine Werte und Ziele reflektieren und befragen. In gemeinschaftlichen Aktionen werden Vertrauen und Gemeinschaft gestärkt.
Eine Gruppe aus einem Bonner Gymnasium (Abiturientinnen und Abiturienten) hat eine solche Maßnahme mit folgenden Sätzen anonym evaluiert. Die Frage war: Was hat Dich zur Anmeldung bewogen, wie hast Du die Tage erlebt? Eine Auswahl:
Zusammensein mit anderen, besseres Kennenlernen (offene Gesprächsatmosphäre), andere beeindrucken
Diskussion über Gott, die Welt und sein Leben
Ruhige Gebetszeiten als Höhepunkte
Sprechen über unsere Lebenserfahrungen
Darin Gotteserfahrungen suchen
Man kann seine Fragen loswerden
Streit, Diskussion, Konsens, Spaß, Freundschaft und Erfahrungen, die verbinden und stärken
Neue Erfahrung mit sich selbst
Zeit haben zum Nachdenken und Gespräch
Auch für Nichtglaubende waren die Gespräche unaufdringlich oder nicht langweilig, sondern anregend und interessant
Bibeltexte sprechen einen plötzlich an (1 Joh 3,20, oder : Wo zwei oder drei…)
Dieser Satz hat mich sehr berührt
Gemeinsames Gottesdienstfeiern
Anregungen zum Nachdenken über die Zukunft
Beginn eines neuen Denkprozesses

»Ich war nie gläubig, habe mich aber immer gerne kritisch mit diesem Thema auseinandergesetzt. Trotzdem habe ich es nicht ausgeschlossen, irgendwann gläubig zu werden. Jetzt, nach diesen Tagen bin ich wirklich, was ich nicht gedacht hätte, dem Glauben, aber auch mir selbst, ein Stück näher gekommen. Es hat Spaß gemacht, auch, weil man viel für das Gemeinschaftsgefühl getan hat.«
Lehrer sind nicht als Lehrer, sondern als Menschen mitgefahren.
Das Sprechen über Glaube und Religion war nicht alltäglich, daher interessant
Ich wusste nicht, wie das werden kann, wenn man sich nur mit Glaubensfragen und Gott beschäftigt.
Ich war in Sorge vor langweiligen thematischen Einheiten und wenig abwechslungsreichem Programm, aber keine meiner Sorgen hat sich bewahrheitet.
Das Ganze war natürlich mit religiösem Hintergrund, aber wir konnten die Themen mitbestimmen, das hat Spaß gemacht und mich weitergebracht.
Mich hat erstaunt, dass man über so etwas offen reden konnte, vertrauensvoll und lange.[207]

Diese erstaunlich positiven Rückmeldungen zeigen die Chancen solcher Tage. Glaube kann lebensrelevant erfahren werden, sogar die Gottesdienste werden hilfreich erlebt. Eine gute Mischung aus sowohl individueller Beschäftigung mit der eigenen Person als auch der Austausch, dabei auch die Auseinandersetzung mit andern, scheint gelungen zu sein. Ohne dass Vergebung und Versöhnung ein Thema waren, wurde erlebt, dass Streit und heftige Diskussionen kein Problem darstellen, sondern oft das Salz in der Suppe sein können. In den Übungen, die die einzelne Person einladen, über den Lebensweg nachzudenken, spielen Konflikte nur eine untergeordnete Rolle. Professionelle Kursbegleiterinnen und -begleiter könnten hierauf das Interesse noch stärker richten. Um das Thema in das Zentrum zu bringen, müssten sicher noch bessere Konzepte erstellt werden, welche die Persönlichkeit als auch die Empathie gleichermaßen stärken. Aus langjähriger eigener Erfahrung mit derartigen Tagen scheinen mir manche Anbieter sich in recht eingefahrenen Gleisen zu bewegen. Hier ist bzgl. des Vergebungsthemas noch viel Raum offen. Dabei gewinnt das Thema angesichts von Hasssprache im Netz, Cyber-Mobbing und anderen Phänomenen (nicht nur im Hinblick auf eine spätere Beziehungs- oder Bindungsfähigkeit) erheblich an Bedeutung.

207 | Abiturientinnen und Abiturienten des Bonner Beethovengymnasiums 2009.

Mediation[208]

Neben den eher außergewöhnlichen Angeboten spielen Konflikte und deren Bewältigung in Schulen eine alltägliche Rolle. Hier haben sich in den vergangenen Jahren Mediationskonzepte entwickelt, die nicht nur Bestandteil kirchlicher Arbeit sind. Sofern es sie nicht geben sollte, darf sich eine Schulpastoral selbstverständlich in diesem Feld hervortun.
Die Mediation möchte den am Streit Beteiligten zu einer fairen Lösung verhelfen, die möglichst beiden Seiten gerecht wird. Die Lösung wird gemeinsam entwickelt und »resultiert aus gegenseitigem Verstehen«[209]. Der Schwerpunkt des Handelns und der Aktivität liegt bewusst nicht beim Mediator (»Streitschlichter«). Schafft eine Schule, ein solches Angebot zu etablieren, leistet sie einen spürbaren Beitrag zur Verbesserung der Schulkultur, gibt es damit ein Angebot, Konflikte offen und zielgerichtet, mit gegenseitigem Respekt auszutragen und an Lösungen zu arbeiten. Manfred Forell nennt vier Kommunikationsregeln für ein Mediationsgespräch: Ich-Botschaften statt Du-Botschaften, aktives Zuhören, Spiegeln von Inhalten und Gefühlen, und die verschiedenen Seiten einer Botschaft erkennen lernen (Selbstmitteilung, Beziehung, Sache, Appell). Die Beteiligten halten sich an Regeln: Ausreden lassen, Vertraulichkeit, Verzicht auf Strafe und Rache, um nur einige zu nennen. Jede beteiligte Person darf den Konflikt aus ihrer Sicht schildern, ohne unterbrochen zu werden. Abwertungen des anderen sind nicht statthaft. Die Beteiligten suchen dann nach Lösungen und einigen sich auf eine, die ihrer Wahrnehmung nach zum Erfolg führen kann. Am Ende steht ein Kontrakt, dessen Einhaltung versprochen wird und nachgeprüft werden kann.
Oft lassen sich Schülerinnen und Schüler als Mediatoren ausbilden und leisten einen wichtigen Dienst für die Schule und ihre Lebenskultur.
Für das spätere Leben lernen die Jugendlichen oder auch schon die Kinder wichtige Verhaltensweisen. Eine scheint besonders notwendig: Vergebung oder Versöhnung, die man will, muss nicht auf gegenseitiger Sympathie beruhen, sondern kann in klaren Strukturen sachlich und lösungsorientiert gesucht werden. Jemand mag einen anderen Menschen unerträglich finden, und dennoch mit ihm einen Versöhnungsweg gehen können im Sinne eines für beide zufriedenstellenden Kontrakts.

208 | Vgl. Manfred Forell, Damit wir uns besser verstehen lernen: Mediation in der Schulpastoral, in: Rendle (Hg.), Ganzheitliche Methoden in der Schulpastoral, 103–112.
209 | Ebd. 103.

Beachtet man, dass Jugendliche einen großen Teil ihres Lebens in der Schule verbringen, ist eine solche Versöhnungsarbeit im Schulalltag ein überaus lohnendes Feld für den Dienst der Kirche am Menschen.

Lernort Gemeinde

Jugendarbeit
Auch wenn sich die Gemeindestrukturen in den vergangenen Jahren stark verändert haben und auch weiter ungeahnten Verwandlungen unterworfen sind, suchen viele Menschen in den Gemeinden weiterhin eine Beheimatung. Die Harmoniebedürftigkeit der Gemeindemitglieder ist ungebrochen.
Ein wichtiger Ort, Menschen zu sozial kompetenten und vergebungsfähigen Persönlichkeiten heranzubilden, ist die kirchliche Jugendarbeit, die ihre Gestalt ebenfalls wandelt, aber vielerorts noch sehr lebendig ist. Wer sich in Jugendgruppen oder gar als Leiterin/Leiter engagiert hat, bekommt in Schulungen Grundkenntnisse von Gruppendynamik und Leitungskompetenzen vermittelt, für andere sind Erfahrungen in den Freizeiten und Gruppenstunden zu echten Lebensschulen geworden. Jugendverbände unterstützen die Arbeit vor Ort und bringen gesellschaftsrelevante, kirchliche und politische Themen in die Jugendarbeit ein, die dem gemeinsamen Tun über den Spaß und das Gemeinschaftserlebnis einen gemeinsamen Inhalt geben. Wer sich in Gruppen engagiert, wird zwangsläufig mit Konflikten, unterschiedlichen Interessen und mancher Unversöhnlichkeit konfrontiert, die es kompetent zu bearbeiten gilt. Wenn Kinder und Jugendlich sich im kirchlichen Kontext engagieren, machen sie manchmal hierbei die Gemeinschaftserfahrungen, die ihnen ihre Familie gegebenenfalls nicht mehr bieten kann.
Die zunehmenden Schwierigkeiten der klassischen kirchlichen Jugendarbeit soll nicht verschwiegen werden. Die Versöhnungsthematik bekommt eine traurige Relevanz, wenn die Beobachtung stimmt, dass kirchlich engagierte Jugendliche zunehmend von anderen Jugendlichen bedrängt und verspottet werden[210]. Selbstbewusste Jugendliche mögen über solchen Erlebnissen stehen, aber bei anderen rufen sie Verletzungen hervor. Es kann also sein, dass kirchliches Engagement zunehmend Konfliktfä-

---

210 | Julia Martin, Bist du auch so ein Kirchenfuzzi? (aus: www.katholisch.de am 23.01.2017).

higkeit, Vergebungs- und Versöhnungskompetenzen erfordert, mehr als in anderen Jugendorganisationen. Das Thema wird daher kirchliche Jugendarbeit nicht ausklammern dürfen, und den Geschichten einen Raum geben.
Grundlage für die kirchliche Jugendarbeit ist immer noch das über 40 Jahre alte Synodendokument zur Jugendpastoral der Würzburger Synode. Hans Hobelsberger bewertet dies:

> »Nach dem Synodenbeschluss gibt es in Deutschland keine ernst genommenen Entwürfe oder Leitlinien von Jugendarbeit mehr, die nicht gesellschaftliche und kulturelle Bedingungen, Lebenslagen und Lebenswelten junger Menschen und sozialpsychologische und sozialpädagogische Ansätze und Erkenntnisse konzeptionell integrieren. Diesen Qualitätsstandard jugendpastoraler Theoriebildung setzt der Synodenbeschluss«[211].

Jugendarbeit verfolgt demnach keine rein kirchliche oder im engen Sinne religiös-katechetische Zielsetzung. Die Kirche begegnet den Jugendlichen selbstlos, hört auf deren Fragen und lässt sie zu Subjekten der Jugendarbeit werden. Hobelsberger bezeichnet diesen Perspektivenwechsel als pastorale Wende, der dem Anliegen des II. Vatikanums entspricht[212]. Kirche will nicht belehren, sondern will in ihrer Pastoral Evangelium und Existenz »kreativ und handlungsbezogen« miteinander konfrontieren (Rainer Bucher)[213]. Eine derartige Begegnung mit dem gelebten Evangelium möchte Jugendpastoral in den unterschiedlichsten Lebenssituationen ermöglichen. Sie ist dann ein Erfahrungsraum der frohen Botschaft, zu der zentral das Vergebungsanliegen gehört.
Stellte bisher die Gruppe das Hauptangebot, muss sich heute Kirche an den Bedürfnissen der jungen Menschen orientieren, die andere Sozialformen bevorzugen und prägen. Die feste Gruppe hatte für das soziale Lernen natürlich große Möglichkeiten, die heutige Sozialformen so nicht mehr leisten können. Events wie Weltjugendtage, auch Jugendkirchen oder Wallfahrten vermögen sicher nicht, derart sozial zu prägen wie die Gruppenerfahrung früherer Jahre. Insofern reagiert die Jugendpastoral

---

211 | Hans Hobelsberger, Zurück in die Zukunft. Die bleibende Bedeutung des Synodenbeschlusses »Ziele und Aufgaben kirchlicher Jugendarbeit«, in: PThI 31 (2011) 61–76, hier 62.
212 | Ebd. 64.
213 | Ebd. 65.

auf die Pluralisierung und Individualisierung. Karikieren wir: geht es nur noch um den Spaß des einzelnen oder die eher punktuelle Erfahrung eines tollen Erlebnisses, ist die Jugendarbeit zunehmend kein Ackerboden mehr für nachhaltiges Arbeiten an einer christlichen/starken Persönlichkeit. Religion und Kirche sind dann ein Dienstleister unter anderen.

Vielleich hat die Jugendpastoral neben vielen guten und attraktiven Angeboten immer noch (so die Würzburger Synode) ihre Stärke im personalen Angebot derer, die Jugendarbeit leisten. Begegnen hier Jugendliche Menschen, die versuchen, das Evangelium auch in den Niederungen des Alltags zu leben, zeigen diese Menschen Interesse am anderen, können sie zu guten Begleiterinnen und Begleitern werden, auch im Falle eines Konflikts oder einer Krise. Solche Menschen sollten spürbar werden lassen, dass sie offen und ehrlich mit Schwierigkeiten umgehen und selbst vergebungskompetent sind. Gerade wenn sie nicht als unangreifbare Heilige erlebt werden, können sie Vorbilder für ein eigenes Leben nach dem Evangelium werden.

Bußerziehung und Beichtvorbereitung

Beichte und Bußerziehung ist etwas für Kinder. So jedenfalls werden es viele Menschen in den Gemeinden erfahren und selbst praktizieren. Im Rahmen der Erstkommunionvorbereitung werden die Kinder in den Gemeinden in der Regel auch auf den Empfang der Beichte, des Sakraments der Versöhnung vorbereitet. Manchenorts wird dieses Ereignis besonders gestaltet, durch ein gemeinsames Essen, durch besondere Rituale, wie dem Verbrennen der Zettel, auf denen die Kinder ihre Themen notiert hatten oder durch eine gemeinsame Vor- und Nachbereitung. Trotz aller Bemühungen bleibt oft ein schaler Nachgeschmack angesichts mancher offener Fragen:

- kann man von Kindern etwas verlangen, was die Erwachsenen (Eltern und Katechten, manchmal selbst die Hauptamtlichen) für sich selbst längst nicht mehr praktizieren? Manches Kind hat wohl auch schon sein dahin gehendes Unbehagen formuliert. Eltern tradieren oft Schauergeschichten über das Sakrament, die dem Kind kaum helfen dürften, sich auf die versprochene Vergebung durch Gott zu freuen.
- dient die Beichte mit ihrer doch im Wesen angelegten hierarchischen Gesprächssituation der Entwicklung eines reflektierten Gewissens?

- welche Bibelstellen und anderen Hilfsmittel sind zur Vorbereitung geeignet, was muss ein Kind sagen?

In einem Schreiben haben sich 1997[214] die deutschen Bischöfe den Fragen der Vorbereitung der Kinder geäußert. Trotz aller Einwände betonen sie die Bedeutung der Erfahrung von Versöhnung auch im Rahmen eines solchen Sakraments. Kinder haben in dem besagten Alter bereits ein Empfinden für Schuld und Verantwortung. Es besteht für die Erwachsenen kein Grund, die Sehnsucht nach Vergebung zu belächeln, aber auch nicht pädagogisierend auszunutzen. Viele Kinder erfahren ein Umfeld, in dem sich Menschen unversöhnlich begegnen. Umso notwendiger kann die Erfahrung der eigenen Möglichkeiten und des Geschenks der Vergebung sein. Viele Kinder, so die eigene Erfahrung, haben auch nicht die Scheu, sich in einem Gespräch mit dem Priester zu öffnen, besonders dann, wenn er ihnen aus Schule oder Gottesdienst, vielleicht sogar aus Begegnungen in der Freizeit bekannt ist. Es besteht die Hoffnung, dass die Kinder, selbst wenn sie nicht zu regelmäßigen Empfängern des Bußsakraments werden, aus der Erfahrung vor der Erstkommunion einen Eindruck mitnehmen, der sie später motivieren kann, das Gespräch und die Vergebung im Sakrament zu suchen.

Die wichtigste Grundlage für die sinnvolle Erfahrung der Beichte und Versöhnung besteht (nicht nur für Kinder) in der Erfahrung, unbedingt geliebt zu sein[215]. Das setzt hohe Sensibilität beim Beichtvater voraus, der zwar als Person hinter der Rolle zurücktreten soll, aber gleichzeitig durch seine persönliche Zuwendung Gott auch ein Gesicht und eine Stimme gibt.

Die Sakramentenvorbereitung darf sich humanwissenschaftlichen Erkenntnissen zur Gewissensentwicklung von Menschen nicht entziehen (GS 62). Die Beichtvorbereitung kommt nicht an den pädagogischen Grundsätzen ethischen Lernens vorbei[216]. Aus guten Gründen hat sich die ethische Erziehung von der Weitergabe von Normen zur Weitergabe von Werten verändert. Frühere Appelle an den Gehorsam, an das Aus-

---

214 | Umkehr und Versöhnung im Leben der Kirche. Orientierungen zur Bußpastoral = Die deutschen Bischöfe 58, Bonn 1997, 57–59.
215 | Vgl. Ansgar Wiedenhaus, Ein Sakrament der Ermutigung. Überlegungen zur Kinder- und Jugendbeichte, in: Anzeiger für die Seelsorge 3/2009, 10–12.
216 | Vgl. dazu Dietrich Zilleßen, Ethik, ethisches Lernen, in: Lexikon der Religionspädagogik Bd. 1 (hg. von Norbert Mette und Folkert Richers), Neukirchen-Vluyn 2001, 482–489.

richten an Geboten und Vorbildern ist dem Bemühen gewichen, einen eigenen Wertekanon zu ermöglichen, der sich selbstverständlich an Normen orientieren soll, die Verbindlichkeit und Sicherheit geben. Ersetzen können Normen die eigene Gewissensentscheidung jedoch nicht. Das Ziel ist eine eigene ethische Kompetenz des Menschen, der sich an Werte bindet aus eigener Einsicht und aus freiem Willen. Wenn dies in der Erziehung zu vermitteln gelingt, ist sie eine hervorragende Grundlage einer Streitkultur, insofern nicht alles relativ ist, und dem anderen Menschen zugestanden wird, eine eigene Position zu formulieren. Nur wer einen Standpunkt hat, kann in der Sache streiten. Wer eine christliche Wertebasis kennen- und schätzen gelernt hat, kann sich aus freier Entscheidung auch für Vergebung und Versöhnung entscheiden. Bußerziehung ist dann vor diesem Hintergrund sinnvoll, wenn sie dazu führt, das Gute zu tun, weil man will, nicht weil man soll. Das gilt auch für die Entscheidung, sich mit einem anderen Menschen versöhnen zu wollen oder sich der eigenen Schuld und Verantwortung zu stellen und Gott und andere Menschen um Verzeihung zu bitten.

Folgerichtig beschreibt Ansgar Wiedenhaus besonders im Hinblick auf junge Menschen die Beichte als Sakrament der Ermutigung. In der Beichte kommen daher nicht nur Schuld und Sünde auf den Tisch, sondern die Sorgen der Kinder, was sie bedrückt und beschäftigt: »Das ist nicht eine Verwässerung der Beichte zu einem bloßen Seelsorgegespräch, sondern vielmehr die eigentliche sakramentale Dimension der Beichte. Sakramente sind nicht nur Ritus, sie sollen glaubwürdig die Nähe Gottes sinnlich erfahrbar machen.«[217]

Die Frage nach dem Material zur Vermittlung ist dabei nicht unwichtig. Biblische Texte, in der von der Liebe Gottes, von seiner unbedingten Vergebungsbereitschaft die Rede ist, stehen sicher im Zentrum. Doch ist Vorsicht geboten. Ob die Lebenssituation eines Kindes vergleichbar ist mit der des weggelaufenen Schafes oder des verlorenen Sohnes, der den Vater abgrundtief verraten hat, muss gefragt werden (LK 15). Auch der betrügerische Zöllner Zachäus taugt nur bedingt für einen Vergleich mit einem Achtjährigen. Daher ist genau zu beachten, welchen Vergleichspunkt man aus diesen Texten mit den Kindern erarbeitet.

Der klassische Beichtspiegel, wie er sich auch im neuen »Gotteslob« fin-

---

217 | Wiedenhaus, Ein Sakrament der Ermutigung, 11.

det, ist sicher eine Hilfe, konkret zu schauen, betont aber ausschließlich den Schuldcharakter, weniger die Ermutigung zu neuem Handeln. Er nimmt auch nicht die Sorgen des Kindes in den Blick, sondern die persönliche Verantwortung des Kindes. Wenn dort etwa der verpasste Gottesdienstbesuch als Schuld abgefragt wird, mag dies objektiv eine Sünde sein. Dem Kind Schuldgefühle in einer Frage zu vermitteln, die im Wesentlichen Folge des Sonntagsverhaltens der Eltern sein dürfte, bleibt fragwürdig. Von daher müssen die Beichtspiegel, werden sie denn eingesetzt, Bestandteil einer grundlegenderen und positiveren Katechese sein. Die Bischöfe gehen sensibel auf die besonderen Voraussetzungen der Kinder ein[218]:

In der Katechese muss deutlich werden, dass das Sakrament der Versöhnung nur einen Teil eines christlich-versöhnten Lebens darstellt. Gerade Kindern wird sinnvollerweise vermittelt, dass Gott viele Wege hat, Menschen zu öffnen und zu vergeben. Die Beichte kann nur dort als ein hilfreiches Angebot erfahren werden, wo das Kind insgesamt in einem Umfeld aufwächst, wo Vergeben und Versöhnen eine Rolle spielt. Daher muss dieses Thema, auch um den Eltern den Lebensbezug des Sakraments zu verdeutlichen, das christliche Kernthema der Vergebung Bestandteil der Elternkatechese sein, auf die heute kaum ein ernstzunehmendes Kommunionkonzept verzichtet.

Anders als es viele noch kennengelernt haben, geht es in der Kinderbeichte nicht um die formale Richtigkeit oder Vollständigkeit. Kindgerechte kreative Formen in Gebet, Unterricht und Liturgie sollen das Beichtthema unterstützen und aus der schuldkonzentrierten Isolation holen.

Ehevorbereitung

In den Antworten der befragten Gläubigen des Erzbistums Köln vor der Bischofssynode zu Ehe und Familie wird durchaus das Bemühen der Bistümer und Gemeinden gewürdigt, eine zeitgemäße und hilfreiche Ehevorbereitung für interessierte Paare anzubieten. Die unterschiedlichen Angebote werden konkret benannt: Intensivseminare, Wochenenden sowie Abendveranstaltungen zu wichtigen Themen der Partnerschaft und christlichen Ehe. Nicht nur Gemeinden und das Bistum

---

218 | Umkehr und Versöhnung im Leben der Kirche. Orientierungen zur Bußpastoral = Die deutschen Bischöfe 58, Bonn 1997, 58 f.

bieten an, sondern auch Bildungshäuser, Ordensgemeinschaften, sowie einzelne engagierte Seelsorger. Allerdings nehmen nur ca. 10 % der Paare an derartigen Veranstaltungen teil, der Rest begnügt sich mit den einzelnen Gesprächen mit dem trauenden Priester oder Diakon. Die Erfahrung zeigt, dass bei diesen Begegnungen eher die rechtlichen und liturgischen Fragen geklärt werden. Nicht immer ist dies der Bequemlichkeit des Seelsorgers geschuldet. Viele Paare haben bereits alle terminlichen Fragen geklärt, bevor sie sich mit dem religiösen Teil der Eheschließung befassen, so dass oft nur wenig Zeit bleibt, eine systematische Vorbereitung, die dem kirchlichen Anliegen entsprechen würde, verpflichtend anzubieten. Diejenigen, die an Eheseminaren teilgenommen haben, sind oft zufrieden mit dem Angebot und wissen Gutes zu berichten. Ernüchternd ist trotz dieser grundsätzlichen Zufriedenheit der Leute die Erkenntnis, dass die Seminare oft nicht zu einem vertieften Verständnis gerade der Sakramentalität der katholischen Ehe beigetragen haben. Das Ziel, Glaube und Leben zu verbinden, scheint damit nicht immer (oder nur selten?) zu gelingen. Das Verständnis von Sakramentalität der Ehe kann nicht in einem rationalen Wissen darum allein bestehen. Sakramentalität meint ja vom Sinn her, dass Glaube Fleisch wird. Ob daher der Priester/Diakon hierfür der richtige (alleinige) Ansprechpartner sein kann, ist eine zu diskutierende Frage.

Schaut man sich die verschiedenen Angebote an, wiederholen sich naheliegende Themenschwerpunkte: Die Gestaltung der Feier, theologische Fragen, Gestaltung der Partnerschaft, Umgang mit Konflikten, Sexualität und Elternschaft. Zu den einzelnen Themen werden oft unterschiedliche Referenten herangezogen. Vielleicht kann es auch daran liegen, dass Glaubens- und Lebensthemen von manchen als unverbunden nebeneinander stehend erfahren werden.

Ein wichtiges Anliegen gerade auch der katholischen Ehevorbereitung dürfte nach allem, was hier in diesem Buch beschrieben worden ist, darin liegen, das hohe und wertvolle Ideal der kirchlichen Ehe (Unauflöslichkeit, Einheit, beiderseitiges Wohl, Offenheit für Nachwuchs) zu »erden«. Die Ideale teilen junge Menschen mit der katholischen Theologie durchaus, aber sie mögen oft genug Verliebtheit mit Liebe verwechseln. Es geht nicht darum, ihnen das Ideal auszureden, aber zu zeigen, dass sich Liebe gerade im Alltag und den alltäglichen Verhaltensweisen als wahr erweisen muss. Darin zeigt sich Sakramentalität von Ehe.

Nimmt man die über ihr Vergebungsverhalten befragten Paare der Studien als Expertinnen und Experten ernst, müsste das Thema des Umgangs mit den alltäglichen Konflikten nicht nur im Hinblick auf Kommunikationsverhalten einstudiert werden. Sehr realistisch müsste man, wenn es gewollt ist, sich diesem Thema zu stellen, sich mit möglichen Konfliktfeldern befassen, auf eine Art, in der sich die beteiligten Paare erkennen können. Bisherige Strategien zur Lösung von Streit müssten reflektiert und gegebenenfalls. kritisch angeschaut werden. Besonders auch die Felder unterschiedlicher Denkweisen und Rollenverständnisse werden zum Thema werden müssen. Für die Paare wäre es ein wichtiger Erkenntnisschritt, wenn sie gelernt hätten, dass Konfliktlösung und Versöhnung in der Regel nicht durch zufälliges und emotional unreflektiertes Verhalten geschieht.

Zu Recht machen die Bischöfe in ihrem Text über eine Familienpastoral nach Amoris Laetitia darauf aufmerksam, dass das zunächst kirchlich nicht gewünschte Faktum, dass Menschen schon oft lange Partnerschaftserfahrungen mitbringen, auch eine pastorale Chance birgt, kann man doch mit ihnen schon Zeiten der Partnerschaft reflektieren (mit diesem oder auch einem früheren Partner). D. h. junge Menschen bringen Erfahrungen mit dem Umgang mit Groll, Wohlwollen, Vergeben und Versöhnen mit. Ohne Ehe zusammenlebende junge Paare gehören zur gesellschaftlichen Normalität, und Ehevorbereitung wird, wenn die Menschen es wollen, auch in der Begleitung solcher Paare bestehen, die ja völlig normal im kirchlichen Alltag auftauchen. Verabschiedet sich die Kirche vom generellen Urteil, dass alle diese Menschen in schwerer Sünde leben, kann es vielleicht auch dazu kommen, einem zusammenlebenden Paar von der kirchlichen/sakramentalen Eheschließung abzuraten, weil die Reife oder die Bedingungen für den Empfang eines Sakramentes (noch) nicht gegeben sind. Damit Menschen das akzeptieren, muss sich sicher noch einiges in der kirchlichen »Dienstleistung« ändern. Versucht man in den Ehevorbereitungsangeboten Glaube und Leben zu verbinden, gelingt dies sicher am besten durch glaubwürdige Personen. Spätestens in dem Versuch, die Motivation zur eigenen Partnerschaft in einer christlichen Ehe zu formulieren, sind zukünftige Ehepaare »gezwungen«, ihren Zugang zu Glaube und Partnerschaft zu formulieren. Dies dann nicht zu bewerten, sondern mit Hilfe des Evangeliums und des kirchlichen Glaubens zu fördern, ist wohl der gangbare Weg. Die

Bischöfe erinnern mit Papst Franziskus die Gemeinden an ihre Verantwortung. In der Regel dürfte das Anliegen der Ehevorbereitung kaum als Anliegen der Gesamtgemeinde sichtbar werden. Die Chance bestünde darin, eine Gemeinschaft anbieten zu können, in der Ansprechpartnerinnen und -partner in Glaubens- und Lebensfragen auch außerhalb organisierter Seminarveranstaltungen zur Verfügung stehen. Vielleicht ist dies aber unrealistisch und blauäugig gedacht, oder besteht in der Neuentdeckung der Bedeutung von Charismen in den Gemeinden eine Chance zu einer Neuausrichtung auch dieses pastoralen Feldes? Es wird davon abhängen, ob sich glaubende und praktizierende Glaubende, die in einer Partnerschaft leben, darin ihr Charisma entdecken und von anderen geschätzt werden.

Auch das Gespräch mit dem Geistlichen, der das Paar trauen wird, strebt eine Öffnung der beiden für das Thema der Versöhnung an. Beim Ausfüllen des Eheprotokolls lädt der Priester/Diakon das Paar ausdrücklich zum Empfang des Bußsakraments ein. Eine Kontrolle findet selbstverständlich nicht statt. Es ist zu vermuten, dass nur wenige Menschen auf diesen Hinweis reagieren. Vielleicht ist ein Gespräch zu wenig, um Menschen, die lange nicht praktiziert haben, gerade dieses Sakrament nahe zu bringen. Dennoch liegen möglicherweise besonders bei Mann und Frau in der Situation einer geplanten Ehe gerade die Lebenssehnsüchte offen, die Ottmar Fuchs als Grundlage einer frohmachenden Bußpastoral aufzeigt: »der Segen für das eigene Leben und das Leben der Lieben, als Ordnung in der eigenen Biographie, als neue Geborgenheitserfahrung, als Verminderung der Gewissensbisse, als Loslassenkönnen der Schuld, als Schutz vor künftigen Schuldgefahren und aus Furcht vor Strafe.«[219] Liebende Menschen werden eingeladen, in den Raum der Liebe Gottes einzutreten[220]. Die Erfahrung einer guten Gesprächsatmosphäre bei der Ehevorbereitung, die richtige und einladende Wortwahl und vielleicht auch gutes Material können das Angebot eines solchen Gesprächs attraktiv machen.

Verschiedene kirchliche Dokumente erinnern daran, dass Ehevorbereitung im weiten Sinne natürlich in der Erfahrung in der Kindheitsfamilie stattfindet. Familienbegleitung ist daher eine wirksame pastorale Form der Ehevorbereitung späterer Kandidatinnen und Kandidaten.

219 | Fuchs, Sakramente, 100f.
220 | Ebd. 101.

Die Bischöfe stehen vor der Frage, wie verbindlich sie eine kirchliche Ehevorbereitung machen wollen. Eine reine Verpflichtung, die nur widerwillig wahrgenommen wird, dürfte nur wenig bringen. Wenn aber Angebote vor Ort als lebensnah und spirituell hilfreich erfahren werden, kann die Qualität für sich sprechen und ist vielleicht die beste Werbung. Ein pastorales Desiderat besteht darin, die Paare auch nach der Eheschließung nicht aus dem Blick zu verlieren. Ob es der Kirche gelingt, gerade in Schwierigkeiten eine Begleiterin von Menschen zu sein, wird sich zeigen. Ein Anfang wäre gemacht, wenn sich Menschen in den verschiedenen Schwierigkeiten nicht von oben herab belehrt oder beurteilt, sondern hilfreich begleitet erlebten. Dann könnte die Kirche von ihnen als Expertin für Versöhnung neu gesehen werden.

4.5 Eine Schule des Gebets

Gebet ist in der christlichen Tradition das Eintreten in einen Raum, den Gott anbietet, ein Gott, der in sich Liebe und Zuwendung ist. Darin besteht der eigentliche Kern des Trinitätsglaubens. Es geht nicht um Pflichterfüllung oder das Ableisten bestimmter Rituale, die Vollständigkeit von Texten oder Gebetszeiten, sondern im Grunde einfach um das Bewusstsein, in Ihm zu sein.

Als die Jünger Jesus bitten, er solle sie beten lehren (Lk 11,1), schenkt er ihnen das »Vater unser«, dass Christen bis heute beten. Der Text selbst verrät viel über die Gebetserfahrungen Jesu selbst. Er erfüllt die Bitte seiner Jünger wohl kaum dadurch, dass er der Fülle fester Gebetstexte einen weiteren hinzufügt. Der Text des Gebets ist Ausdruck einer Glaubenserfahrung, immer in der Gegenwart des Vaters zu sein. Wie Jesus diesen Vater konkret erfährt, hat er in vielen Bildern und Gleichnissen ausgedrückt. In der Anrede »Abba-Vater« erklingt die originale Sprache Jesu.

Wer sich Zeit zum Beten nimmt, stellt sich in die Gegenwart dieses »Abba«-Vater, er wird erfüllt von seinem Geist, und er weiß sich getragen von Christus selbst, der Mittler zum Vater ist. In diesem für manchen vielleicht schwer nachvollziehbaren Gedanken formuliert die christliche Tradition die befreiende Erfahrung, dass Beten nicht die Leistung des Menschen ist, sondern ein Raum, in den ein Mensch einzutreten eingeladen wird.

Tatsächlich haben einige der im Rahmen der Befragungen zum Versöhnungsverhalten das Gebet als hilfreiches Instrument erfahren, das sie zur Vergebung motivieren kann, ihnen Abstand vom Geschehen der Verletzung verschaffen konnte und so die Gedanken und Gefühle ordnete.

Zum Gebet finden sich in Buchhandlungen viele Hilfen und gute Erfahrungen, die die Autorinnen und Autoren weitergeben.

Wer nicht zur Ruhe kommt, darf im Gebet seine verwirrenden und verworrenen Gedanken ausdrücken. Gott hält das aus. Henri Nouwen berichtet in einem Buch von einem Studenten, der im Gebet Klarheit sucht[221]. Er erlebt sich im Gegensatz zu seinen Mitstudierenden als unmotiviert, lustlos, müde und verwirrt. Er berichtet von seinen Gebetserfahrungen, indem er seine Gefühle ausdrückt. Er erkennt, dass er nicht fähig ist, sich selbst anzunehmen und zu bejahen. Er empfindet sein Gestammel zunächst gar nicht als Beten, vielmehr verstärkt es noch die Schuldgefühle:

> »Herr, das kommt mir nicht wie Beten vor. Ich bin verwirrt, alles ist so wirr. Ich weiß nicht, was ich nächstes Jahr tun werde – ich weiß nicht einmal richtig, was ich nächstes Jahr überhaupt tun will, oder was ich tun müsste. Ich kriege Schuldgefühle, wenn ich zu beten anfange, denn ich fühle mich so zwiespältig, wenn ich bloß bete, wenn ich Hilfe brauche, und nicht auch, wenn es mir gut geht.«[222]

Nach und nach bekommt er einen kleinen Abstand von seinem Gefühlswirrwarr. Henri Nouwen formuliert:

> »Die Haltung des Betens kann zuweilen jenen kleinen Abstand von sich selbst schaffen, der der Anfang der Selbsterkenntnis ist. Wenn Beten mehr als ein narzisstisches Selbstmitleid ist, dann setzt es jemand anderen voraus, der nicht ich ist.«

Indem der Student jemanden anspricht, beginnt er im Akt des Betens, sich zu öffnen und damit die Bedingungen zu schaffen, nicht in seinen Problemen festzustecken. Am Ende fügt er an:

---

221 | Henri J. M. Nouwen, Nähe, Sehnsucht nach lebendiger Beziehung, Freiburg – Basel – Wien 1992, 55–60.
222 | Ebd. 58 f.

»Das muss doch ein Gebet sein, denn es hat schon etwas bewirkt. Wenn man über Sachen nachdenkt, werden sie klarer und finden irgendwie ihren richtigen Platz. Ich glaube nicht, dass das Nachdenken über Probleme an sich schon jemals ein Problem löst. Aber immerhin gibt das Nachdenken den Ansatz für weiteres Handeln und weiteres Nachdenken.«[223]

Nouwen sieht hier den »Klarheit schenkenden Gott« am Werk. Beten erfährt der Student als einen Prozess der Klarheitsfindung, des Abstand-Findens, der Motivation zu bewussten Schritten. Das gelingt ihm dadurch, dass er sich ehrlich dem Gegenüber (Gott) öffnet und im ehrlichen Sprechen beginnt, das Knäuel zu entwirren.

Im Vergebungskontext ist damit nicht gesagt, dass sich daraus automatisch eine Vergebungsbereitschaft ableiten lässt. Es kann aber sein, dass jemand, der verletzt hat, seine Schuldthematik sortiert (Selbsterkenntnis) und aktive Schritte zu einer Wiedergutmachung einleitet, oder jemand, der verletzt worden ist, aus dem Groll und der passiven Opferrolle heraustritt und als befreiter Mensch aktive Schritte einleitet, die Zukunft zielorientiert zu gestalten. Vielleicht ist das Gebet auch nur Bestandteil weiterer konkreter Schritte und löst noch nichts allein, lässt aber erkennen, welche weiteren Handlungen folgen müssen, um einen Konflikt zufriedenstellend angehen zu können.

Für zu viele Christen ist das Beten wohl eher ein Ritus, als solch ein offenes und freies Reden und Hören. Es verwundert nicht, dass viele das Beten aufgegeben haben oder ihre Pflichtübung als nicht zufriedenstellend erleben. Wenn Beten eine Grundlage christlicher Vergebungspastoral sein soll, müsste die christliche Verkündigung und Praxis viel mehr ermutigen zu einem solchen ehrlichen Gebet im Raum der Liebe Gottes, das nicht zum »Plappern« wird. Aus einem solchen Gebet kann die Motivation erwachsen, sich auf Vergebung einzulassen, aber es entsteht kein religiös verbrämter Druck, dass man vergeben muss. Wenn, dann werden Schritte aus eigener Erkenntnis und echter Freiheit erfolgen, nicht aus einem im Grunde nicht bejahten Gehorsam heraus.

Zu einer solchen Gebetsschule gehört auch die Erkenntnis, dass im Vergleich zum biblischen Beten das christliche Gebet zu brav geworden ist. Aus einer falschen Friedfertigkeit heraus hat man in den liturgischen

223 | Ebd. 59.

Büchern etwa zu hart klingende Aussagen über gegnerische Menschen gestrichen. So könne ein Christ nicht beten, indem er andere Menschen verflucht oder ihnen die Strafe Gottes wünscht. Dennoch finden sich solche Texte besonders in den Psalmen der Bibel, in denen alle menschlichen Situationen und Emotionen einen Platz finden. Menschen danken, loben, jubeln, aber es finden sich auch die Klage und der Fluch.
Folgender beispielhafter Text (Ps 58) findet sich in den katholischen liturgischen Büchern nicht (mehr):

Sprecht ihr wirklich Recht, ihr Mächtigen? /
Richtet ihr die Menschen gerecht?
³ Nein, ihr schaltet im Land nach Willkür, /
euer Herz ist voll Bosheit; / eure Hände bahnen dem Unrecht den Weg.
⁴ Vom Mutterschoß an sind die Frevler treulos, /
von Geburt an irren sie vom Weg ab und lügen.
⁵ Ihr Gift ist wie das Gift der Schlange, /
wie das Gift der tauben Natter, die ihr Ohr verschließt,
⁶ die nicht auf die Stimme des Beschwörers hört, /
der sich auf Zaubersprüche versteht.
⁷ O Gott, zerbrich ihnen die Zähne im Mund! /
Zerschlage, Herr, das Gebiss der Löwen!
⁸ Sie sollen vergehen wie verrinnendes Wasser, /
wie Gras, das verwelkt auf dem Weg,A
⁹ wie die Schnecke, die sich auflöst in Schleim; /
wie eine Fehlgeburt sollen sie die Sonne nicht schauen.
¹⁰ Ehe eure Töpfe das Feuer des Dornstrauchs spüren, /
fege Gott die Feinde hinweg, ob frisch, ob verdorrt.
¹¹ Wenn er die Vergeltung sieht, freut sich der Gerechte; /
er badet seine Füße im Blut des Frevlers.
¹² Dann sagen die Menschen: »Der Gerechte erhält seinen Lohn; /
es gibt einen Gott, der auf Erden Gericht hält.«

Natürlich spricht hier kein Zeitgenosse, dennoch sind seine Erfahrungen auch Lebenswirklichkeit heutiger Menschen. Am eigenen Leib erfährt ein Mensch Willkür, Treulosigkeit, Bosheit und Ungerechtigkeit. Er erlebt auch schmerzhaft die Verborgenheit Gottes in dieser Situation. Seine eigene Gerechtigkeit erfährt keine Belohnung. In diesen Bildern

kann sich sicher mancher wiederfinden, der selbst Verletzung erfahren hat. Darf ein Christ/eine Christin so beten, dass dem Gegner die Rache Gottes ganz hautnah gewünscht wird?
Der Exeget Erich Zenger hat sich intensiv mit diesen Texten befasst und der Kirche und dem Einzelnen empfohlen, sie wieder als Gebetsschatz zu entdecken[224]. Der Psalmist, der nach der Gerechtigkeit Gottes ruft, nimmt die Rache eben nicht selbst in die Hand. Gott soll auch nicht einfach blind losschlagen, sondern er soll prüfen, entscheiden und dann strafen, »um die gestörte Rechtsordnung wiederherzustellen und zu verteidigen.«[225]
Die gewünschte Rache wird in einem solchen Klagegebet umgewandelt in einen Rechtsprozess, der Gott anvertraut wird. Die Gebete scheuen sich nicht, das Unrecht und den Täter deutlich beim Namen zu nennen, und sie geben den Gefühlen ehrlich Ausdruck. Wer behauptet, er habe noch nie derartige Gefühle gehabt, täuscht sich oder andere. Zenger macht darauf aufmerksam, dass das Beten eines solchen Textes für das Leid anderer sensibilisiert, und damit auch den Blick öffnen kann für die eigenen Schuldanteile an der Ungerechtigkeit, die beklagt wird.
Auch wenn das nicht auf den ersten Blick erkennbar wird, können solche Psalmen Motivation freisetzen, Gerechtigkeit zu suchen, die das Böse eben nicht schönredet oder religiös mit der Liebe Gottes barmherzig zudeckt. Sie »schreien nach Veränderung und Hilfe«[226].
Gebetserziehung darf Menschen ermutigen, Verletzungen herauszuschreien und das Unrecht und den Täter beim Namen zu nennen. Dann aber muss die verletzte Person die Rache nicht mehr selbst in die Hand nehmen, sondern kann die letztendliche Vergeltung Gott überlassen. Dennoch erwachsen auch aus einem solchen Gebet Motivationen zu aktiver Veränderung, sowohl beim Täter als auch beim Opfer. Erich Zenger fordert daher auch die »Revitalisierung der Klage« in der Liturgie und im öffentlichen Gebet der Kirche. Ein Ausklammern der Dimension von Klage, Gewalt und Rachegedanken verleitet zu einer Religiosität, die berechtigte Gefühle als sündhaft deklassiert und damit gegebenenfalls eine echte Versöhnung verhindert.

---

224 | Erich Zenger, Ein Gott der Rache? Feindpsalmen verstehen, Freiburg – Basel – Wien 1994.
225 | Ebd. 140.
226 | Ebd. 162.

Wie von klein auf gebetet wird, wie ehrlich jemand zu beten gelernt hat, kann Einfluss auf religiöse Motivationen für Wohlwollen oder gegen Groll verstärken. Wo jemand lernt, seinen Groll loszulassen, kann Wohlwollen wachsen, und zwar, ohne das Unrecht zu verschweigen oder den Täter in seinem Verhalten zu belassen.

4.6 Eschatologische Ausblicke: Versöhnte Schöpfung

Die »Eschatologie« befasst sich in der christlichen Theologie und Verkündigung mit den sog. »letzten Dingen«. Es geht um Tod, Himmel, Hölle, Gericht, letztlich um die Frage, was vom Menschen bleibt. Die klassische Theologie beschäftigte sich durchaus sehr detailverliebt mit dem Jenseits und hatte klare Vorstellungen davon, was dort mit dem Menschen nach seinem Tod geschieht. Die heutige Theologie betont die bereits wirksame Diesseitigkeit des Reiches Gottes. So oder so steht das Thema der Vergebung im Mittelpunkt. Der Mensch, der stirbt, bleibt in vielem hinter dem zurück, was er nach Gottes Willen aus seinem Leben hätte machen können. Christlicher Glaube geht davon aus, dass der Mensch im Tod dem unendlich liebenden Gott begegnet und in dieser Begegnung die Wirklichkeit seines Lebens erfasst. Nicht zuletzt erklärt sich darin die alte Vorstellung vom Fegefeuer. Gott ist barmherzig, aber der Mensch muss in einem Reinigungsprozess vollendet werden, der auch schmerzhaft sein wird. Das Böse wird nicht zugedeckt, sondern durch Gott selbst geheilt. Gott schafft keinen Ort der Qual, aber die Erkenntnis der eigenen Schuld brennt, und macht den Menschen durch diesen Prozess beziehungsfähig, so dass er in die Vollendung des Himmels kommen kann. Immer hat die Kirche auch die Möglichkeit bedacht, dass sich ein Mensch so sehr im Bösen festmacht, dass Gottes Liebe ihn nicht mehr erreichen kann. Das wäre Hölle, die der Mensch sich selbst bereitet hat. Es ist eine Möglichkeit, aber nie hat die Kirche von jemandem sicher gesagt, dass dieser Mensch dort seine Ewigkeit gefunden hat. Der Himmel ist Beziehung, endgültige Versöhnung. Das ist eine große Hoffnung, die manchem, der hier noch unversöhnt lebt, nicht behagen muss. Bedeutet Himmel, dass sich ein Opfer mit dem Täter versöhnt hat, dass beide versöhnt wurden? Offensichtlich ja, auch wenn hier die Worte fehlen, darüber konkreter zu sprechen. Medard Kehl spricht von der christlichen Hoffnung als der am Ende durch Gott »versöhnten

Schöpfung«[227]. Der Apostel Paulus belässt es beim großen Bild der Hoffnung, dass am Ende der Zeit alles verwandelt und allem der Stachel der Sünde gezogen werden wird (1 Kor 15,53–56), und dass Gott alles in allem sein wird (1 Kor 15,28).

Der Glaube an ein Gericht durch Gott ist für manchen kein tröstlicher Gedanke. Jeder Mensch muss durch dieses Gericht, in dem Gott allen Gerechtigkeit schafft. Das ist kein unwichtiger Aspekt, zeigt er doch, dass das Böse nicht einfach zugedeckt wird, sondern den Opfern der Geschichte Gerechtigkeit geschieht.

In der Begleitung von Menschen, die den Verlust eines Menschen beklagen, werden diese Gedanken konkret. Oft bleiben Dinge unausgesprochen, Unversöhntes bleibt im Raum, ohne dass man mit dem anderen darüber reden kann. Wenn der Mensch im Tod nicht erlischt, sondern in Gott geborgen ist, kann man Versöhnung finden im Glauben an ein Leben in Gott; dass Er vollendet, was unvollendet geblieben ist. Es kann Menschen helfen zu wissen, dass Unrecht von Gott nicht zugedeckt, sondern verändert wird. Es mag manchem ein Trost sein glauben zu können, dass erfahrenes Unrecht nicht unversöhnt bleibt, auch wenn der Betroffene es hier und jetzt noch nicht selbst aussprechen kann. Gott lässt Zeit, er lässt wachsen und begleitet das Bemühen um Vergebung, auch über den Tod hinaus.

So werden die oft abstrakten Bilder vom »Jenseits« zu wirksamen Hoffnungen für den Menschen, der unvollkommen bleibt. Wenn die Kirche immer wieder für die Verstorbenen betet, begleitet sie Lebende und Verstorbene in den Prozessen der Vollendung und Verwandlung. Was ich Gott oder dem Verstorbenen sagen will, kommt an: das ist der Sinn des Betens. Wenn Trauernde ihrem Verstorbenen am Grab etwas sagen, oder eine Blume oder Kerze aufstellen, bleiben sie im Kontakt. Die Beziehung bricht nicht ab. Wer abbrechen will, mag den Verstorbenen in Gottes Hand geben, und abschließen können. Auch hier wird es auf Dauer gesund sein, den Groll nicht in die eigene Ewigkeit mitzunehmen.

---

227 | Medard Kehl, Eschatologie, Würzburg ²1988, 230.

Die Programmschrift des Bischofs von Mainz für eine Kirche bei den Menschen

Peter Kohlgraf
Nur eine dienende Kirche dient der Welt
Yves Congars Beitrag für eine glaubwürdige Kirche

156 Seiten
Paperback, 14 x 22 cm
€ 20,– [D] / € 20,60 [A]
ISBN 978-3-7867-3036-1

Bereits vor 50 Jahren hat der Konzilstheologe Yves Congar seine Vision einer diakonischen, den Menschen zugewandten Gestalt von Kirche entwickelt. Manches davon ist in kirchliches Denken und Handeln eingegangen, anderes nach wie vor offen.

Peter Kohlgraf stellt die zentralen Aussagen Congars dar und befragt sie auf ihre Relevanz für die Kirche und ihr Handeln im 21. Jahrhundert.

So entsteht in der Auseinandersetzung mit den gegenwärtigen Herausforderungen das Bild einer Kirche, für die die Hinwendung zu den Armen und Schwachen nicht nur eine Frage gut organisierter Caritas ist, sondern Ausdruck ihres Wesens: Denn nur eine dienende und arme Kirche ist eine glaubwürdige Kirche.

www.gruenewaldverlag.de